A mio padre,
il cui vocabolo più frequente era: *bonu,*
(bontà, tolleranza, rassegnazione).
'Bonu Aurelio', 'bonu Silvio', 'bonu Nunziata';
'bonu, frategliu (cugino)';
'bonu, sorreglia (cugina)'.
"Tollerate, compatite, perdonate.
Non abbiate timore di pronunciare
ho sbagliato, scusami, perdonami".
Mio padre è stato ambasciatore
di tolleranza, perdono e pace.

San Luca in Aspromonte
lessia per le coscienze

Duisburg si poteva evitare?

Aurelio Pelle

Prefazione

"Et me circumdaverunt inimici mea et sibi diviserunt vestimenta mea et super vestem meam miserunt sortem". Voglio iniziare con parole bibliche questa prefazione perché biblico fu il diluvio che distrusse la vecchia San Luca portandosi via non solo la parte più pittoresca del paese, ma anche un mondo che affondava le sue radici nei millenni; un modo di vivere e di pensare che aveva consentito ad ognuno di tirare avanti in maniera sempre dignitosa; un'accentuata grecità che ancora permane nei toponimi e nel nostro linguaggio; ed, infine, una civiltà antica di secoli e tradizioni, delle quali non rimane, in chi l'ha vissuta, che il rimpianto.

Voglio continuare con parole bibliche perché, con le debite proporzioni e nessunissima intenzione di blasfemia, la situazione della San Luca di quel periodo somiglia in maniera impressionante a quella del Cristo sul Calvario. Infatti, ci circondarono i nostri nemici: lo Stato in testa, la Regione a ruota ed i paesi viciniori in coda; si divisero tra loro gli insufficienti stanziamenti destinati a porre riparo in qualche maniera alla situazione; e non tirarono a sorte le nostre vesti solo perché non c'erano rimaste più nemmeno quelle.

Ma tutto questo i mass-media che hanno gettato fango – per non dire qualcun'altra cosa – e continuano a gettarlo su San Luca, non lo menzionano nemmeno alla lontana: quello che invece vogliono imporre è l'idea che noi "Santulucoti" ci portiamo in fronte il marchio di Caino.

E va bene: *"Mbasciti juncu, ca passa a χumara"*, siam soliti dire noi rassegnati. Ma stavolta il giunco non s'abbassa, anche perché non di un giunco si tratta nell'occasione, ma di un albero determinato a resistere ad ogni piena e che insorge nella persona di Aurelio Pelle, che con questo libro attua un'autentica rivoluzione copernicana del modo di narrare la storia di San Luca e, speriamo, non solo quella.

Aurelio arriva tardi, troppo tardi, alla letteratura, ma vi arriva col botto. Vi arriva con un terribile *j'accuse* contro una classe politica marcia – e nel caso di San Luca pure prevenuta – che lasciava intravedere già d'allora ciò che sarebbe diventata.

Nel suo incalzante *cahier de doleances*, Aurelio Pelle non dà e non si concede pace. Con logica determinazione, straordinario acume analitico e senza alcun pregiudizio, esamina un periodo sul quale si è giudicato con eccessiva superficialità mirando allo scoop ed infischiandosene della verità.

Aurelio ci dimostra nel suo libro che la vera San Luca non è quella, ma un'altra completamente diversa che non è solo la San Luca di Alvaro, di P. Stefano De Fiores e di qualche altro personaggio che è pervenuto a notorietà mondiale. Ma è anche quella nota per l'ospitalità, per la capacità di sacrificio quasi inumana dei suoi abitanti, riusciti a vivere in condizioni difficilissime con dignità, senza elemosinare e senza delinquere. Insomma è la civiltà "du jazzu".

È la San Luca della gente rispettosa – e non di "rispetto" come si vuol far credere - che passando davanti all'abitazione dell'amico, ne saluta la porta, anche se sa che in casa non c'è nessuno. È la San Luca che accoglie i diseredati senza farglielo pesare e senza pretendere niente in cambio.

Ma noi Sanluchesi sappiamo d'essere considerati ormai in maniera molto diversa. E ne soffriamo perché siamo certi che se è vero che il paese non è più quello che fu, è anche vero che non è nemmeno quello voluto dai mass-media che ci hanno massacrati, additandoci al pubblico ludibrio come un'accozzaglia di belve pronte ad uccidere per niente. Ed allora, tanto per tornare al

Vangelo, tutti a gridarci "Raca" a strillare "Aiuto, scappiamo, il Santulucoto", come si gridava una volta al lupo.

In pratica, secondo alcuni giornalisti, che non si son nemmeno preso il disturbo di visitarla, San Luca se non è l'inferno, ne è certo l'anticamera, con conseguente discriminazione dei suoi figli. Insomma, siamo ormai al famigerato *"Quod licet gentibus, non licet Iudaeis"* che tradotto alla buona sta a significare che ciò che è lecito per tutta l'altra gente, non lo è per i Giudei, che nella fattispecie saremmo noi Sanluchesi. E poi si ha la sfacciataggine di blaterare di razzismo, quando il razzismo lo si esercita quotidianamente sulle nostre spalle e su quelle dei nostri figli costretti ad emigrare, che si vedono guardati in maniera sospetta quando la carta d'identità li inchioda come Sanluchesi. Ecco, che tornano, pressoché ormai indelebili, le stimmate di Caino.

A tutto questo Aurelio non ci sta, si ribella. Con cognizione di causa e con orgoglio rivendica la sua "santulucotità" e rivela al mondo o *"a chi ha orecchie per intendere"* la vera realtà di San Luca. È un atto d'amore verso la sua gente questo libro di Aurelio, è uno sfogo giustificato e riuscito questa pregevole opera costruita mattone su mattone con consequenziale razionalità. E che, scevra da ogni pregiudizio, non mendica pietà, non elemosina aiuti, non mira a raccattare compassione, aborrisce l'astio, esclude la rivalsa pubblica e mediatica, non auspica lapidazioni, né pretende castighi, anche perché sa che non lì otterrebbe. Ma mira solo a chiarire la realtà delle cose.

A ristabilire una verità che è stata fraudolentemente sepolta sotto un cumulo di bugie.

È un libro sofferto certo, vissuto, se mi è concesso il termine, sino all'ultima goccia del calice amaro che ha diffamato il nostro paese. E di quel calice Aurelio non ha voluto disperderne nemmeno una goccia: l'ha bevuto tutto, sino in fondo e senza una smorfia. E lo si vede e lo si sente questo travaglio interiore qua e là tra le pagine di un libro che come tutti i libri che dicono la verità è un libro scomodo, è un libro che dovrebbe indurre ad un serio esame di coscienza – se ce l'hanno una coscienza – quanti hanno contribuito al degrado di San Luca e non solo non hanno voluto salvarla, ma hanno fatto di tutto per mandarla a fondo. È, in discreta misura, anche un libro spietato dal quale traspare una sottile auto-fustigazione collettiva per la colpevole *"nonchalance"* con la quale abbiamo subito gli arbitri pubblici e accettato l'imbarbarimento generale e la violenza psicologica praticata da alcuni di noi, cui gli altri si sono offerti con voluttà supina.

Va bene, poi, dopo l'alluvione, San Luca è cambiata in peggio, Aurelio lo riconosce, è troppo intellettualmente onesto per non riconoscerlo. Però invece di accettare acriticamente la realtà va alla ricerca dei motivi o meglio dei colpevoli, del nostro degrado. Vuole scovare coloro che prima fecero una bandiera politica di quella San Luca che "non deve morire" e poi freddamente, per calcolo sempre politico, la uccisero. E li trova questi malfattori, Dio se li trova, li trova così come gli Ebrei scovarono i carnefici dei lager: senza darsi, né dare tregua. E li seppellisce sotto una miriade di prove, tira fuori documentazioni inoppugnabili, e li viviseziona. E ne senti il dolore prima, poi la rabbia, ma mai il rancore o la rassegnazione e perciò li fustiga per amor di paese e di verità.

Con stile semplice, lineare e perciò coinvolgente - com'è del resto nell'indole dei grandi scrittori, Aurelio rivendica orgoglioso il nostro passato, la nostra cultura e principalmente quella nostra spiritualità che trova il suo apogeo nella Valle di Polsi.

Addita, sia pure con linguaggio sommesso, com'è nel suo costume, i torti "statuali e istituzionali" subiti nel trentennio 1951-1980 e l'ingiusto avvelenamento mediatico (casuale? voluto?) dell'opinione pubblica internazionale nei confronti della nostra comunità. E dopo la rabbia mal contenuta, il rimpianto per la "deportazione" culturale a velocità stratosferica di una società, la nostra, felicemente dondolante tra il Tremila a. C. e il Medioevo.

Va bene, può anche darsi che nei misteriosi disegni della Provvidenza il nostro destino fosse quello di perdenti. E quindi nulla da recriminare perché non è davvero il caso di mettersi contro Dio. Ma se sul piano divino siamo stati sconfitti da Forze Superiori, sul piano umano abbiamo subìto un complotto.

Non sappiamo se preordinato o scaturito dalle circostanze, ma questo complotto ai nostri danni c'è stato e come. E le pagine di Aurelio stanno lì a testimoniarlo, a gridarlo: rovina della pastorizia e dell'artigianato ed espulsione dalla montagna, dopo le alluvioni 1951 e 1953; allontanamento dalle abitazioni e trasferimento di abitato mai avvenuto dopo il diluvio del 1972-1973; paesi vicini che si rifiutano di riceverci; enti pubblici vari, Comunità montana e Parco nazionale dell'Aspromonte che si accaparrano quasi tutto il nostro territorio e poi si dimenticano di noi. Insomma in questo libro c'è tutto quanto basta a fare di noi dei perseguitati e di coloro preposti ad aiutarci, dei carnefici.

I quali dopo averci ordinato di sgomberare dalle nostre case ormai inabitabili, "dimenticarono" di reperirci un alloggio accettabile e ci costrinsero a ritornarvi. Cioè crearono una situazione assurda che, se non facesse piangere, farebbe ridere, visto che alla fine ci siamo ritrovati ad essere abusivi e fuorilegge nelle nostre stesse case. E molti, a distanza di oltre quarant'anni, lo sono ancora. Perché? Perché ? Perché?

Si domanda Aurelio per ogni ingiustizia patita, per ogni provvedimento contro di noi, per ogni discriminazione.

È angosciosa ed angosciante la sua ricerca, ma alla fine, grazie a questo libro, scopriamo che i colpevoli del nostro pseudo degrado non siamo noi, ma ben altri che stanno assai più in alto di noi. E ad un libro che perviene a questi risultati e che incide in maniera così determinante sulla nostra storia, non manca davvero nulla per essere considerato un autentico capolavoro. In quanto a coloro che mirando alla nostra distruzione scagliano ancora melma – per non usare un'altra parola ben più maleodorante – su di noi, vogliamo soltanto dire che è proprio per questo che noi Santulucoti camminiamo a testa alta. Grazie Aurelio. Di tutto.

Mario Nirta

Introduzione

Corrado Alvaro, intellettuale, scrittore, giornalista e saggista, intravide con nitidezza profetica la decadenza etica, civile e religiosa che avrebbe ammorbato la società occidentale all'inizio del Terzo Millennio. Lo scrittore calabrese, definito coscienza etica del '900 italiano, seppe compendiare in frasi brevi concetti e valori etici universali ed eterni.

Gli scandali - ruberie, egoismi e arbitri di cui i giornali oggi si occupano quotidianamente- rendono attuali due aforismi alvariani: *"La disperazione più grande che possa impadronirsi di una società è il dubbio che vivere rettamente sia inutile"*. [1] *"Ogni uomo è responsabile del suo tempo"* [2] .

Rispetto all'odierna immagine e al frettoloso e sommario pregiudizio di correità mafiosa di cui ciascun cittadino di San Luca è vittima, il primo assioma è drammatico. Gli abitanti di San Luca, anche le persone perbene, sono tacciati di mafiosità e connivenza con la 'ndrangheta. Da molti anni, continuamente, giornalisti, ancorman e commentatori TV celebrano processi mediatici che, inevitabilmente, si concludono con la condanna sommaria di tutti i sanlucoti.

Contrariato ed amareggiato, ho sperato in un detto popolare calabrese, *'mbasciati juncu ca passa a χumara* cioè, *"piegati giunco, fin quando la piena del torrente non sarà passata,* che gli *eventi criminosi cessassero, e l'attenzione mediatica si concen*trasse sui problemi sociali e sui temi culturali che il paese di

---

1 Corrado Alvaro,
2 Corrado Alvaro,*Lettere a Laura,*

Corrado Alvaro pone e offre in abbondanza, come pochi luoghi in Italia.

Nel mese di dicembre 2012, "La Riviera", settimanale diretto da Pasquino Crupi, intellettuale meridionalista di grande prestigio, pubblicò un articolo spropositato e calunnioso: "Lo ZOO DI SAN LUCA". Sconfortato e umiliato, ho protestato inviando una nota di disapprovazione.

Pasquino Crupi rispose con un commento sorprendentemente ambiguo, il cui titolo, "San Luca non ha bisogno d'incenso", contraddiceva il suo passato, avendo egli scritto pamphlet coraggiosi e solidali.

Avvilito, ho avvertito il bisogno di riflettere sul recente deturpamento dell'immagine del mio paese. Ed essendo certo che gli eventi più traumatici sono incominciati nel 1951, mi sono soffermato sugli avvenimenti di maggiore impatto ambientale, economico, sociale e culturale dell'ultimo sessantennio: alluvioni 1951, 1953, 1972/'73; economia, emigrazione, Enti giuridici territoriali (Regione, Comunità Montana, Unità Sanitaria Locale, Ente Parco Nazionale), demografia, forestazione, welfare-state e, infine, l'andamento elettorale amministrativo e politico.

Considerata l'entità e l'importanza dei risultati, ho suddiviso la ricerca in due volumi, di cui il primo incentrato sugli argomenti di maggiore interesse sociologico. Nel volume successivo, che sarà pubblicato in seguito, saranno trattati i seguenti temi: Forestazione, Welfare State, Demografia, Territorio e Risorse.

L'argomento 'ndrangheta" non faceva parte del programma. Mi procurava disagio. Nonostante la mia famiglia sia estranea alla mafia (ho avuto un fratello Guardia di Finanza, un cognato e due nipoti carabinieri), essendo noi "santulucoti" incapaci di liberarci della nostra identità collettiva, ho avvertito un insidioso complesso di colpa, il timore di essere omissivo e ambiguo, per cui lo tralasciai.

Sennonché, completato il programma iniziale, costretto

dall'intensificarsi dell'attenzione mediatica sul fenomeno 'ndrangheta, ed essendo venuto a conoscenza di un'informativa S.I.S.De. concernente un colloquio tra i fratelli De Stefano e Antonio Nirta, registrato dal Servizio Segreto il 16 maggio 1993, due settimane dopo la strage del 1° maggio, terzo episodio della faida, ho deciso di occuparmene.

Devo precisare che nella parte relativa alla faida, laddove ho espresso considerazioni e opinioni personali, sono stato ripetitivo; ho rimarcato fatti e circostanze su cui mi ero già soffermato. Il motivo? Dare sostegno e validare il racconto, ed evitare interpretazioni errate, distorte o capziose delle deduzioni cui sono pervenuto in un biennio di ricerche faticose e di riflessioni personali sofferte.

L'Autore

Stemma Comunale di San Luca in Aspromonte

15

San Luca, 1955-2015: Cinquemila anni di tecnologia dalla civiltà mesopotanica allo smartphon.

CAPITOLO PRIMO

ECONOMIA E SOCIETA' PRE-ALLUVIONI 1951-1953

Giugno 1911. *"Siamo a San Luca, paese alpestre, aggrappato a un contrafforte dell'Aspromonte, che i coevi sono abituati a vedere e a contemplare come lo vedevano e contemplavano i loro antichi padri e chiamarlo col nome di Monte Bianco, come suona quel nome nell'idioma ellenico. Se non fosse pel telegrafo ed in lontananza, pel mare sconfinato, che qualche volta mostra un piroscafo fumante in rotta, noi non diremmo essere nel secolo dell'elettrico e del vapore ma in pieno medioevo, ove v'è un popolo che veste alla medievale, abita in case che hanno del medioevo e medioevalmente pensa, tanto più che gli armenti che il pastore guida, son sempre gli stessi, non sono, cioè, né antichi, né moderni. Questo popolo, ingenuo nei costumi, a me piace paragonarlo alla madre terra".*[1]

L'ambiente fisico e antropico descritto da Giuseppe Portaro il 9 giugno 1911, corrisponde perfettamente alla situazione esistente nel 1941 e ancora nel 1958.

"Sono tornato al mio paese,
e ho ritrovato tutto come
prima soltanto non c'era mio padre,
né quelli del mondo di prima. ...."[2]

Nel cinquantennio 1910-1960, le novità furono pochissime:

---

1   DOMENICO GIAMPAOLO: *Un viaggio al santuario di Polsi in Aspromonte*; orazione funebre *"In morte di Domenico Giampaolo"* di Giuseppe Portaro, Roma 1913 , Ed. POPSIS

17

l'acquedotto comunale, la strada provinciale e, infine, la corrente elettrica.

L'acquedotto, inaugurato nel 1931, alimentò una decina di fontane pubbliche, la Caserma dei carabinieri, la casa del parroco, e alcune abitazioni signorili. Molta gente continuò a servirsi delle sorgenti limitrofe al paese, utilizzando orci e *"cuccumi"* di creta. Tale situazione rimase invariata fino a metà anni '60, quando la Cassa per Il Mezzogiorno realizzò alcuni pozzi sul greto del Torrente Bonamico.

La strada Bovalino-San Luca, in realtà un ampio sentiero ricoperto di pietrisco e sabbia fluviali, cominciata prima della Grande Guerra, fu completata nel 1938. Essa fu inutilizzata fino all'avvio delle segherie e della funivia 'Montalto - San Luca' costruita dai Fratelli Primerano, promotori d'una nefasta iniziativa industriale finanziata con i fondi del "Piano Marshall".

A quell'epoca nessuno possedeva automobili. I proprietari terrieri preferivano adoperare l'aristocratico calesse o il cavallo. Per diversi anni, *'a strata nova'* fu transitata dai consueti antichi frequentatori delle mulattiere: qualche mulo, tanti asini, e naturalmente pastori e *"massare"*.

Le lampadine rimasero sconosciute fino al 19 marzo 1948, quando *"finalmente in questo piccolo angolo selvaggio era arrivata la corrente elettrica. Alla sera, quando si accendevano le luci, tutti i bambini facevano festa gridando " Viva la luce!"* [3].

" Così feci conoscenza della gente nelle stanzette a terreno, senza pavimento colla roccia della montagna tra le quattro mura come un mobile, che serviva da focolare e per posarvi la fiaccola di legno di pino che era il mezzo più comune d'illuminazione.." [4]

---

2 CORRADO ALVARO: *Il viaggio*, 1942
3 DOMENICO MARIA: *"Mastromicantoni"*, pag. 83, AGE, Ardore, 2013.
4 CORRADO ALVARO, *Il Viaggio*, a cura di Anne-Christine Faitrop - *Porta, Memoria e vita*, Falzea Editore, ottobre 1999

IL SISTEMA ECONOMICO PRE-ALLUVIONI 1951/1953

Le alluvioni 1951-1953 modificarono di colpo l'assetto antropologico tradizionale, un singolare e complesso magma culturale esploso all'improvviso.

La rovina dell'economia nell'intero circondario influì negativamente sulla psicologia collettiva, modificando i rapporti interpersonali e le relazioni tra i vari paesi. Le ripercussioni culturali e sociali successivi furono più dannosi e più traumatici della catastrofe geofisica causata dai diluvi.

Il territorio agro-pastorale pubblico e privato

Negli anni '50 del secolo trascorso l'organizzazione economica continuava a mantenere caratteristiche medioevali. Il baratto prevaleva nel pagamento dei prodotti artigianali – vestiti, calzature, oggetti di corredo – e nella remunerazione delle prestazioni di lavoro e, naturalmente, nel commercio alimentare.

A quel tempo, vigeva un sistema economico arcaico che si fondava sulle vaste dimensioni del territorio comunale, (10.410 ettari), su una particolarissima forma di distribuzione della proprietà agraria, in prevalenza pubblica: circa 6500 ettari proprietà del Comune, oltre 300 ettari aree demaniali limitrofe ai torrenti, 171 ettari appartenenti al Santuario di Polsi e qualche centinaio di ettari patrimonio della Chiesa (Parrocchia Santa Maria della Pietà, e Curia Vescovile). *Fino a molto tardi la società era rimasta, distribuita in due sole categorie, i borghesi, l'università come era chiamata, e i pastori e contadini. I mestieri servili erano irrilevanti, il commercio era lasciato quasi soltanto ai forestieri*[5].

Il patrimonio agricolo privato, all'incirca 3000 ettari, era costituito dai latifondi di alcuni proprietari agrari, i cui avi, con

---

5   CORRADO ALVARO, Il Ponte, settembre-ottobre 1950, Ed. La nuova Italia, Firenze.

tre atti notarili del 1819, del 28 luglio e del 16 agosto 1854 acquistarono *tutti i diritti e beni ex feudali ed ecclesiastici provenienti dal Marchese Clemente e delle Badie di Polsi e di Butramo*[6]. Con i rogiti notarili suddetti erano state date parvenze nobiliari alle usurpazioni del demanio comunale, messe in atto dal Dottor Francesco Stranges. Questi, rappresentante del comune di San Luca nelle operazioni di ripartizione ex Cassa sacra, *"tra il 1806 e il 1816, con l'acquisto da diversi piccoli possidenti di svariate estensioni di terra per un complesso di circa 50 tomolate, equivalente a più di 16 ettari"*, ebbe modo d'ampliare a dismisura i confini dei suoi vari appezzamenti disseminati nel territorio comunale e avviò una vertiginosa scalata economica della propria famiglia, il cui *"patrimonio non diviso sarebbe stato il più vasto e il più ricco della Provincia"*. *"Le occupazioni abusive fecero il resto e ne allargarono i confini"*. [7]

"Le usurpazioni su diversi fondi, secondo una verifica giudiziaria del luglio 1836, ammontavano a ettari 1337; a una successiva del 1841 "furono usurpati fondi per l'estensione di 7654 tomolate, pari a circa 2551 ettari". Le occupazioni abusive avevano acceso una lunga vertenza legale tra il Comune e gli Stranges. La controversia sembrò *"risolta pochi anni dopo la formazione dello stato unitario. Precisamente, il Prefetto Sigismondi, con ordinanza del 30 maggio 1864, disponeva che il Comune fosse reintegrato dei fondi assegnati nei verbali della commissione feudale"*.[8] Gli Stranges proposero ricorso. La Corte di Appello di Catanzaro lo rigettò il 20 dicembre 1869. La sentenza fu poi confermata dalla Corte di Cassazione il 28 marzo 1876.

---

6   COMUNE DI SAN LUCA:*San Luca Storia tradizioni società a 400 anni dalla fondazione*,   ANNA CAROLEO, Tra 800 e 900. AGE, Ardore, pag 240.
7   Ibidem, pag. 240.
8   Ibidem, pag. 240.

L'esito della controversia fu favorevole al Comune. Tuttavia, la famiglia Stranges avanzò una proposta di transazione, inopinatamente accolta dall'amministrazione comunale, in quel periodo rappresentata da un Commissario Prefettizio. "*Approvato il progetto di transazione dalle parti, nell'agosto del 1888, si giunse alla ripartizione dei demani, dopo nuove e impreviste difficoltà*".

La divisione concordata nel 1888 si protrasse pressoché invariata fino all'attuazione delle leggi proCalabria approvate negli anni '50.

Dopo le alluvioni 1951-1953, lo Stato espropriò i terreni montani privati e requisì d'autorità, gratis, tutte le aree forestali pubbliche. Il Comune non ottenne alcun risarcimento, perdette le entrate finanziarie annuali relative alla cessione dei pascoli, e fu costretto a rinunziare agli introiti della vendita dei boschi per diversi decenni. I pastori, espropriati dei Jazzi e cacciati dalla montagna, furono obbligati a cessare l'attività di lavoro. La rovina della pastorizia costrinse gli artigiani a 'chiudere bottega' ed emigrare.

Tavola nr 1 - COMUNE SAN LUCA: DISTRIBUZIONE DELLA PROPRIETA' AGROFORESTALE[1]

Proprietario	Partita Catastale	Superficie			Provenienza
		Ettari	Are	Centiare	
Comune San Luca	85	6.410	33	82	Proprietà storica
Comune San Luca	Varie	31	78	30	In comproprietà con privati cittadini
Regione Calabria	1050	2.120	27	36	Azienda di Stato Foreste Demaniali e/o ex Legge Speciale Calabria
Regione Calabria	1466	304	46	60	Azienda di Stato Foreste Demaniali o ex Legge Speciale Calabria
Demanio dello Stato	Varie	5	00	00	Espropri per bonifiche o lavori pubblici
Totale terreni demaniali comunali, regionali e statali		**8871**	86	8	Proprietà storica
Santuario di Polsi	277	171	40	33	Calcolo per differenza
Proprietà private, aree fluviali, zone urbanizzate, etc. (*)		1367	73	59	
Totale territorio comunale		**10.410**	0	0	
(1) Catasto1999 - (*) Calcolo per differenza					

22

Visura per soggetto

Ufficio Provinciale di Reggio Calabria - Territorio
Servizi Catastali

Situazione degli atti informatizzati al 17/01/2013

Dati della richiesta

Denominazione: IAZZO

Terreni siti nel comune di SAN LUCA (Codice: H970) Provincia di REGGIO DI CALABRIA

Soggetto individuato

IAZZO DELLA MADONNA DI POLSI IN SAN LUCA C.F.:

1. Immobili siti nel Comune di SAN LUCA(Codice H970) - Catasto dei Terreni

N.	DATI IDENTIFICATIVI				DATI DI CLASSAMENTO					Reddito		ALTRE INFORMAZIONI	
	Foglio	Particella	Sub	Porz	Qualità Classe	Superficie(m²)		Deduz		Dominicale	Agrario	Dati derivanti da	Dati ulteriori
						ha	are	ca					
1	6	5	-		PASCOLO 1		32	00		Euro 1,98 L. 3,840	Euro 1,65 L. 3,200	Impianto meccanografico del 10/05/1976	
2	6	6	-		PASCOLO 2	7,3	52	20		Euro 341,74 L. 661,698	Euro 189,85 L. 367,610	Impianto meccanografico del 10/05/1976	
3	6	7	-		PASCOLO 2 ARB	59	71	10		Euro 277,54 L. 537,399	Euro 154,19 L. 298,555	Impianto meccanografico del 10/05/1976	
4	6	8	5		SEMINAT IVO	15	10			Euro 1,25 L. 2,416	Euro 0,55 L. 1,057	Impianto meccanografico del 10/05/1976	
5	6	10	U		CAST FRUTTO	4	11	60		Euro 95,66 L. 185,220	Euro 42,51 L. 82,320	Impianto meccanografico del 10/05/1976	
6	6	11	-		SEMIN IRRIG	2	63	70	A2	Euro 2,06 L. 3,996	Euro 0,57 L. 1,110	Impianto meccanografico del 10/05/1976	
7	6	12	-		SEMI IRR ARB	1	28	50	A2	Euro 58,40 L. 113,080	Euro 36,50 L. 70,675	Impianto meccanografico del 10/05/1976	
8	6	13			AREA RURALE		00	32				VARIAZIONE D'UFFICIO del 20/10/2009 n. 7852.1/2009 in atti dal 20/10/2009 (protocollo n. RC70386621).	Annotazione
9	6	14	-		CAST FRUTTO U		62	90		Euro 14,62 L. 28,305	Euro 6,50 L. 12,580	Impianto meccanografico del 10/05/1976	
10	6	29	-		PASCOLO 2 ARB	3	01	50		Euro 14,01 L. 27,135	Euro 7,79 L. 15,075	Impianto meccanografico del 10/05/1976	
11	6	30			CAST FRUTTO U	2	20	10		Euro 51,15 L. 99,045	Euro 22,73 L. 44,020	Impianto meccanografico del 10/05/1976	
12	6	31			CAST FRUTTO U	2	13	10		Euro 3,04 L. 5,895	Euro 1,35 L. 2,620	Impianto meccanografico del 10/05/1976	
13	6	36			FRUTTO INCOLT STER		65	50				Impianto meccanografico del 10/05/1976	

23

LE CLASSI SOCIALI

L'articolazione sociale ebbe caratteristiche grossomodo speculari alla distribuzione della proprietà agraria. Una sola classe sociale, due categorie: pastori e artigiani. *La fase moderna della Calabria cominciò cinquanta anni fa* (all'inizio del XX Secolo, ndr), *sorse cioè quella classe media né contadina, né pastorale che era il prodotto della sovrappopolazione, la categoria di gente per cui non c'era terra. Devo rifarmi sempre alla mia esperienza di ragazzo per dare un'idea di questo avvento. Io vidi nascere questa nuova classe di un villaggio di novecento abitanti, San Luca, che oggi ne conta circa tremila. Erano miei compagni di scuola, figli di pastori e di piccoli contadini, i quali anziché seguire il lavoro paterno, insufficiente, impararono un mestiere. Divennero calzolai, falegnami, artisti come si chiamavano; perciò stesso non furono obbligati alla regola del costume per cui nella condizione contadina e pastorale non si potevano portare né scarpe né pantaloni lunghi né baffi, non dipendevano da nessuno anche se dipendevano da tutti quelli che avevano bisogno del loro lavoro; ma io li ricordo con una nuova impronta di libertà dalla soggiacenza e dalla clientela.* [9]

La pastorizia assorbiva l'80-85% della popolazione, l'artigianato il 15-18%. Gli abitanti abbienti erano non più del 2-3%, pochi nuclei familiari consanguinei.

Le donne svolgevano un ruolo fondamentale in entrambi i settori. Fin dall'età di sette, otto anni, i bambini venivano condotti nei jazzi (stazzi) per aiutare gli adulti, contribuire al controllo delle greggi, prepararsi alla vita di pastore e forgiarsi caratterialmente.

Naturalmente, in un siffatto sistema, il fenomeno della di-

---

9   CORRADO ALVARO, Il Ponte, nr 9-10, ottobre-novembre 1950

soccupazione era sconosciuto. Una sola classe sociale, quindi, accorpava all'incirca il 98% della popolazione, caratteristica rilevante non soltanto dal punto di vista economico, ma anche in termini di identificazione e appartenenza sociale.

Era una società gerarchica senza il sospetto delle differenze sociali quali le concepiamo noi modernamente, ma come disposte da un'arcana provvidenza[10].

I JAZZI: PROTOTIPO DI COMUNISMO CRISTIANO

L'assenza di divari economici e disuguaglianze sociali facilitò l'armonia e la solidarietà interpersonali. Non c'erano conflitti sociali, eccettuato un latente malumore nei confronti dei latifondisti a causa della brutalità economica, dell'arroganza e della loro condotta morale, spesso oltraggiosa della dignità altrui.

La vastità dei terreni pubblici, la qualità dei pascoli montani, insieme alla tipologia degli allevamenti zootecnici induceva i pastori ad associarsi e confluire nei "jazzi", nuclei cooperativistici non codificati, entità economico-comunitarie tra il Kibbutz ebraico, il Kolchoz sovietico e le comunità laico-religiose dei monasteri greco-ortodossi dell'XI, XII, XIII e XIV Secolo. Un prototipo di comunismo cristiano. E' indicativa l'intestazione delle partite catastali, di cui è proprietario il Santuario: *Iazzo della Madonna della Montagna in San Luca,* che risale al 1792, quando il feudatario Alessandro Maria Clemente donò al monastero *terre e privilegi.*

Il vocabolo *iazzo* configura e definisce una "comunità" particolare, non singoli proprietari, né un ente giuridico.

Non è avventato pensare che i jazzi si ispirassero alla Scuola pitagorica crotonese, stanti alcune norme interne quali l'assen-

---

10 CORRADO ALVARO, Ibidem

za di gerarchie codificate (*I pastori coi loro anziani e capi abitavano...*[11]), il livellamento retributivo, l'esclusione di qualsiasi forma di competizione individuale[12].

Il *Jazzo del Santuario Madonna della Montagna di Polsi*, sopravvisse all'incirca fino al 1975. Tutti gli altri si dissolsero nel quinquennio 1955-1960. Quel tipo di sodalizio, sintesi dell'organizzazione sociale locale, risaliva all'epoca greco-ortodossa calabrese.

L'origine bizantina è avvalorata dagli appellativi adoperati tra familiari, soci e concittadini: *frati! soru!* (fratello! sorella!); *fratima, sorima* (mio fratello, mia sorella); *frategliu!, sorreglia!* (primo cugino! cugina!), o con riferimento ai cugini dei diversi altri gradi di parentela: *frateglima Franciscu, frateglima Dominicu (*mio cugino Francesco, mio cugino Domenico), oppure *sorreglima Maria; sorreglima Teresa* (mia cugina Maria, mia cugina Teresa).

Qualora non si conoscesse il nome dell'interlocutore, gli si rivolgeva con l'appellativo *frategliu!, sorreglia!* In modo analogo, quando le donne si rivolgevano ai maschi estranei. In quest'ultima accezione, il vocabolo esprimeva legame spirituale tra estranei, non derivava da parentado o consanguineità. Significativa anche l'espressione "fratelli di latte" adoperata per indicare due o più coetanei allattati da una sola puerpera (mamma), in sostituzione della madre naturale, momentaneamente assente, o, non di rado, deceduta dopo il parto.

---

11 CORRADO ALVARO, *Memoria e vita.*
12 SALVATORE MONGIARDO, *Stile di vita pitagorico, Lectio magistralis per l'Accademia Medici Pitagorica Crotone,* Lido degli Scogli, 7 dicembre 2013.

GERARCHIE E RIPARTIZIONE DEGLI UTILI 'AZIENDALI'

Gli utili aziendali (formaggio, ricotta, lana, vendita di vitelli, agnelli, capretti, pellame e lana grezza) erano suddivisi: una quota al proprietario dei terreni, una quota assegnata in proporzione al bestiame conferito dai soci o da terzi, la parte rimanente distribuita in misura uguale ai nuclei familiari associati, senza differenziazioni gerarchiche.

Le gerarchie si formavano spontaneamente, in virtù del 'carisma' individuale dei soci. Nuclei economici associativi, i Jazzi erano funzionali al sistema economico, totalmente autarchico.

"La vecchia industria familiare ... provvedeva a tutto, alle stoffe, al lino, alla canapa, al tessuto di ginestra e agave, alle riserve alimentari e conservate, agli utensili familiari nella forma e nella materia tradizionale. ...I mestieri servili erano irrilevanti, il commercio era lasciato quasi soltanto ai forestieri, e del resto ricordo nella mia infanzia come fosse quasi poco onorevole fare le proprie spese a bottega".[13]

L'ARTIGIANATO

Le attività urbane si svolgevano in decine di botteghe artigianali: falegnami, fabbri, sarti, barbieri, calzolai, tessitrici, cardatrici e filatrici.

Cantieri edili, sartorie e calzolerie erano i mestieri più frequentati dagli apprendisti. La produzione artigianale era commisurata alle esigenze locali e alla domanda delle popolazioni del comprensorio aspromontano orientale, in prevalenza fornito dagli artigiani di San Luca.

---

13 CORRADO ALVARO, Il Ponte, ottobre-novembre 1950.

L'emigrazione, ininfluente nella dinamica demografica, si intensificò, senza tuttavia stravolgere l'assetto demografico del paese, al contrario di quanto avveniva nell'entroterra jonico, dove diversi municipi subirono un collasso di popolazione improvviso e definitivo.

I maestri artigiani insegnavano i mestieri e nello stesso tempo educavano gli adolescenti. Dall'inizio del Secolo XX, i laboratori artigianali furono scuola di educazione civica e professionale per centinaia di giovani.

Un'efficientissima rete scolastica privata, della cui importanza ci si rese conto negli anni '70, quando dilagò il fenomeno dei sequestri di persona. Infatti, nei processi penali relativi ai sequestri d'estorsione, gli imputati, tranne alcune eccezioni, risultarono essere nati nel periodo 1951-1970, proprio il periodo in cui si verificò il crollo della pastorizia e dell'artigianato.

Le Leggi nr 9/1952, nr 938/1953, nr. 1177/1955, approvate in seguito alle alluvioni 1951-1953 per irrobustire il territorio e sopperire alla necessità di lavoro dei calabresi, causarono la rovina dell'economia, e crearono disoccupazione. Le leggi proCalabria sconvolsero il secolare equilibrio economico-demografico-sociale.

In sostanza, senza volerlo, i legislatori scardinarono anche l'assetto antropico-culturale specifico di San Luca.

"COMUNIA" E PROSTAFE'

"Comunia" lemma linguistico duplice: *"possedere beni in comune"* e *"attività comunitaria di lavoro"* esprime concetti estranei al comunismo marxista e segnatamente: associare beni o strumenti di lavoro; intraprendere iniziative di gruppo, quali la coltivazione del frumento, la raccolta e la lavorazione della ginestra, la produzione del carbone, l'ammasso della legna, la bonifica di aree agrarie incolte, etc.. etc.-. Esempio tangibile di *comunìa* è tuttora la Camera del Lavoro, sede anche del Partito Comunista Italiano (oggi Partito Democratico), costruito "in comunìa" dagli operai forestali lavorando a turno, oppure devolvendo al Sindacato il salario equivalente, circa cinquant'anni fa.

I vocaboli *"prestafè"* e *"prostafè"* significano scambio di prestazioni di lavoro, affidamento temporaneo, "in prestito", di attrezzi di lavoro, beni e cose materiali. Dopo le alluvioni 1951,1953, scomparsa la pastorizia, stravolta l'antica strutturazione sociale, comunìa e prostafè, furono adoperati sino al 1980, specialmente nel settore dell'edilizia.[15]

PESI E MISURE IN USO.

Il rifiuto del Sistema Metrico Decimale, ancora ad un secolo dall'entrata in vigore, le dimensioni dell'analfabetismo dopo quaranta anni dalla Riforma Gentile, insieme al metodo di contabilità "aziendale" sono prova di estraneità culturale e civica. Diversità evidentemente causata dall'isolamento secolare e dal disinteresse dello Stato, in modo particolare della Scuola pubblica. Infatti, nel 1971, l'analfabetismo, trascorso un secolo dalla legge Coppino, era molto diffuso. La percentuale degli analfabeti corrispondeva ai valori statistici europei "ancien regime".

Non era casuale, quindi, che si continuasse a usare il *tomolo* (48 chili), il *quarto* di tomolo" (12 chili), lo *stuppegliu* (sei chili) e la *libbra* (un quarto di chilo); che per misurare l'olio e il vino fosse in uso il *cafisu* (12 litri), la *"cannata"* (un litro), e la *menzacannata* (metà litro), strumenti cui si aggiungeva l'utilizzazione di giare in creta, otri, ciotole e cucchiai in legno di forma neolitica, come

---

15 GERHARD RHOLFS, Nuovo Dizionario dialettale calabrese, Gerald Rolfs, Longo Editore).

cinquemila anni prima. Per misurare i tessuti si ricorreva alla *"canna"* (due metri circa) e alla *"menza canna"* Ed è alquanto indicativo che i prodotti della lavorazione del latte, in uscita dal *jazzo* (formaggio, ricotta, etc), fossero contabilizzati sulla corteccia di un bastone (*'a standa*), incidendovi caratteri numerici risalenti all'epoca romana e simboli grafici più remoti. Per trasportare gli alimenti liquidi si adoperava l'otre.

DIFFERENZE LINGUISTICHE
TRA PASTORI E ARTIGIANI

Fino agli anni '50, il Centro storico ospitò quasi tutta la popolazione, il 90%. Le case, costruite sopra un costone roccioso, l'una addossata all'altra, formavano un agglomerato compatto, *caldo e denso come una mandra*[16] secondo la celebre definizione di Corrado Alvaro.

I pastori occupavano la parte alta del paese; gli artigiani vivevano nei quartieri meno antichi, vicino alla chiesa. Nonostante si frequentassero tutti i giorni, artigiani e pastori, si differenziavano nel vestire e anche per difformità lessicali e fonetiche: l'idioma dei pastori era gutturale, greve, ponderato, "pensato", denso di vocaboli arcaici greci e romani; musicale e moderno il parlare degli artigiani.

Nella Calabria meridionale *"i dialetti odierni, sono dialetti neolatini, ma fondamentalmente distinti dai dialetti della Calabria settentrionale. Rispecchiano un'italianità più recente, più vicina alla lingua letteraria, meno arcaica e nel complesso più intelligibile. Ma nello stesso tempo quei dialetti sono pieni di residui greci nel vocabolario, come anche la percentuale di grecismi nei nomi geografici è qui altissima*[17]. (...)

---

16 CORRADO ALVARO, *Gente in Aspromonte*, Il paese,
17 GEHRARD ROHLFS, Il Ponte, ottobre - novembre 1950, pag. 1000.

Sono di origine greca i nomi delle erbe e delle piante sel-
vatiche (...) i nomi di molti animali, (...) moltissimi termini che
si riferiscono alla vita del contadino e del pastore, alla costitu-
zione del terreno, alla vita domestica.. E non solo sono singoli
vocaboli (che sono centinaia) che hanno invaso questi dialetti,
ma è qualcosa di più intenso, di più profondo, qualche cosa che
tocca all'essenza stessa del linguaggio. E' lo spirito della lingua
greca che scaturisce da ogni discorso, che balza dalla bocca del
più umile contadino[18].

L'ASSENZA DEL VERBO CONIUGATO AL FUTURO

Una particolarità idiomatica, tipica solo del dialetto calabrese, è l'uso del verbo prevalentemente coniugato al presente o
al passato remoto, raramente al passato prossimo, giammai al
futuro: *sugnu, esti, simu, sunnu, eru, eranu, fusti, furu, jamu, jiti,*
jimma, facimu, facimma facisti, ficiru, mangiamma, tornamma.
Singolarità linguistica notata dallo psichiatra Franco Basaglia, il
quale l'attribuì alle condizioni di povertà in cui storicamente vissero le popolazioni della Calabria, quindi, sintomo psicologico
della mancanza di speranza. Senza futuro. L'interpretazione del-
l'ideatore della riforma dei manicomi (Legge 180/'78) è smentita
anche dall'indice di natalità storico, superiore ai valori nazionali.
Un popolo che crede "provvidenziale" una famiglia numerosa,
pensa, volge lo sguardo al futuro. Qui da noi si dice ancora
"megghju ricchi 'i sangu, ché 'i sordi", cioè *"E' preferibile*
avere molti figli e parenti che denaro e ricchezze materiali".
Tale singolarità linguistica, viceversa, potrebbe essere il
segnale di una straordinaria sintesi della filosofia stoica, del pen-
siero pitagorico e del Cristianesimo, fusione dalla quale era sca-

---

18 GERARD ROHLFS, *ibidem*, pag 1001.

turita una concezione ascetica della vita umana: si vive di giorno in giorno con spirito religioso, le attese individuali non devono oltrepassare l'oggi, gli egoismi estirpati alla radice. Condizione spirituale e psicologica, questa, foriera di equilibrio mentale e serenità d'animo, cui erano estranee le frustrazioni, l'ansia, e l'angoscia, stati d'animo certi e inevitabili in chi si proietti sul domani, sul futuro; agisca in modo egoistico; oppure sia in competizione con gli altri.

EQUILIBRIO AMBIENTALE E DEMOGRAFICO

L'elemento più rilevante del microcosmo d'Aspromonte era il bilanciamento della produzione e dei consumi con la situazione demografica data, per cui la produzione zootecnica, agro-forestale e alimentare variava in rapporto alle necessità primarie della popolazione presente in quello specifico momento storico.

"Nel 1810, la popolazione di San Luca, composta di 1118 anime, era per la maggior parte dedita alla pastorizia.. Vi figuravano infatti 7560 animali per lo più bovini. Nel 1840, con *"la pastorizia si ricavavano non solo latte e formaggi, in misura del 25% e del 75% rispettivamente, ma anche la lana per vestirsi, di cui si ricavavano circa 200 cantare l'anno (160 quintali), la quantità più alta di tutto il distretto"*[19].

Una media ragguardevole: Sette animali per ciascun abitante.

L'equilibrio Economia-Demografia si basava sullo stile di vita e sul modello di regime alimentare praticato dai monaci greco-ortodossi. Al mattino, pane biscottato annegato nel siero con i residui della lavorazione del latte (ricotta, mozzarella, *toma* di cacio); durante il giorno, pochi grammi di frutta secca con un tozzo di pane; all'imbrunire la cena. Un regime frugale.

---

19 San Luca a 400 anni ... ibidem, pag 244.

IL SISTEMA TRIBUTARIO COMUNALE

Fatta salva la vendita del legname e, in alcune aree, la produzione di castagne e ghiande, il Comune concedeva l'uso dei terreni dietro pagamento di un canone commisurato al bestiame allevato, le cosiddette *"teste animali"*, censite annualmente dalle Guardie campestri.

In quel modo si proteggeva l'unitezza e la comunanza dei beni pubblici, fulcro del sistema economico e sociale. Il canone si riferiva al bestiame allevato, non ai pascoli o alla coltivazione dei terreni, per cui il corrispettivo assumeva funzione di tassa sulla ricchezza.

Nessuno avrebbe potuto rivendicare l'acquisizione per usucapione dei terreni.

Il criterio in questione, semplicissimo, privo di cavilli e fronzoli giuridici, contiene principi fiscali di straordinaria rilevanza, sui quali, sino a oggi, gli esperti in Diritto Fiscale e Tributario si sono cimentati vanamente: equità e giustezza, automatismo e proporzionalità.

Quest'ultima esigenza era garantita da una serie di limitazioni naturali: la condivisione dei pascoli disponibili; la commerciabilità dei prodotti, cioè le dimensioni territoriali e demografiche del mercato, all'epoca costituito dall'interscambio tra artigiani e pastori locali (baratto prodotti alimentari con manufatti artigianali), e dalle necessità (domanda) delle popolazioni limitrofe: Careri, Benestare, Bovalino, Bianco, Casignana, Ardore.

Dal punto di vista pratico quel sistema non permetteva, anzi escludeva l'accumulazione (*la ricchezza soverchia)*, mentre sotto l'aspetto giuridico garantiva l'integrità dei beni fondiari ed equiparava la produzione agro-forestale naturale (spontanea) alla cacciagione. Entrambi "res nullius": di nessuno e di ciascuno. Parimenti, ognuno, *era insieme fedele* (servo) *e padrone* .

SAN LUCA PRE ANNI CINQUANTA: MODELLO ECONOMICO DEL FUTURO?

Ripartizione delle risorse territoriali, organizzazione del lavoro, distribuzione del reddito, parità salariale, sobrietà del tenore di vita e frugalità alimentare sono stati i cardini del modello economico-sociale adottato dalla comunità di San Luca fino al 1955/1960. Quel prototipo economico-sociale potrebbe indicare agli esperti in Economia, Scienze sociali e Antropologia gli antidoti contro la follia consumistica dei Paesi "avanzati" e allo stesso tempo contro l'indigenza in Africa, Sud America, Medio-Oriente. Povertà, che, quantunque in modo marginale, è presente anche in alcune aree delle nazioni più progredite. L'approfondimento critico del modello S. Luca potrebbe valorizzare ed esaltare nella loro essenzialità pratica gli elementi strutturali del sistema economico che ha governato una comunità minuscola e isolata, apparentemente primitiva, ma non povera, e giammai affamata (*Era un paese ricco, ho detto*[20]) E suggerirne l'adozione, unitamente allo stile di vita praticato fino a quegli anni. L'insieme delle componenti suddette, peraltro, richiedeva e nello stesso tempo generava una situazione di piena occupazione, la cui mancanza è il dramma globale attuale. Ovviamente, adattando il metodo alla situazione *in fieri*, e con l'uso morigerato degli strumenti tecnici e scientifici moderni; limitatamente a specifiche realtà territoriali; e solamente nell'ambito di programmi economici e normativi differenziati all'interno dei singoli Stati. Diversamente, uniformare e universalizzare regole naturali eque, così antiche e insieme tanto innovative e rivoluzionarie, sarebbe impossibile. Chissà! Forse potrebbe essere frenata la mostruosa espansione delle conurbazioni metropolitane; e scongiurata la

---

20 CORRADO ALVARO, *Il Viaggio,* a cura di Anne-Christine Faitrop-Porta, *Memoria e vita,* Falzea Editore, ottobre 1999.

proliferazione delle bidonville, monumento d'inferiorità, degrado e povertà, cui è contrapposta l'indecorosa esibizione della ricchezza eccessiva, manifestazione concreta di abbrutimento e miseria spirituale.

Un proverbio, in uso da queste parti, dice: "*u suverchju, rruppi u cuverchju*", "il cibo troppo abbondante, alza il coperchio, fa tracimare la pentola", cioè, la ricchezza eccessiva genera spreco, povertà e fame.

Qui, a San Luca, *i nostri genitori vivevano* (con gli altri) *in comunione di vita* (nel borgo vecchio, negli ovili, nel monastero di Polsi), *e* (in comunione) *di beni* (il territorio, gli armenti, la natura, etc).

> *L'òmu est tirànnu e tanta è 'a tirannìa,*
> *chi puru i regni di cieli voli rrivàri.*
> *Si vòli sedìri 'a lu tronu di Diu,*
> *puru a li cieli vòli cumandàri.*
>
> **(Settilia Palma Mammoliti**, San Luca)[21]

L'uomo è tiranno; folle è la sua brama.
Anche il regno dei cieli, egli, vuole sovrastare.
Vuole sedersi sul trono divino;
pure il Re celeste, tu, Uomo, agogni sopraffare.

---

21 SETTILIA PALMA MAMMOLITI, poetessa dialettale analfabeta nata nel 1920.

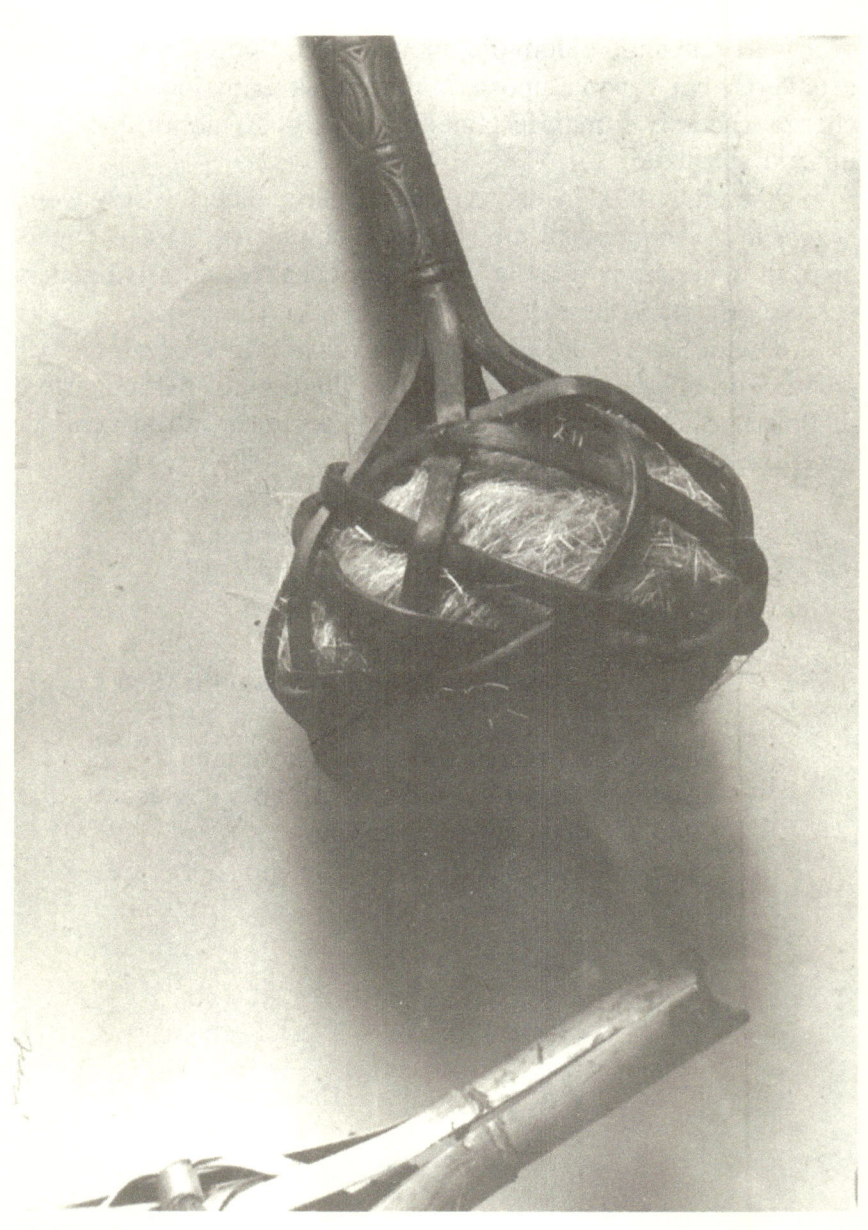

Conocchia per filare.

36

CAPITOLO SECONDO

L'ANALFABETISMO

LA SCUOLA

Il dibattito sulla scolarizzazione di massa fu all'attenzione dei governi europei nei primi decenni dell'Ottocento. In Italia, intorno alla metà dello stesso secolo. Nel Comune di San Luca, l'attivazione della scuola elementare risale all'epoca borbonica.

La prima classe maschile e femminile venne istituita solo nel 1853.[24]

La prima legge nazionale sull'obbligo scolastico, approvata il 15 luglio 1877 su proposta del Ministro Michele Coppino, elevò a cinque anni la scuola elementare, di cui tre classi obbligatorie. Nel 1904, il Parlamento (Ministro Vittorio Emanuele Orlando) statuì un nuovo limite d'età: dodici anni.

Le scuole gravarono sui bilanci comunali sino al 1910, quando, con l'approvazione della Legge Daneo-Credaro, lo Stato se ne assunse l'onere finanziario. La riforma Gentile del 1923 prolungò a quattordici anni il periodo obbligatorio. Quella norma rimase sulla carta, non fu attuata.

Con l'approvazione della legge 31/12/1962, n. 1859, ultimo provvedimento legislativo emanato in tema di obbligo scolastico, il Parlamento diede attuazione all'articolo trentaquattro della Carta Costituzionale. Congiuntamente, con la stessa legge n 1859/62, fu abrogata la Scuola di Avviamento professionale, e, quindi, modificata l'impostazione classista del sistema scolastico

---

24 ANNA CAROLEO, *Economia e società a San Luca tra '800 e 900*, in *San Luca, Storia, Tradizioni,Società a 400 anni dalla fondazione*, AGE, Ardore Marina 1994.

nazionale, completata, nel 1974, con l'approvazione dei "Decreti Delegati". Seguì la Riforma Moratti (Legge 28 marzo 2003, nr 53) ultima modifica legislativa in materia di Coscrizione scolastica, anch'essa rimasta sulla carta.

L'ANALFABETISMO

In Italia, la prima indagine particolareggiata sulla scolarizzazione fu effettuata nel 1971, in occasione dell'XI Censimento generale. Dopo quasi un secolo dalla legge Coppino sarebbe stato logico ritenere che il livello di scolarizzazione fosse pressappoco uniforme in tutto il territorio nazionale, e presumere già debellato l'analfabetismo.

San Luca si distinse per l'entità dell'analfabetismo e altre peculiarità sociologiche significative, in specie l'enorme divario scolastico tra maschi e femmine. Per evidenziare alcune singolarità sorprendenti, i dati comunali sono stati confrontati con gli omologhi della provincia di Reggio Calabria (*Tavola nr 2*), e con gli analoghi dei Comuni limitrofi maggiormente coinvolti nella dinamica demografica di San Luca.

CENSIMENTO 1971.

La situazione scolastica, rilevata nei censimenti 1971, 2001 e 2011, è stata riepilogata in diversi elaborati statistici, di cui alcuni certamente interessanti anche con riferimento a fenomeni sociali di particolare rilevanza.

Il prospetto "Tavola nr 1/ Istruzione", si riferisce al Comune di San Luca e, separatamente, alla Provincia di Reggio di Calabria. La popolazione è stata suddivisa per sesso e per grado d'istruzione, compresi i bambini di età Zero-5 anni.

Il risultato concernente i cittadini in regola con l'obbligo scolastico, sommato con gli "alfabetizzati", che non avevano ancora completato la scuola elementare, dà contezza anche dell'analfabetismo esistente nell'anno 1950.

L'accorpamento delle suddette categorie demoscopiche, deduttivamente, tratteggia anche il quadro statistico precedente.

Dal punto di vista sociologico è fondamentale conoscere l'entità effettiva degli analfabeti, individuare gli elementi statistici più significativi; in primo luogo il divario "scolastico" tra maschi e femmine.

Tavola nr 2 / Istruzione - Censimento 1971

COMUNE SAN LUCA: Popolazione residente di 6 anni e più per sesso e grado di istruzione

	Maschi	Femmine	Totale	Percentuale	Provincia Reggio Cal.
Laurea	6	2	8	0,2	**1,6%**
Diploma Scuola Sup.re	60	31	91	2,1	**6,8%**
Licenza Media Avviamento	215	81	296	7	**9,5%**
Scuola Elementare	579	436	1015	23,7	**30,7%**
Totale aventi Titolo di Studio	**860**	**540**	**1400**	**33**	**48.6%**
Alfabeti privi Titolo di Studio	694	570	1264	29,4	**40,8%**
Analfabeti	355	669	1024	23,8	**10,6%**
Popolazione di età 5 anni e più	306	293	599	14	**10,6%**
TOTALE	**2215**	**2072**	**4287 ***	**100**	
* Popolazione residente censita 4300. Si nota uno scostamento di 13 unità.					

Nel merito, sono indicative le statistiche ISTAT (Censimento 1971) inerenti:
- gli abitanti in possesso di titolo di studio: 1413, il 32.86% della popolazione, poco meno di un terzo, 860 maschi, 553 femmine;
- gli analfabeti: 1024, il 23.81% della popolazione, di cui 669 femmine, il 65.33%;
- i soggetti alfabetizzati privi di titolo di studio: 1264, il 29.39%, di cui 694 maschi, 570 femmine.

Nella categoria alfabetizzati sono inclusi i bambini di età 6-10 anni, nati nel quinquennio 1961/1965, frequentanti la Scuola Elementare, non ancora in possesso del relativo diploma, dato fondamentale ai fini dell'esattezza del quadro statistico.

Nel periodo 1961/1965 le nascite furono 584 (Vedi Tavola nr 4/Istruzione.). E poiché negli stessi anni l'emigrazione, in prevalenza stagionale, interessò solo i maschi adulti, gli alunni della Scuola elementare dovrebbero essere stati almeno 550. Rimarrebbero circa 750 soggetti qualificabili "alfabetizzati", in gran parte semianalfabeti e in prevalenza maschi.

Il divario maschi–femmine ha motivazioni di costume antiche. E si spiega anche con il fatto che non pochi maschi 'alfabetizzati' avevano appreso i rudimenti della scrittura durante il servizio militare.

L'elaborato "Tavola nr 3/Istruzione", riproduce i dati relativi alla popolazione analfabeta suddivisa per sesso e per classi di età particolari: 15-44 anni; 45 e più anni. Inoltre, in modo analogo, tutti gli abitanti residenti (alfabetizzati e analfabeti), escluse le classi di età da zero a 14 anni, cioè eccettuati i bambini in età prescolare e gli alunni della scuola dell'obbligo. Tale ripartizione mette in evidenza l'arretratezza scolastica generale, in particolare il ritardo della popolazione femminile. Infatti:
- le donne analfabeta ultra-quarantaquattrenni costituivano il 86.10% della popolazione femminile della stessa fascia

d'età, il doppio dei coetanei maschi, 43.30%, percentuale di per sé anch'essa rilevante;

- nove decimi (9/10) delle femmine non erano mai entrate in un'aula scolastica;
- ulteriore sorpresa, gli analfabeti di entrambi i sessi nati tra l'anno 1936 e il 1950: il 12,85% (uno su otto maschi); il 24,25 % (una su quattro femmine).

Tabella nr 3 /Istruz. - Censimento 1971
COMUNE SAN LUCA - POPOLAZIONE ANALFABETA
DISTINTA PER PARTICOLARI CLASSI DI ETA' E PER SESSO

	Analfabeti			Popolazione analfabeti			Percentuale di uguale età	
	M.	F.	Totale	M.	F.	Totale	M.	F.
Analfabeti da 45 anni in poi	237	474	711	501	550	1051	47,30%	86.18%
Analfabeti da 15 a 44 anni età	118	195	313	918	804	1722	12,85%	24,25
Totale	**355**	**669**	**1024**	**1419**	**1354**	**2773**		

Il prospetto statistico Tavola nr 4/Istruzione (pag. 42), riporta le nascite dal 1951 al 1971, segmentate per classi di età coincidenti con i diversi cicli scolastici e, separatamente, la fascia prescolare, cioè i bambini nati nel quinquennio 1966-1971.

Quest'ultima suddivisione, sia pure in mancanza di analoghe precedenti rilevazioni censuarie, ci permette di ricostruire con buona approssimazione la situazione esistente nell'anno 1950 e inoltre di esaminare in modo analitico alcune "voci" degli elaborati ISTAT. In particolare, i dati relativi agli abitanti "alfabetizzati non in possesso di titolo di studio", inclusi i titolari di Licenza elementare, categorie, entrambi fondamentali ai fini della ricostruzione statistico-temporale suddetta.

Tavola nr 4 / Istruzione - COMUNE SAN LUCA
Post-scolastica. Riepilogativo delle nascite dal 1951 al 1971, suddivise
per classi di età corrispondenti ai singoli cicli scolastici

Ciclo scolastico	Classi di età corrispondenti	Anno solare di nascita	Nascite Numero	Età obbligo scolastico
Età prescolastica	Da Zero a 5 anni	Dal 1966 al 1971	687	
Scuola Elementare	Da 6 a 10 anni	Dal 1961 al 1965	584	*584*
Scuola Media Inferiore	Da 11 a 13 anni	Dal 1958 al 1960	335	*335*
Scuola Media Superiore	Da 14 a 18 anni	Dal 1953 al 1957	646	
Età dell'università e/o Post-scolastica. Nati nel1951/1952	Da 19 a 20 anni	Dal 1951 al 1952	246	
Totale nascite dal 1951 al 1971			**2498**	*919*

Secondo Umberto Zanotti Bianco, nel 1923, *"Gli indici dell'analfabetismo appaiono elevati dopo la caduta del fascismo: nel Censimento del 1921 la percentuale è del 53.4 per cento, nel 1931 è del 48 per cento, mentre nel 1946 – da rilievi locali condotti sugli atti di matrimonio e sui registri di leva - si notano le seguenti percentuali: Alìano (si aggirano) per la classe del 1961: 36.84 per cento, per la classe del 1927: 60% e così via per altri centri rurali."*[25]

L'ISTAT, dunque, nel 1971, poco più di quaranta anni fa, mise in luce una realtà non difforme da quella dell'epoca borbonica, quantomeno limitatamente alla popolazione femminile. Il sottosviluppo scolastico di San Luca emerge anche dal confronto con ricerche statistiche precedenti, secondo cui, in Italia, gli abitanti analfabeti erano il 70% nel 1861, il 46% nel 1910, il

---

25   GAETANO CINGARI, *La Calabria e il Fascismo,* Il Ponte pagg. 1248-1249

13% nel 1951. Nell'ultima colonna del prospetto "Tavola nr 2./ Istruzione", è quantificato il divario scolastico San Luca-Provincia di Reggio Calabria, anch'essa tra quelle più arretrate. Tale discrepanza comprova e rimarca il primato negativo di San Luca, dove il 15 aprile 1895 nacque Corrado Alvaro, letterato tra i più grandi del XX Secolo.

CENSIMENTO 2001.

Le Tavole 5, 6 e 7/Istruzione riportano i dati ISTAT del Censimento 2001. Lo schema coincide con gli elaborati del 1971, tranne l'età iniziale degli analfabeti anziani, 65 anziché 45 anni.

Tavola nr 5/Istruzione - Censimento 2001

**Comune S. Luca: Popolazione residente di 6 anni
e più per sesso e grado di istruzione**

Titolo di studio	Maschi	Femmine	Totale	Percentuale sugli abitanti
Laurea	51	31	82	2
Diploma Scuola Sup.re	349	252	601	14,6
Licenza Media o Avviamento	737	803	1540	35,1
Scuola Elementare	404	368	772	18,8
Totale aventi Titolo Studio	**1541**	**1354**	**2895**	**70,5**
Alfabeti privi Titolo di Studio	281	270	551	13,4
Di cui Alfabeti oltre i 65 anni	85	45	130	3,2
Analfabeti	114	240	354	8,6
Di cui Analfabeti oltre i 65 anni	90	290	380	7,1
Popolazione di età 5 anni e più	1846	1664	3510	85,5
TOTALE	1936	1864	3800	

I dati riportati nella Tavola nr 5/Istruzione dimostrano che in trent'anni (1971-2001), gli abitanti aventi un titolo di studio sono aumentati dal 32.86% al 70,51%; e, viceversa, gli analfabeti diminuiti dal 53.20% al 8.62%. Quest'ultima variazione percentuale è inesatta in quanto non si riferisce all'omologo campione d'indagine. Infatti, nei soggetti di età oltre sessantacinque anni, sono inclusi gli abitanti nati nel decennio 1936/1945, i quali, nella precedente rilevazione, rientravano nella fascia di età 35/44 anni.

Per quantificare le variazioni effettive, si dovrebbe estrapolare il dato relativo agli analfabeti ultra-settantacinquenni, cioè coloro che nella precedente rilevazione censuaria rientravano nella fascia di età "45 e più anni". Così, il paragone sarebbe appropriato. E, poiché dal 1971 al 2011 non ci sono state iniziative per il recupero degli analfabeti, il decremento dovrebbe essere pari agli analfabeti trasferitisi altrove o deceduti. Nei livelli scolastici più elevati (Università e Scuola Media Superiore), l'incremento delle donne è rilevante.

La Tavola nr 6/Istruzione riporta i dati sulla scolarizzazione nei Comuni limitrofi, destinatari dei flussi migratori registrati dall'Ufficio Anagrafe di San Luca nel trentennio1971/2001. Particolarmente positive le variazioni nei Comuni di Bovalino e Benestare.

Nel primo, i laureati censiti sono risultati 627, l'8.16%, la percentuale più alta nella provincia reggina; 2036 i diplomati, il 26.5% della popolazione. Nel Comune di Benestare sono stati censiti 89 laureati, 4.25%, e 350 diplomati, il 16.70% degli abitanti.

CENSIMENTO 2011

Nel periodo inter-censuario ultimo (2001/2011) l'innalzamento del livello medio scolastico si è accentuato ulteriormente.

44

Tavola nr. 6/Istruzione - Censimento 2001

COMUNI DEL COMPRENSORIO: - GRADO DI ISTRUZIONE DELLA POPOLAZIONE RESIDENTE DI ETA' DA SEI ANNI E PIU', DISTINTA PER SESSO E TITOLO DI STUDIO

Comune		Laurea	Diploma Sc.Sup.	Licenza media/ Avto	Licenza Elem.	Totale con titolo	Alfabeti privi titolo	Alfabeti oltre 65 anni	Totale Analfab
Ardore	Maschi	156	501	619	523	1795	309	119	40
	Femmine	137	485	536	727	1885	430	246	105
	Totale	**293**	**986**	**1155**	**1250**	**3684**	**739**	**365**	**145**
Benestare	Maschi	47	187	370	297	901	155	53	47
	Femmine	42	163	340	273	818	207	77	135
	Totale	**89**	**350**	**710**	**570**	**1719**	**362**	**130**	**182**
Bianco	Maschi	173	479	594	320	1566	213	61	77
	Femmine	154	522	510	430	1616	250	110	117
	Totale	**327**	**1001**	**1104**	**730**	**3162**	**463**	**171**	**194**
Bovalino	Maschi	324	1049	1073	806	3252	440	106	109
	Femmine	303	987	976	993	3259	585	250	165
	Totale	**627**	**2036**	**2049**	**1799**	**6511**	**1025**	**356**	**274**
Casignana	Maschi	31	61	101	91	284	58	33	17
	Totale	29	74	85	95	283	64	37	32
	Totale	**60**	**135**	**186**	**186**	**567**	**122**	**70**	**49**
S. Luca	Maschi	51	349	737	404	1541	281	85	114
	Femmine	31	252	703	368	1354	270	45	240
	Totale	**82**	**601**	**1440**	**772**	**2895**	**551**	**130**	**354**

L'elaborato Tavola n. 6/Istruzione riporta i dati comunali di San Luca; ovviamente, non sono inclusi i giovani *sanlucoti* trasferitisi nei comuni limitrofi, per cui l'incremento effettivo di laureati e diplomati non è esatto. Ad esempio, gli abitanti laureati (133) sono numericamente inferiori agli avvocati e praticanti originari di S. Luca iscritti all'Ordine Avvocati del Foro di Locri. In base agli Albi professionali e a notizie e frequentazioni anche occasionali, possiamo ipotizzare che i laureati, inclusi emigrati e oriundi, non siano inferiori a 750, 800 unità. Gli avvocati sono la categoria professionale più cospicua; seguono economisti, architetti, ingegneri, medici, farmacisti, agronomi.

Tale stima è suffragata dal fatto che nei comuni adiacenti S. Luca nel 2011 sono stati censiti 1956 laureati, e 6560 diplomati, dei quali centinaia di sanluchesi. E' notorio che tanti laureati originari di San Luca risiedono nelle Città sede di Università e nelle Regioni centro-settentrionali.

Oggi, molti nuclei familiari sono composti da bisnonni analfabeti, nonni semianalfabeti, genitori con il diploma della scuola dell'obbligo, figli laureati o diplomati, e nipoti studenti universitari.

Tavola nr 7/Istruzione - Censimento 2011

COMUNE SAN LUCA: **Popolazione residente di 6 anni e più per sesso e grado di istruzione**

Titolo di studio	Maschi	Femmine	Totale	Percentuale sul tot. della popol.
Laurea	87	46	133	3,3
Diploma Scuola Sup.re	464	333	797	19,7
Licenza Media o Avviamento	779	748	1527	37,8
Scuola Elementare	319	335	854	21,1

Totale aventi Titolo di Studio	1649	1462	3111	52,2
Alfabeti privi Titolo di Studio	289	349	638	15,8
Di cui Alfabeti oltre i 65 anni	79	101	180	4,5
Analfabeti	99	287	386	9,5
Di cui Analfabeti oltre i 65 anni	43	138	181	4,4
Popolazione di età 6 anni e più	1858	1862	3720	92,8

Tavola Nr 8/ Istruzione - Censimento 2011

Popolazione residente distinta per grado di istruzione

(Comuni: Ardore, Benestare, Bianco, Bovalino, Casignana e San Luca)

Comune	Popolazione in possesso di Titolo di Studio					Alfabeti privi titolo scolastico		Analfabeti		
	Laurea	Diploma Scuola Super.	Licenza media/	Licenza Elem. Avto	Totale avente titolo	Totale privi titolo	Di cui oltre 65 anni	Totale	Dicui oltre 65 anni	Totale Eta 6 anni
Ardore	406	15	1308	1245	993	3967	667	221	220	99
Benestare	107	2	407	671	467	1654	380	104	181	93
Bianco	447	24	1255	1036	638	3400	535	157	185	82
Bovalino	919	19	2489	2294	1593	7314	1013	261	292	121
Casignana	67	1	200	170	152	590	152	41	42	21
Totale	**1946**	**71**	**5659**	**5416**	**3843**	**16925**	**1566**	**784**	**918**	**407**
%	**9,9**		**28,8**	**27.6**	**19,6**	**56,3**	**8,0**	**4,0**	**4,7**	**2,1**
San Luca	133	6	737	1027	654	2557	638	180	386	181
%	**3.6**	**0,16**	**19.8**	**27,6**	**17,6**	**68,7**	**17,1**	**4,8**	**10,4**	**4,9**

*Diplomi terziario del vecchio ordinamento o diplomi A.F.A.M

MANCANZA DI AULE E CLASSI SCOLASTICHE

Nell'anno 1971, poco più di 40 anni addietro, il 53 % degli abitanti di età superiore a quarantacinque anni non conosceva la scrittura.

L'entità degli analfabeti, abnorme rispetto alla situazione nazionale, non lascia dubbi sulle responsabilità delle Autorità scolastiche. E poiché non vi furono soppressioni di posti di insegnanti, né trasferimenti o licenziamenti di maestri per mancanza di alunni, è certo che le classi attivate non erano state congrue rispetto alla popolazione da *coscrivere*, cioè da costringere a frequentare per legge le scuole pubbliche (obbligo scolastico).

AUTORITA' SCOLASTICHE OSTILI E FAZIOSE

Le autorità scolastiche non sono state benevole e disinteressate nei confronti di S. Luca. E' emblematica la questione della sede della Direzione Didattica rimasta a Bovalino dal 1911 al 1985, in pratica dalla data in cui la scuola dell'obbligo fu statalizzata. Ciò a dispetto dell'incremento demografico, della distanza chilometrica (14 km), delle particolarità socio-culturali, e di altri fattori fondamentali nella programmazione scolastica.

L'incremento demografico, interamente dovuto alle nascite, ininterrotto dagli inizi dell'Ottocento, si accentuò nei tre decenni successivi alla Seconda Guerra mondiale.

Nel quinquennio 1951/1955, le nascite sono state 625, per cui, l'indice statistico, calcolato sulla popolazione residente alla data del censimento 1951 (3728 abitanti), raggiunse il 35 per mille, e rimase elevato sino all'inizio del Terzo Millennio, unico paese in Italia. La scolarizzazione della popolazione fu ostacolata anche dall'impiego precoce dei bambini nelle attività di lavoro. In un contesto di totale isolamento e autarchia, saper leggere e scrivere non era necessario. Non a caso il Sistema Metrico Decimale rimaneva inapplicato a distanza di novanta anni dall'entrata in vigore. E, negli stessi anni, la contabilità "aziendale" dei jazzi continuò a essere tenuta incidendo sulla corteccia di un bastone ('a standa) numeri romani e simboli grafici più antichi.

Dopo le alluvioni 1951 e 1953, venuto meno il vecchio impianto socio-economico, caduta la necessità dell'impiego precoce dei bambini, la Scuola divenne importante, per cui molti tredicenni e quattordicenni analfabeti, ormai oltre l'età dell'obbligo, frequentarono la prima classe elementare. Le aule scolastiche, disseminate nel Centro urbano, erano insufficienti,[26] nonostante ciascuna aula accogliesse oltre 50 alunni.

La situazione era peggiore rispetto a quella riscontrata in Calabria da Umberto Zanotti Bianco, nel 1950: *Tornato in Calabria dopo molti anni di assenza (1924-1950)....ho ritrovato nei riguardi del problema dell'edilizia scolastica una situazione che se non è più quella del 1911, è ancora tuttavia tale da non poter essere rimirata senza onta e sdegno.*

Se si pensa che le aule di affitto - tranne nelle più grandi città e salvo poche eccezioni- sono in "bassi" senza luce, talora senza finestre in baracche scadentissime, in veri e propri tuguri in assoluta opposizione alle norme più elementari di pedagogia e d'igiene, la conclusione che su 7424 aule necessarie ne mancano ancora 6396 è davvero drammatica[27].

Alcuni anni dopo, l'Amministrazione comunale, guidata da un prete illuminato, don Giuseppe Signati, rimediò alla mancanza di aule con la costruzione di un edificio scolastico funzionale e moderno. Il nuovo plesso, uno dei primi nel circondario jonico, dotato di palestra, refettorio e ampi spazi per gli uffici direttivi, fu inaugurato nell'anno 1966.

Considerate le dimensioni della popolazione scolastica,

---

26 UMBERTO ZANOTTI BIANCO: Il problema della scuola, Rivista "il Ponte",
   Ottobre 1950, pag 1151.
27 Ibidem pag. 1152.

l'assenteismo scolastico, i problemi ambientali, le esigenze di-dattico-pedagogiche, la disponibilità di stanze, sale e spazi costruiti appositamente in previsione del trasferimento in loco del direttore e degli uffici amministrativi, sarebbe stato assen-nato trasferirvi subito la Direzione Didattica. Viceversa, il Provveditorato agli Studi, d'accordo con il Comune di Bovalino, preferì procrastinarne *sine die* il trasloco, nonostan-te il degrado e lo squallore in cui le scuole di San Luca spro-fondarono dal 1911 in poi, cioè dalla data di approvazione della Legge Daneo-Credaro. In effetti, dalla statalizzazione del sistema scolastico italiano.

LA SEDE DELLA DIREZIONE DIDATTICA

Il Provveditorato agli Studi di Reggio Calabria non tenne conto delle dimensioni della popolazione scolastica e non ponde-rò con obiettività né la complessità sociologica del paese, né la disponibilità-utilizzabilità dei locali riservati agli uffici ammini-strativi. Il dirigente scolastico provinciale inopinatamente statuì che entrambi i Circoli Didattici rimanessero nella vecchia sede, nel Comune di Bovalino Marina. .

Trascorso un decennio, il Consiglio Scolastico di Circolo, il primo dopo l'entrata in vigore dei Decreti Delegati, data l'ingovernabilità della scuola, deliberò il trasferimento della Di-rezione Didattica, convinto che la presenza costante del Direttore Didattico sarebbe stata di per sé educativa in quanto rappresen-tativa dell'Autorità statale. Inutilmente!

Il Collegio dei Docenti, in maggioranza restii alla disciplina e interessati al perdurare dell'anarchia, incoraggiato dal Direttore Didattico e sobillato da alcuni influenti membri del Distretto Scolastico di Locri e del Consiglio Scolastico Provinciale, fu contrario. E poiché il Consiglio di Circolo non aveva poteri de-liberativi, il parere contrario degli insegnanti fu decisivo.

COMPOSIZIONE DELLE CLASSI SCOLASTICHE

Per non cambiare sede di servizio, principalmente per non essere trasferiti a San Luca, entrambi i dirigenti dei Circoli Didattici, con l'avallo del Provveditorato e dei nuovi Organi elettivi Provinciale e Distrettuale, agirono in combutta e con malizia dolosa, persino nella composizione delle classi. L'accorgimento truffaldino adottato dalla dirigenza scolastica, con l'avallo tacito delle Autorità scolastiche provinciali e l'assenso della Sovrintendenza regionale, fu segnalato al Sen. Franca Falcucci, Ministro della Pubblica Istruzione, il quale ministro dispose un'indagine riservata.

La comunicazione (*vedi allegato pag. 53*) inviata al Presidente del Distretto Scolastico di Locri, in riscontro a una specifica richiesta ministeriale fece parte del carteggio relativo all'inchiesta suddetta.

Non essendo obbligatoria la Scuola materna, gli scolari effettivi non coincidevano con i bambini residenti, per cui, nell'anno scolastico successivo -1983/1984-, gli alunni di entrambi i Circoli Didattici sarebbero stati al massimo 1472, di cui 829 in Bovalino e 643 in San Luca. (*Vedi tabella nr 8/ Istruzione*).

Con l'entrata in vigore dei Decreti Delegati, i Circoli Didattici furono suddivisi in due categorie in base agli alunni, meno o più di 500, per cui, data la situazione demografica, sarebbe stato ragionevole includere nel Primo Circolo tutti gli alunni bovalinesi e assegnare al Secondo Circolo gli scolari residenti a San Luca.

Viceversa, un terzo dei bambini residenti in Bovalino, esattamente 224, fu inserito nel secondo Circolo assieme agli scolari domiciliati in San Luca.

Ulteriore anomalia, la difformità dei criteri di formazione delle classi. Nell'anno scolastico 1983/'84 vennero istituite 38 classi, 25 ubicate in San Luca, 13 localizzate in Bovalino.

Le Sezioni di San Luca erano mediamente composte da 20 alunni, esattamente 19.6; quelle ubicate nel Comune di Bovalino da 15 scolari, un quarto in meno. Con un criterio uniforme, gli alunni di ciascuna classe sarebbero stati 15 o 16, le sezioni scolastiche 43, di cui 30 a San Luca, 13 a Bovalino. E' palese, quindi, che i dirigenti scolastici preferirono mantenere in un'unica sede entrambe le Direzioni anche con accorgimenti illegittimi.

Quantità, composizione e distribuzione territoriale delle classi-aule scolastiche sono precisate nella comunicazione indirizzata al Presidente del Distretto Scolastico, a seguito di una specifica richiesta del Ministro della P.I. (vedi il seguente documento) e riepilogate nel prospetto Tavola nr 9/Istruzione.

Tavola nr 9/Istruzione - Anno 1982

**POPOLAZIONE DI ETA' ZERO - 13 ANNI RESIDENTE
NEI COMUNI DI SAN LUCA E BOVALINO**

Classi età	0/3 anni	4/5 anni	6/10 anni	Totale da 4 a 10 anni	Percentuale	11/13 anni	Totale Zero-13 anni	Popol. Totale	Percentuale
Bovalino	402	242	587	829	11.7	362	1593	7042	22,62
San Luca	308	153	490	643	14,7	266	1217	4373	27,83
Totale	710	395	1077	1472		628	2810	11415	
Totale	**710**	**395**	**1077**	**1472**		**628**	**2810**	**11415**	

DIREZIONE DIDATTICA STATALE - 2° CIRCOLO

89034 B O V A L I N O (Reggio Cal.)

| Prot. N. | | Allegati N. | | li | 16/2/1984 |

de ettore nella risposta:

Risposta a nota N. _____ Div _____ del _____

OGGETTO: SITUAZIONE ORGANICA - 2° CIRCOLO - BOVALINO - Anno Scol. 83/8

Alla cortese attenzione del Prof.

Don Stilo - Presidente del Distrett

Scol. N° 33 - L O C R I

Grafiche Fratelli Pedullà - Locri

COMPOSIZIONE ORGANICO:

COMUNE DI SAN LUCA:

Scuole Elementari:-classi N° 2~ *normali* - N° complessivo alunni /446/

-Tempo Pieno N° 3 sezioni

-Sostegno N° 2 corsi

$+3+1$

Scuola Materna statale:

-Sezioni N° 5-bambini N° 142

COMUNE DI BOVALINO

Scuole Elementari:-classi N° 13 *normali* N° alunni 170

-Tempo Piano Sezioni N° 2

Scuola Materna statale:

-Sezioni N° 2-bambini N° 54

LA DIRETTRICE DIDATTICA
(Felicia Liuzza Saraceno)

(*) POSTI

53

INGOVERNABILITA' DELLE SCUOLE

Le Scuole di San Luca divennero ingovernabili, anarchiche e diseducative. L'indisciplina di alunni, insegnanti e dipendenti ausiliari allarmarono l'opinione pubblica. Preoccupati, molti genitori, pur dovendo affrontare spese e consci dei disagi cui sarebbero stati sottoposti i propri figli, li trasferirono nelle scuole dei paesi vicini.

L'Amministrazione comunale, consapevole del perdurare di volontà ostili al trasloco della Direzione, aggirò l'iter burocratico normale e si rivolse direttamente al Ministro, Sen. Franca Falcucci. Accertati i fatti, il titolare del dicastero decretò il trasferimento del Circolo Didattico a far data dall'inizio dell'Anno scolastico 1985/1986.

Negli anni successivi, molti giovani sanluchesi, in maggioranza neo-sposi, si trasferirono nei Comuni rivieraschi. Emigrazione e pendolarismo scolastico modificarono la struttura demografica del paese. Gli alunni di scuola Materna, Elementare e Media diminuirono, per cui, a norma della Legge Moratti (1994), fu costituito l'Istituto Scolastico Comprensivo, dove confluirono tutti gli alunni della scuola dell'obbligo (Elementari e Medie).

Tavola nr 10/Istruzione
Direzione Didattica - Secondo Circolo - Bovalino Composizione numerica delle classi di scuola elementare e materna nell'Anno scolastico 1983/1984

Comune	Scuola Materna		Scuola Elementare				Totale Sc. Materna ed Elementare
	Sezioni Nr	Bambini Nr	Classi Nr	Alunni Nr	Tempo pieno Sezioni (a)	Corsi sostegno (a)	
San Luca	5	142	25	446	3	2	588
Bovalino	2	54	13	170	2		224
Totale	7	196		616	5		812

(a) Sezioni a tempo pieno e corsi di sostegno sono compresi nel numero delle classi.

La composizione media delle classi – 19.6 alunni a San Luca e 14.9 a Bovalino - dimostra che si è voluto diminuire il numero delle classi localizzate in San Luca e nel contempo aumentare con malizia quelle ubicate in Bovalino.

La protervia dei dirigenti scolastici nel trattenere a Bovalino anche il 2° Circolo Didattico è confermata anche dalla circostanza che la popolazione scolastica, di età da 4 a 10 anni residente in Bovalino ammontava a 829 bambini, cioè appena 17 alunni in più del totale degli scolari della stesso Circolo (812 alunni). Malgrado ciò gli scolari bovalinesi furono assegnati ad entrambi i Circoli, rispettivamente 605 e 224, anziché in un'unica Direzione Didattica. Delittuoso!

ISTRUZIONE, EDUCAZIONE E FORMAZIONE

Le suddette reiterate anomalie, responsabili le Autorità scolastiche, produssero danni gravissimi i cui effetti permangono ancora oggi, specie per quel che concerne l'educazione civica.

La formazione linguistica e professionale, quest'ultima in verità negletta nel ciclo scolastico obbligatorio attuale, sul piano educativo, sono inefficaci. Viceversa, l'educazione civica valorizza tutta l'attività scolastica perché stimola e alimenta la coscienza morale, forgia la personalità, perfeziona e plasma le doti personali degli scolari. Nel nostro caso, l'educazione civica fu trascurata, ignorata scientemente. Colpevolmente rimossa.

La Scuola, viceversa, sarebbe stata l'anello di congiunzione con le Istituzioni statali; elemento di collegamento, dialogo e saldatura civile e civica tra le diverse comunità del comprensorio ionico-locrideo; una diga impiantata a salvaguardia dell'integrità civica e psicologica della generazione nata dal 1951 in poi e a protezione del microcosmo antropologico aspromontano-sanluchese.

Le trasformazioni sociali e il progresso economico sviluppatisi improvvisi e traumatici negli anni Ottanta, sommati alle disfunzioni della scuola pubblica, furono catastrofici sul terreno civile e civico, e dirompenti dal punto di vista etico e culturale.

EDUCAZIONE CIVICA E FORMAZIONE PROFESSIONALE PRE-ANNI CINQUANTA

Fino al 1954, i bambini già a otto, nove anni d'età, vivevano nei "Jazzi", dove gli anziani 'massari' li educavano con metodi rudi. I pastori affermavano che i *ragazzi, già all'età di undici anni, dovessero essere pronti ad affrontare i lupi;* che i bambini dovessero essere accarezzati solo durante il sonno, per non viziarli, indebolirne il carattere e affievolirne la personalità. Evidentemente, si conoscevano già i metodi subliminali. L'ideale educativo, coraggio (*valentìa*), resistenza alla fatica, adattamento, laboriosità, abnegazione, tolleranza e solidarietà, risaliva alla civiltà spartana, all'antica Roma e ai monaci greco-ortodossi.

L'espropriazione dei terreni montani, l'imposizione del divieto di pascolo ed i vincoli idrogeologici sull'intero territorio comunale causarono una crisi culturale ed economica senza precedenti. Devastante.

Per superare i traumi psicologici collettivi conseguenti, sarebbe stato necessario adeguare i programmi scolastici e rafforzare l'azione educativa-civica insieme alla formazione professionale, quest'ultima indispensabile dopo la rovina della pastorizia e dell'artigianato. Nella transizione dall'antico impianto economico e sociale, operoso, solidale, sobrio e silente, alla realtà moderna, caotica, consumistica, individualistica e chiassosa, i genitori, traumatizzati e disorientati, non ebbero più un modello educativo di riferimento.

Le istituzioni cui è demandata l'educazione dei giovani (Scuola pubblica e Chiesa cattolica), in precedenza esentate dalle famiglie, non seppero subentrare ai genitori attraverso un'azione educativa e formativa anche psicologica in grado di attenuare l'impatto traumatico causato dai mutamenti economici e sopratutto lo sconvolgimento psicologico e culturale subìto dalla popolazione.

Nell'arco di un quinquennio, i sanluchesi furono cacciati, strappati da una civiltà di tipo medievale nella quale perduravano retaggi neolitici, e trasportati in un mondo sconosciuto, estraneo, e lasciati in una situazione estremamente umiliante e angosciosa. Di ozio obbligato; di povertà; e di fame.

Condizioni mai sperimentate nei millenni trascorsi. E, per di più, proprio in un periodo storico di sviluppo e progresso scientifico tumultuosi e dirompenti. In modo immaginifico possiamo dire che, in poco più di un ventennio, i sanluchesi hanno dovuto percorrere cinquemila anni di tecnologia, dagli utensili di legno, creta e cuoiame vario di tipo mesopotamico, ai marchingegni informatici in uso oggi.

Utilizzando la terminologia dell'era spaziale e, intuitivamente, il lessico einsteiniano, attualizziamo il concetto suddetto: occorreva pressurizzare la navetta spazio-tempo-cultura. Gli educatori tradizionali (famiglia, ex pastori, artigiani) sono stati esautorati. Le Istituzioni nazionali (Scuola e Chiesa cattolica) impreparate, incapaci e colpevolmente disattente.

Scuola, Famiglia e Chiesa in seguito sono state surrogate dai mezzi di comunicazione moderni: cinema e televisione. Cosicché, i più truci personaggi del cinema e della televisione si imposero come modello da emulare.

I ragazzi, attraverso i fotogrammi cine-televisivi, intravidero una società fondata sul potere e sul danaro, antitetica alla civiltà dei loro avi. Tuttora, ogni giorno, constatano che la società, nella quale vivono è violenta e spietata, per cui si esercitano ad esserne protagonisti con comportamenti asociali. Con la violenza contro cose, persone e simboli, i ragazzi s'illudono di mostrare *valentìa,* cioè coraggio e virtù eroiche. Viceversa, spesso compiono *valentizzi* deprecabili, cioè vigliaccate contro i deboli. Ma non se ne rendono conto.

CONTIGUITA' ANAGRAFICA GENITORI-FIGLI

Gli atti vandalici o intimidatori, le manifestazioni di violenza in alcune regioni hanno raggiunto livelli allarmanti, ormai sono fenomeni sociali. Non basta condannarli. Dovremmo interrogarci sulle cause di tutti gli accadimenti asociali odierni riguardanti i giovani.

Gli psicologi, avendo riscontrato che spesso i ragazzi più problematici fanno parte di nuclei familiari coinvolti in vicende giudiziarie penali, attribuiscono il disagio giovanile all'assenza del capofamiglia, sovente incarcerato o latitante. In buona sostanza, gli esperti attribuiscono il movente inconscio dei gesti delinquenziali giovanili alla situazione psicologica e alle condizioni economiche familiari degli autori.

Nella vicenda 'San Luca', al malessere psicologico e alle difficoltà economiche, si unisce una componente emotiva istintiva: l'affettività materna e filiale, la solidarietà reciproca tra madre e figlio, l'esasperazione dell'istinto materno, l'immedesimazione e il consenso reciproco "a prescindere".

Risposta irrazionale d'un intenso legame affettivo, ingigantito dalla circostanza che, sovente, le ragazze sposano giovanissime e diventano mamme all'età di 19-20 anni. Costumanza, per altri aspetti, molto positiva.

Quando io nacqui, mia madre aveva sedici anni. [28]

C'è vicinanza, anzi, contiguità anagrafica tra genitori e figli. Ci sono ragazze diciannovenni, già mamme. Talune quaran-

---

28 CORRADO ALVARO: Memoria e vita.

tenni hanno figli di età tra zero e ventidue anni; analogamente, ci sono ragazzi diciassettenni, la cui mamma è trentaseenne. (*vedi Tabella nr.11/ popolazione residente il 1° gennaio 2011, di età 19-30 anni, già sposata*)

Ebbene, il 1° gennaio 2011, il 45.5%, quasi la metà delle femmine, all'età di 30 anni, erano già sposate, i maschi coniugati coetanei, il 25,66%, percentuale inferiore, ma ragguardevolissima se confrontata con la situazione nazionale italiana ed europea. Affettività, solidarietà ed immedesimazione, elementi positivi, qualità specifiche della cultura tradizionale, sono diventati fattori diseducativi e, dal punto di vista sociale, disgregativi.

Nella situazione culturale, sociale, economica e mass-mediatica odierna la componente femminile è frastornata. "Le donne di San Luca" oscillano tra due diverse e antitetiche concezioni della società femminile: il modello della Televisione, etereo, paritario, edonistico, moderno; e quello nel quale esse vivono: antico, costrittivo, anche se paradossalmente pseudo maschilista. Mescolanza impropria di due tipi di società: il modello Occidentale, sostanzialmente anglosassone, intrecciato, avviluppato allo schema tradizionale: cattolico-grecortodosso-bizantino-vagamente musulmano.

E' probabile che gli adolescenti più insofferenti compiano "gesta" eclatanti per esprimere la propria fragilità psicologica ed esternare le frustrazioni insieme con lo sconforto esistenziale della loro giovane mamma. Protestano a loro modo. Calpestano le leggi e tengono in poco conto la contrarietà della cittadinanza. Si ribellano.

La contiguità anagrafica tra madre e figlio, particolarità demografica rara in Italia, non è affatto negativa. Naturalmente in una prospettiva di sviluppo economico, rinascita civile, e "normalità" civica e sociale della gente d'Aspromonte e del Paese Italia.

Tavola. nr 11/Istruzione - Comune di San Luca

Popolazione residente sposata, distinta per sesso

(classi di età: 19-25 / 26-30 anni) - 1° gennaio 2011 -

Fascia di età	F emmine			Maschi		
	Totale	Di cui sposate	Percentuale	Totale	Di cui sposati	Percentuale
Da 19 a 25 anni	204	69	**33.8 %**	236	51	**21,60%**
Da 26 a 30 anni	139	87	**63. %**	138	45	**32,60%**
TOTALE	343	156	**45.5 %**	374	96	**25,66%**

IL DISAGIO DELLE DONNE DI SAN LUCA

Il ruolo della donna è cambiato. Oggi, la figura materna si sovrappone al padre, sovente suo malgrado. In molte famiglie la mamma ha anche l'onere di educare i figli, compito gravoso, delicato e difficile. Conta molto in casa, poco nella vita sociale. E' competitiva, è ancora *virile e bisbetica*[29], ma non può mettere in campo le proprie qualità nel lavoro, nella società o in politica Non è gratificata. Quali sono le cause del disagio femminile? L'emarginazione, l'allontanamento improvviso da un modello sociale antico, il vuoto spirituale e l'angoscia. Le difficoltà in cui molte donne si ritrovano sono effetto dello sconquasso geofisico-antropologico provocato dai diluvi abbattutisi sul nostro territorio negli anni 1951, 1953, 1972-1973, e dall'insipienza culturale della classe dirigente nazionale e calabrese. Tutt'insieme, un sisma catastrofico.

Negli anni Cinquanta la componente demografica femminile, all'improvviso, soffrì la povertà, conobbe l'inedia e, per la prima volta nella storia, sperimentò tangibilmente il dualismo uomo-donna, la gerarchia maschio-femmina; altrettanto inaspettato e

---

29 CORRADO ALVARO: Memoria e vita.

dirompente il benessere economico, sopraggiunto negli anni '80. Mogli, figlie, mamme e nonne subiscono condizionamenti e preclusioni maggiori rispetto al passato, quando l'articolazione sociale non era gerarchizzata e l'organizzazione del lavoro non era differenziata; allorché il salario in danaro, la monetizzazione del lavoro da noi non esistevano. Fino a quegli anni, il gentil sesso non subiva discriminazioni che non fossero dovute a necessità di prestanza e agilità fisica o legate alla tradizione religiosa più antica, biblica. Differenziazioni e costumi entrambi accettati con consapevolezza, rassegnazione religiosa e serenità d'animo.

Viceversa, oggi le donne sono emarginate. Angosciate, patiscono l'assenza dei loro uomini (marito, figlio, fratello, padre); avvertono insicurezza, pericoli, giudizi inespressi e condanne silenti. Temono per l'avvenire dei figli. Manca loro la speranza. Non a caso, secondo le affermazioni di alcuni farmacisti, nel recente passato, San Luca, Platì e Africo, i paesi capisaldi della 'ndrangheta, sarebbero stati i maggiori consumatori di psicofarmaci e ansiolitici. La delicatezza affettiva e psicologica, dote tipica della donna, sommata alle sofferenze fisiche ed ai patimenti morali ed esistenziali, accresce i loro meriti. Qui, più che altrove. Diventate mamme, le ragazze si identificano morbosamente con i figli; si annichiliscono; sacrificano anche la propria femminilità. E invecchiano precocemente.

I GIOVANI

Nel periodo post-bellico 1945-1980, l'indice di natalità è stato rilevante, da primato europeo! Ciò, naturalmente, ha influito nella composizione demografica del paese. Le fasce più giovani sono via via aumentate, per cui i casi di contiguità generazionale madre-figli sono aumentati. Contemporaneamente, per la stessa ragione, l'inadeguatezza complessiva del sistema scolastico è stata disastrosa, deleteria e, dal punto di vista civico, esiziale.

L'elaborato statistico seguente mostra la situazione esistente nel 1971. Quell'anno, la fascia di età "Zero-24 anni", comprendeva il 53,08% della popolazione, più della metà.

Tavola n. 12 /Istruz. - Censimento 1971
Comune San Luca
Popolazione da Zero a 24 anni, distinta per classi di età e per sesso.

Fascia di età	0-4	5-9	10-14	15-19	20-24	Totale	% sugli ab.nti	Totale
Maschi	257	267	272	248	190	1234	<u>53.08</u>	**2325**
Femmine	243	239	249	198	162	1091	46.92	**1975**
Totale	**500**	**506**	**521**	**446**	**352**	**2325**	**100**	**430**
Percentuale Zero-24 anni	21.50	21.76	22.41	19.18	15.14	100		

La piramide demografica era allarmante, tenuto conto che non vi erano possibilità di lavoro, mancavano scuole superiori professionali e, peraltro, i genitori non disponevano di risorse economiche per consentire ai propri figli di studiare altrove.

Non ci si rese conto che si era creata una situazione esplosiva, puntualmente avveratasi negli anni dei sequestri. Occorreva istruire ed educare gli adolescenti, insegnare loro i mestieri, guidarli e responsabilizzarli. Aprire scuole, privilegiare la formazione professionale, predisporre programmi di sviluppo economico adeguati, innovativi e allo stesso tempo in continuità con le attività tradizionali - agricoltura, zootecnia e artigianato - e con le modalità cooperativistiche del passato; rivitalizzare l'artigianato, innovare la pastorizia montana, elaborare un Piano di sviluppo adeguato alle potenzialità delle risorse umane e alle incommensurabili ricchezze territoriali - ambientali del paese.

I giovani furono dimenticati. Povertà e ozio li abbrutirono, cosicché, in tanti si affidarono, si consegnarono ai coetanei più violenti e ambiziosi. Letteralmente.

62

MODELLO C MINISTERIALE

PROVINCIA DI *Reggio Cal.*

Scuole Elementari del Comune di *S. Luca*

Anno Scolastico 191 5-191 6

Scuola(1) _mista_ situata in(2) _____

Classe _3ª_ Sez. _____

Diretta dall'Insegnante *Cav. Alvaro*

PAGELLA

dell'alunna *Suppino Nunziata*

figlio di *Antonio* e di *Stefania Antona*

nato, nel Comune di *S. Luca* (prov. di *Reggio Cal*)

addì *2* del mese di _____ dell'anno *1902*

L'Insegnante

Il R. V. Ispettore Scolastico

(1) Maschile, Femminile o mista, quindi se «²», la denominazione della scuola.
(2) Via o frazione.

Genzo, Tip. Franco & Pobilà

ATTESTATO DI PROMOZIONE

In base alle risultanze d'esame e come risulta dai registri scolastici esistenti si certifica che l'alunna *Suppino* _____ avendo (1) _negli scrutini_ riportati i voti (di cui entro pagina) valevoli per la idoneità venne (3) _diplomata_ e quindi a termine del vigente Regolamento sugli esami promosso alla Classe (3) _4ª_ —

S. Luca lì *10 luglio* 191 6 —

L'Insegnante della Classe

Il Presidente agli Esami

(1) Allo scrutinio finale, oppure all'esame finale.
(2) Esamerolo oppure approvando.
(3) II, III, IV.

N. B. — Entro 8 giorni dall'esame la pagella coni dall'Insegnante consegnata all'alunno.

63

MATERIE

MATERIE	BIMESTRE					Scrutinio finale
	I	II	III	IV	V	
Condotta						
SCRITTIVE						
Scrittura sotto dettatura						
Calligrafia						
Componimento						
Aritmetica, sist. metrico geometr.						
Compitisteria						
Materie facoltative						
GRAFICHE E PRATICHE						
Lavori donneschi						
Educazione fisica						
Disegno						
Materie facoltative						
ORALI						
Lettura						
Spiegazioni e riassunto						
Grammatica						
Educazione morale e istr. civile						
Storia						
Geografia						
Aritmet. elet. metrico, geomet. cont.						
Scienze fisiche, naturali e igiene						
Economia domestica						
Materie facoltative						
Numero delle assenze						

FIRME

Punti riportati negli esami		Risultato dello scrutinio finale e degli esami	Bimestre	FIRME	
I sessione semplice	II sessione			dell'insegnante	del padre dell'alunno o di chi ne fa le veci
			I		Antonio Luppino
			II		Antonio Luppino
			III		Antonio Luppino
			IV		Antonio Luppino
			V		Antonio Luppino

ANNOTAZIONI

Totale delle assenze

CAPITOLO TERZO

LE ALLUVIONI 1951, 1953, 1972-'73

ALLUVIONI 1951-1953- 1972/73: CATASTROFI GEOFISICHE E ANTROPOLOGICHE

I nubifragi abbattutisi sulla Calabria nel biennio 1951/1953, e nel bimestre dicembre 1972-gennaio 1973 furono disastrosi non soltanto sotto l'aspetto geologico e ambientale. Infatti, in seguito ai diluvi degli anni Cinquanta del Secolo XX, l'emigrazione dai Comuni collinari e montani calabresi, che aveva avuto inizio negli ultimi decenni dell'Ottocento, si intensificò e diede inizio allo spopolamento, in particolare nel versante ionico centro-meridionale. Per di più, coincise con lo sviluppo industriale delle regioni settentrionali del Nord Italia e, contemporaneamente, con la crescita economica esponenziale dei distretti industriali più robusti in Francia, Belgio, Repubblica Federale tedesca, etc., etc..

Qui, a S. Luca, i disastri idrogeologici 1951-1953, con i successivi provvedimenti governativi 'Pro-Calabria', paradossalmente, sconvolsero l'organizzazione sociale e provocarono l'abbandono immediato, forzato e totale delle attività economiche tradizionali: pastorizia, agricoltura e artigianato. Trascorsi venti anni, il diluvio 1972-1973 scompaginò l'assetto urbano ed alterò la distribuzione della popolazione nel territorio ionico-aspromontano.

Allo sconvolgimento della cultura e delle tradizioni degli anni Cinquanta, seguirono l'inquinamento etico individuale e collettivo; il decadimento materiale e spirituale; la lacerazione dei rapporti interpersonali anche all'interno dei singoli nuclei familiari e, non ultimo, un reciproco e progressivo distanziamento dalle Istituzioni dello Stato.

LE ALLUVIONI 1951-1953

Nell'ottobre 1951, i nubifragi furono catastrofici: 234 mm di acqua in 24 ore. Per la prima volta a memoria d'uomo, un intero costone di montagna precipitò a valle. La frana di *Fassari* provocò una vasta ferita ambientale che, a distanza di oltre sessant'anni, non si è rimarginata e ancora oggi è priva di vegetazione.

Due anni dopo, nel 1953, le piogge, ininterrotte da ottobre a dicembre, assestarono una nuova spallata alla solidità geo-fisica del territorio, già fragile e instabile per l'alluvione precedente. La forza distruttiva delle piogge era stata ingigantita dal criminale sradicamento di migliaia di alberi secolari che vestivano e rafforzavano le montagne d'Aspromonte. Una scellerata tonsura delle foreste messa in atto da un'azienda di Bovalino, la quale mediante i finanziamenti del Piano Marshall, dal nome del noto Generale dell'Esercito e uomo politico americano, aveva impiantato una grande struttura industriale per lo sfruttamento dei boschi comunali di San Luca. *Ad hoc.*Esclusivamente. Iniziativa destinata a cessare in pochi anni per mancanza di alberi. Come avvenne. Puntualmente. La prima cattedrale nel deserto, in Calabria, anzi, in Italia.

In quegli anni il Parlamento, data l'eccezionalità dei nubifragi, approvò diverse leggi: nr 9/1952, nr 938/1953, nr 1177/1955. Quest'ultima ricalcava la L.n. 255 del 26 giugno 1906, prima legge speciale pro - Calabria, rimasta inapplicata in quanto le risorse finanziarie furono utilizzate per le necessità del Terremoto 1908, le esigenze della guerra per la conquista della Libia (1911-1912) e per le successive urgenze del conflitto mondiale 1915/1918.

Con Legge 1177/1955, *il Governo della Repubblica viene autorizzato ad attuare in Calabria, per un periodo di 12 anni, dal 1° luglio 1955 al 30 giugno 1967, un piano organico di opere straordinarie (...), nonché a fare acquistare terreni da destinare al rimboschimento da parte dell'Azienda delle Foreste Demaniali. (...)*

I fondi necessari per l'esecuzione di un tale programma

nel dodicennio vengono stabiliti dalla legge nell'ammontare complessivo di 204 miliardi di lire, che il Tesoro è tenuto ad erogare secondo precise scadenze di tempo, rifacendosi sul gettito di un'addizionale di 5 centesimi per ogni lira di imposte ordinarie, sopra-imposte, e contributi erariali, comunali e provinciali (al netto degli aggi esattoriali e dell'addizionale ECA riscuotibili per ruolo esattoriale negli esercizi dal 1955/56 al 1966/67) [30].

LE FORESTE SECOLARI: BOTTINO DI GUERRA DEGLI ANGLOAMERICANI

Nel dopoguerra, mistificando di promuovere lo sviluppo industriale della Calabria, i vincitori del recente conflitto bellico mondiale deforestarono l'Aspromonte Orientale per ricostruire le città ed i capannoni industriali inglesi distrutti dall'Aviazione militare tedesca.

Completata la tosatura del territorio montano, i macchinari e la spettacolare funivia "Monte Cano-Teleferica" (da 1500 a 120 metri s.l.m.) furono trasferiti, abbandonati o distrutti sul posto.

Abeti, pini e faggi plurisecolari costituirono il bottino di guerra degli Anglo-Americani. Surrettiziamente. E tutt'oggi all'insaputa degli Italiani.

"Fecero il resto, ai nostri tempi, durante la seconda immane conflagrazione bellica mondiale, completando l'opera di disfacimento del nostro patrimonio boschivo, i nostri 'alleati' anglosassoni. Nelle Serre, sulle pendici della Sila Piccola, annota Corrado Alvaro in "Un treno nel Sud", gli inglesi della occupazione spiantarono centomila metri cubi di abete bianco. Nella Sila Piccola e nella Silla Grande il loro bottino di alberi mutò i

---

30 Cassa per il Mezzogiorno: Attuazione della Legge Speciale per la Calabria nel periodo 1955-1967, pag 19, Roma 1968.

connotati del terreno e mise in pericolo la stabilità delle strade".[31]

L'acquisto, per Legge, dei terreni montani privati e l'acquisizione non onerosa del demanio forestale comunale furono esiziali per il sistema economico-sociale e deleteri per il bilancio comunale, all'epoca alimentato con gli introiti della vendita dei boschi e con il canone dei pascoli utilizzati dai pastori. L'esproprio oneroso dei latifondi montani privati, cui seguì l'acquisizione forzata, gratis, del Demanio forestale comunale, furono funesti anche dal punto di vista culturale e antropologico. Quelle leggi sconquassarono le sovrastrutture culturali, vale a dire i pilastri del sistema economico e sociale del paese. L'intervento dello Stato decretò la rovina della pastorizia, modificò il paesaggio antropico e svilì un prodigioso millenario equilibrio uomo–territorio-flora-fauna, di cui sono testimonianza ed emblema numerose specievegetali e animali, tra cui, tuttora presenti, la plurimillenaria *Quercia Farneto,* dichiarata relitto botanico nazionale e l'*Aquila di Bonelli,* il rapace in via d'estinzione che sverna in Arabia e nidifica in Aspromonte nelle inaccessibili fessure di Pietra Castello, teatro effettivo o poetico-letterario immaginario della Chanson d'Aspremont.

Scomparve una civiltà. Sfumò un prodigioso miscuglio di culture: pitagorica, greca, romana, cattolica e greco-ortodossa. In pochi anni, sparì un'eccezionale impasto antropologico creatosi in diverse epoche, arricchito e sopravvissuto ai Cartaginesi di Pirro e Annibale, i cui eserciti si accamparono nelle località Pirria e Butramo, alle armate navali dell'Impero Romano, predatori insaziabili di legname e pece di Pino Laricio, e dopo molti secoli all'occupazione normanna, ai Saraceni, alla Rivoluzione francese, al Fascismo e, fino agli anni Cinquanta, inaccessibile alla seduzione del

---

31 Livio XXIX, 7,2 in un passo in cui riferisce che Annibale, durante la Seconda Punica (anno 208 a.C.) "a Butroto, amni, haud procul ab urbe Locris"... (EMILIO BARILLARO, *I fiumi navigabili nella Locride antica,* pag 18 e 19, Editrice Nossis).

68

benessere soverchio. Il mito tentacolare della civiltà occidentale, cui oggi non sfuggono neppure i pronipoti di Confucio.

Espulsi dalla montagna, privati del lavoro e costretti all'ozio, i pastori furono sradicati dalla propria antica civiltà, allontanati dallo stile di vita tradizionale, lasciati nella disperazione e nell'angoscia e, infine, catapultati in un mondo sconosciuto. Estraneo. Alieno.

L'Aspromonte, dove nel passato erano stati accolti e resi liberi, singoli individui e gruppi di uomini ribelli e, perciò, invisi al potere politico e religioso dei loro Paesi, fu spogliato della propria identità e svuotato delle energie morali e spirituali sedimentatesi nei millenni passati.

"E' una civiltà che scompare, e su di essa non c'è da piangere, ma bisogna trarre, chi ci è nato, il maggior numero di memorie[32]"

Alvaro integrò, modificandolo, il significato della riflessione sulla civiltà del paese dove nacque. Nell'itinerario culturale e umano dello scrittore, infatti, *"Alla fase del "ricordo" succede quella del "recupero". Abbandonata alle spalle la cultura paesana, lo scrittore si trova di fronte ad alcuni fenomeni preoccupanti della cultura contemporanea: mancanza di libertà, distruzioni a causa della guerra, perdita del senso morale, arrivismi, ingiustizie (...) Trionfa l'inganno sistematico; (...) si sostituisce l'amore con il sesso e l'avere; si giunge ad estirpare dappertutto ogni sentimento umano.(...)*

Nei romanzi "l'uomo nel labirinto" e "Belmoro" - scrive p. Stefano De Fiores - *Alvaro si è proiettato sull'avvenire della terra per cui, egli, pur cosciente della irreversibilità della storia, è convinto che la via per un futuro migliore è quella del recupero dei valori della cultura pastorale: semplicità, solidarietà, giustizia, cortesia, senso della famiglia, fede religiosa [33] (...).*

---

32 CORRADO ALVARO: *Gente in Aspromonte* .
33 PADRE STEFANO DE FIORES, *San Luca, Memorie storiche a 400 anni dalla fondazione*, Edizioni Monfortane, Roma, 1989.

L'ALLUVIONE DICEMBRE1972 - GENNAIO 1973

UN EVENTO BIBLICO

Un nuovo diluvio si abbatté sul territorio di San Luca nel bimestre dicembre 1972 - gennaio 1973. Per la seconda volta in poco più di un ventennio assistemmo a un evento geologico primordiale: la formazione improvvisa di una diga naturale. All'alba del 4 gennaio 1973, la Fiumara Bonamico, che a stento conteneva le grandi quantità d'acqua, i detriti rocciosi e gli alberi riversativisi da un mese, si prosciugò all'improvviso. Ammutolì di colpo. Come per magia.

In pochi secondi, una gigantesca frana, staccatasi dal Monte San Costantino, ostruì il torrente e creò un invaso, dove in un mese confluirono milioni di metri cubi di acqua. La diga tracimò il 5 febbraio successivo, quando, *la terra sembrò navigare sulle acque."La frana fu veramente enorme. 15 milioni di metri cubi di terra che a loro volta contenevano cinque milioni di metri cubi d'acqua".*[34]

Il cinque febbraio, milioni di metri cubi di acqua e terriccio melmoso *(100 metri cubi al secondo)*, accompagnati dal rumore rimbombante e fosco degli innumerevoli macigni spinti a valle con violenza, si riversarono nel mare jonio. Ai piedi del costone San Costantino rimase uno sbarramento di oltre 10000 metri cubi di terriccio, e, a monte, un invaso di dimensioni notevoli: il Lago di San Costantino, in seguito poeticizzato con il nome "Lago degli Oleandri".

Smottamenti e frane debilitarono l'assetto idrogeologico dell'intero territorio comunale, compreso il Centro storico, in particolare sul margine occidentale (Rioni Gijhà, Costera, Pergo-

---

34 ON. ANTONINO TRIPODI: Intervento alla Camera dei Deputati del 21 marzo 1973.

la e Scarparo); nuovi cedimenti franosi si manifestarono lungo la verticale "Rione Fontanella, via Nazionale, via San Sebastiano, Marturano".

La spettacolarità degli eventi richiamò gli inviati speciali dei giornali italiani ed europei. Le opere letterarie di Corrado Alvaro furono saccheggiate. Declamati da attori affermati e dagli speaker radiofonici, gli scritti dello scrittore calabrese diedero pathos e poesia alle immagini dei reportage televisivi e ai commenti degli inviati speciali. L'opinione pubblica nazionale si commosse. Centinaia di famiglie bolognesi manifestarono solidarietà concreta ospitando a Bologna numerosi bambini alluvionati, per diversi anni, taluni fino agli studi universitari.

Il Sindaco decretò lo sgombero immediato del Centro storico, un gioiello di architettura spontanea: sobrio, essenziale, le case unite l'una all'altra, una grande e rassicurante dimora. Da gennaio a marzo vennero evacuati 1881 abitanti, il 41% della popolazione. Completati gli accertamenti tecnici, furono sgomberati circa 600 alloggi; gli sfollati 2.215, il 53% della popolazione.

Il 22 gennaio 1973, il Governo approvò il Decreto Legge 22 gennaio 1973 n. 2 e stanziò, per l'intera Calabria, 127.050 milioni di Lire, in seguito aumentati con Legge 24 marzo 1973 n. 36.

Il prospetto statistico, elaborato dall'Ufficio Tecnico Comunale nel 1976 *(Vedi pag. 96)*, è interessante, oltre che per i dati sugli sfollati, anche per le informazioni sulla composizione numerica dei nuclei familiari coinvolti.

LA SOMMOSSA ROSA

L'ampliamento delle aree urbane decretate disastrate creò malcontento e ingenerò sospetti di favoritismi finalizzati ad ottenere l'indennità assistenziale (di affitto) erogata alle famiglie sfollate (art. 25, Legge 36/'73) e, in prospettiva futura, un alloggio. Per tale motivo, si costituì un agguerrito movimento popolare composto da donne. In brevissimo tempo, la protesta si trasformò in sommossa. Diversi Consiglieri comunali rassegnarono le dimissioni.

Al culmine della sollevazione, le protagoniste più agguerrite circondarono l'edificio municipale con cataste di legna minacciando di incendiarlo. A quel punto, saggiamente, tutti gli amministratori rassegnarono le dimissioni. La rivolta rosa cessò subito.

GESTIONE COMMISSARIALE DEL COMUNE

Il Prefetto, preso atto delle dimissioni degli amministratori, designò il Commissario Prefettizio. Questi, non tenne conto della "sommossa rosa", fece proprie le decisioni della precedente Amministrazione, approvò le indicazioni dell'equipe tecnica tedesca appositamente incaricata dalla precedente Amministrazione Comunale, e ottemperò con tempestività alle norme dell'art. 3 della Legge Reg.le 16/1973.

Con Deliberazione nr 175 del 23 ottobre 1973, il Commissario propose il trasferimento parziale dell'abitato in località Palazzi di Casignana, Felicìa di Bovalino e Filici di Benestare. Il medesimo Commissario, con Provvedimento del 9 luglio 1974, preso atto della Deliberazione della Giunta Regionale nr 1772/'74, con la quale erano stati assegnati 1.500 milioni di lire per il trasferimento e 300 milioni di Lire per il consolidamento, ribadì la proposta approvata il 23 ottobre precedente.

COMMISSIONE TECNICA COMUNALE

La Regione Calabria designò una Commissione tecnica per verificare le condizioni di stabilità del territorio comunale e localizzare aree idonee ai nuovi insediamenti abitativi necessari.

L'Amministrazione comunale aveva già interpellato due qualificati geologi tedeschi impegnati in ricerche sul Bradisismo, in loco, i quali, da alcuni anni erano attendati in prossimità della strettoia fluviale dove, il 4 gennaio, si schiantò la frana che ostruì il Torrente Bonamico e creò il Lago San Costantino. Riguardo all'eventuale consolidamento del centro storico, i tecnici tedeschi ne sconsigliarono la realizzazione, in quanto oneroso finanziariamente e inadeguato, stante l'esigenza di demolire comunque gran parte delle abitazioni sfollate. Quantificati i costi delle opere specialistiche necessarie, l'entità delle demolizioni e le difficoltà logistiche, i due ricercatori berlinesi proposero il trasferimento parziale dell'abitato.

LA COMMISSIONE SCIENTIFICA INTERDISCIPLINARE REGIONALE

La Regione Calabria, già informata del parere espresso dai docenti alemanni, designò un'equipe scientifica interdisciplinare allo scopo di esaminare la situazione non soltanto sotto il profilo geofisico, ma anche in termini economici, demografici, urbanistici e di compatibilità socio-culturale degli sfollati con le comunità delle località designate per i nuovi insediamenti.

La commissione tecnica, costituita ai sensi della Legge Regionale nr 16/1973, elaborò un'accurata relazione geologica, economica e sociologica e propose il trasferimento dell'antico borgo (420 nuclei familiari) e il consolidamento dei Rioni Croce, Petto e Carrubara.

Secondo le previsioni della stessa equipe, l'impegno finanziario complessivo sarebbe stato di 8.700.000.000 di Lire, di cui 5.400.000.000 per la costruzione degli alloggi, con un costo medio di Lire quindici milioni (Euro 7.700 circa) per ciascun nucleo familiare; il consolidamento della zona urbana rimanente sarebbe costato 2.350.000.000 di Lire, una somma inferiore a 3.500.000 Lire per nucleo anagrafico (Euro 1.700 circa), all'incirca 500 Euro per ciascun abitante residente nelle zone da irrobustire.

Gli esperti regionali furono concordi con i geologi tedeschi, sia nelle analisi geomorfologiche, sia nelle conclusioni operative:
- consolidare le zone urbanizzate di recente (il nuovo abitato) ed alcuni rioni limitrofi al Centro storico;
- trasferire gli abitanti sfollati nelle zone Filici di Benestare, e Palazzi di Casignana.

L'ABUSIVISMO EDILIZIO

Nel frattempo, l'abusivismo edilizio cominciò a dilagare anche nelle aree demaniali inalienabili, cioè invendibili, per cui i nuovi fabbricati sarebbero stati esclusi da eventuali sanatorie edilizie. Inoltre, contravvenendo alle Ordinanze di sgombero, molte famiglie tornarono nelle vecchie case, in pratica, *occupanti abusivi, illegali dei propri alloggi.*

Stanti i ritardi dell'Ente Regione Calabria, in parte dovuti all'incertezza operativa del Comune e, in verità, soprattutto alle decisioni assurdamente procrastinatrici del D.M. LL. PP. nr 3752 del 25 settembre 1974, l'abusivismo edilizio dilagò.

Le Autorità comunali, regionali e statali ne erano a conoscenza, tant'è che l'Assessore Regionale ai LL.PP, consapevole delle irregolarità, con lettera prot. nr 6084 del 12 maggio 1977 indirizzata al Sindaco, con linguaggio ambiguo scrisse *"è necessario regolamentare l'espansione edilizia non subordinata attualmente ad alcuno strumento urbanistico, onde evitare altri problemi"*.

Nella stessa missiva, evidentemente informato di alcune abitazioni abusive iniziate nelle vicinanze del cimitero comunale, l'assessore, aggiunse *"bisogna verificare più compiutamente la possibilità, per il resto piuttosto remota, di occupare aree per l'ampliamento del cimitero vicine alla attuale area cimiteriale (sperone Est).*

74

IL GIOCO SPORCO DEL GOVERNO RUMOR

L'Ente Regione Calabria, dopo aver inserito San Luca nell'elenco degli abitati da trasferire, lo escluse senza motivo, inopinatamente, nonostante fosse stato il Comune più danneggiato dai nubifragi, il più devastato sotto l'aspetto della coesione sociale e il più problematico ed esplosivo dal punto di vista sociologico.

In verità, l'Ente Regione, dopo avere approvato il piano dei trasferimenti degli abitati, fu smentito, disorientato e condizionato dal Decreto del Ministro dei LL.PP. Nr 3752/1974 con il quale le somme assegnate alla Calabria alluvionata furono frazionate in trentacinque anni: sino al 2009!

Il Parlamento nazionale contestualmente alla conversione del Decreto legge n. 2/1973 aveva stanziato a favore delle Regioni alluvionate (Calabria e Sicilia) oltre 280 miliardi di Lire (L. n. 36/1973).

Non si conosce per quale motivo l'Ente Regione abbia deciso di sacrificare del tutto proprio San Luca, il paese con il maggior numero di sfollati.

Trascriviamo il contenuto di alcuni articoli della stessa legge:
- l'art 5 bis assegnò all'Ente Regione Calabria la somma di 40.000 milioni di lire, *per provvedere alla ricostruzione delle abitazioni distrutte, nonché al trasferimento degli abitati colpiti* dall'alluvione.
- art. 8: *E' autorizzata la spesa di 15.000 milioni di lire (...) 8000 milioni per l'anno 1973, 3000 milioni per l'anno finanziario 1974, e 4000 milioni per l'anno finanziario 1975 per provvedere, in conseguenza delle calamità, (...) alla concessione di contributi (...) per la riparazione e ricostruzione di fabbricati di proprietà privata (...).Gli stanziamenti potranno essere impegnati fin dall'esercizio finanziario 1973.*
- art. 12: *I lavori da eseguire in base al presente decreto, sono dichiarati di pubblica utilità, urgenti e indifferibili ad*

ogni effetto di legge.

- l'art. 7, primo comma comandava: *All'onere di 127050 milioni derivante dall'applicazione del presente decreto, si provvede quanto a lire 87550 milioni a carico (...) del Ministero del Tesoro per l'anno 1972, quanto a lire 34500 milioni per l'anno 1973, e quanto a lire 5000 milioni (...) per l'anno 1973.*

Trascorso un anno e sei mesi, il Ministro dei Lavori Pubblici con Decreto 24 settembre 1974, n. 3752, svuotò l'art. 5 bis della Legge 36/1973, frazionando, in pratica polverizzando, l'assegnazione all'Ente Regione Calabria di 40.000 milioni, destinati con il D. L. n. 2/1973, ratificato dai due rami del Parlamento con Legge n. 36/1973.

In sostituzione, il D.M. del Ministro Salvatore Lauricella, statuì l'erogazione annuale, per 35 anni, della somma di 1.600 milioni di Lire. Un'assurdità, considerata l'urgenza del trasferimento degli abitati, data anche l'inflazione monetaria, che nell'arco dei 35 anni successivi (1974- 2008), sarebbe stata pari al 272.50%![35]

L'Ente Regione Calabria si oppose inutilmente con un ricorso per conflitto di attribuzione costituzionale, respinto dalla Consulta con sentenza n. 97/1977 depositata il 30 maggio 1977.

Non entriamo nel merito delle motivazioni del ricorso alla Corte Costituzionale, né della sentenza.

Tuttavia:

1) Il Ministro poteva rendere inefficace una legge approvata dal Parlamento?
2) Era giusto che un Ministro, trascorsi 20 mesi dall'emanazione di un Decreto del Governo, regolarmente ratificato dal Parlamento tutto, ne stravolgesse le Disposizioni finanziarie e, di fatto, annullasse programmi e impegni assunti

---

35 Dati ISTAT

solennemente dall'Ente Regione Calabria in ottemperanza alle disposizioni perentorie della Legge di conversione del Decreto nr 2/1973?

3) Il Parlamento nazionale aveva solennemente dichiarato *di pubblica utilità, urgenti e indifferibili ad ogni effetto di legge,* i programmi di risanamento del territorio calabrese, cui erano destinati gli impegni finanziari approvati, sottoscritti con Legge nr 36/1973. E' giustificabile che Camera e Senato della Repubblica siano stati implicitamente qualificati mendaci?

4) Sul piano dell'etica politica e dell'osservanza gerarchica istituzionale, un ministro di Stato può farsi gioco di migliaia di cittadini disperati?, rinnegare le decisioni di Camera e Senato della Repubblica?

5) Ha egli agito con malizia cinica nel pianificare in trentacinque anni il tempo necessario per la ricostruzione dei paesi devastati dall'alluvione?

6) Il Ministro e i suoi collaboratori hanno pensato ai senzatetto allora ultra quarantenni? Sapevano che, in base alle proiezioni statistiche sulla durata media della vita, gli sfollati meno giovani, probabilmente, sarebbero deceduti prima dello scadere dei trentacinque anni programmati?

Il prospetto statistico seguente si riferisce agli sfollati, distinti per classi d'età e per zona di residenza.

Tavola nr. 12/Alluvioni - COMUNE SAN LUCA
Abitanti residenti nelle aree dichiarate inagibili,
distinti per classi di età e per zona di residenza

Rione (Zona)	ETA'							Totale
	1-15	*16-21*	*22-31*	*31-40*	*41-55*	*56-70*	*71 e più*	
Centro Storico	376	160	171	141	230	191	116	1385
Rione Carrubara	185	67	61	51	65	46	21	496
Totale	561	227	232	192	295	237	137	1881

ANALISI SOCIO-ECONOMICHE ALLARMANTI

La relazione dell'equipe tecnica regionale avrebbe dovuto allarmare chi si stava occupando della questione trasferimento-ricostruzione, compresi i Sindaci di Bovalino e Benestare. Nel rapporto conclusivo, la Commissione Tecnica regionale, oltre alle prevedibili e scontate valutazioni geofisiche, fece analisi sociologiche allarmanti. Premonitrici dell'intasamento urbanistico della riviera ionica e della prevedibile conflittualità sociale (*inter-etnica?*) che si sarebbe innescata in mancanza di *provvedimenti che si è chiamati a prendere.*

Particolarmente significative le seguenti notazioni:

- *l'incremento demografico nel ventennio 1951/71, contrastante nettamente l'andamento demografico provinciale e quindi meritevole di attenzione nella misura in cui può aiutare a fornire spiegazioni necessarie a comprendere il ruolo attuale e futuro di questo Comune* (San Luca n.d.r.) *nell'area del basso-medio ionico reggino e quindi essere di orientamento ai provvedimenti che si è chiamati a prendere.* (pag 11-12)

E ancora:

- *fattori culturali caratterizzanti peculiarmente quella comunità e capaci di forti aggregazioni e solidarietà che danno luogo ad una organizzazione sociale piuttosto chiusa, sovente gerarchizzata e spesso dominante nei confronti delle popolazioni circostanti* (pagina 15).

Ulteriormente:

- *d'altra parte sembra .... ravvisarsi per San Luca un ruolo nell'ambito del territorio circostante che mentre ne fa un presidio verso la montagna e l'intera vallata del Bonamico, ne consente la considerazione positiva per la molto facile modulità territoriale, nel quadro di programmi di sviluppo dell'area costiera che ruota intorno a Bovalino, evitando così intasamenti demografici della costa. (pag. 25)*

Le valutazioni dell'equipe tecnica regionale, quantunque errate nell'individuazione delle cause della crescita demografica di San Luca, erroneamente attribuita all'immigrazione dai Comuni vicini anziché alla natalità, erano rafforzate anche dai dati statistici ISTAT relativi alla popolazione residente nell'anno 1976, segmentata per zone urbane e per classi di età. Quell'anno, ben 1601 abitanti, il 37%, erano adolescenti di età da 1 a 15 anni, mentre i giovani di età da 16 a 21 anni (613 anime) costituivano il 13,5% del corpo demografico. Complessivamente, dunque, oltre metà popolazione, esattamente 2215 abitanti, avevano età inferiore a 21 anni, allora giuridicamente minorenni. Una peculiarità straordinaria, una risorsa formidabile, epperò, in quella situazione geo-ambientale, economica e sociale, un problema indifferibile, una minaccia incombente; un'incognita politico-sociale terribilmente drammatica e dirompente.

L'Ente Regione accantonò il problema trasferimento-ricostruzione. Si limitò a finanziare due o tre progetti di consolidamento parziale nei rioni nuovi, lontano dalle zone evacuate.

Migliaia di senzatetto si ritrovarono nell'illegalità, a causa dell'abusivismo edilizio, per il reato di occupazione di suolo pubblico o per aver fatto ritorno nella propria casa illegalmente, cioè senza che le Ordinanze di sgombero fossero state revocate. Nonostante diverse leggi nazionali e regionali, malgrado l'entità degli sfollati di San Luca, il dieci per cento *dei 23000 calabresi e siciliani (8000 nuclei familiari) rimasti senza tetto)*[36] e malgrado l'allarme gridato dalla Commissione Tecnica Regionale, il "grattacapo casa" ricadde sugli alluvionati sanluchesi. Viceversa, il degrado urbano, economico e sociale, compresa l'illegalità sopraggiunta, pur concordemente rimossi con disinvoltura cinica, gravano tuttora sulla coscienza della collettività nazionale italiana. *Santulucoti* inclusi Naturalmente.

---

36 On. Mantella, Camera dei Deputati, 23 marzo 1973.

Tavola n. 13 / Alluvioni - ALLUVIONE 1972-1973

RIEPILOGO DELLE ORDINANZE DI SGOMBERO DELLE ABITAZIONI DISTINTE PER AREA URBANA E PER COMPOSIZIONE NUMERICA DEI NUCLEI FAMILIARI SGOMBERATI

Zona Quartiere	Zona gialla (Centro storico)		Zona Carrubara (Costruzioni recenti)		Totale	
Numero componenti	Famiglie Nr	Abitanti Nr	Famiglie Nr	Abitanti Nr	Famiglie Nr	Abitanti
1	65	65	9	9	74	74
2	101	202	23	46	124	248
3	71	213	23	69	94	282
4	49	196	17	68	66	262
5	58	290	19	95	77	385
6	36	216	10	60	46	262
7	12	84	8	56	20	104
8	9	72	8	64	17	136
9	3	27	2	18	5	45
10	2	20	-	-	2	20
11	-	-	1	11	1	11
12	-	-	-	-	-	-
13	-	-	-	-	-	-
Totale	406	1385	123	496	529	1881

Note:

I nuclei familiari sfollati (406) costituivano il 41% del totale;

- Nella prima fase, gli abitanti evacuati (1881) assommavano il 41% della popolazione (4591 ab.).
- Complessivamente, gli sfollati superarono metà popolazione.

Tavola nr 14/alluvioni - Censimento 1971

Abitazioni in complesso (occupate e non) per epoca di costruzione

Prima del 1919		1919-1945		1946-1960		Dopo il 1960		Epoca ignota	Totale abitaz.
Abitaz.	Stanze	Abitaz.	Stanze	Abitaz.	Stanze	Abitaz.	Stanze	Abitaz.	
103	250	67	168	213	633	378	1191	234	995
10.4%	9.17%	6.73%	6.16%	21.41%	23.23%	38%	43.71%	23,52%	100%
Totale abitazioni costruite dopo il 1960: nr 378 (38%)									
Totale stanze costruite dopo il 1960: nr 1191 (44%)									

Note:

- Le rilevazioni censuarie 1971 sono state effettuate 15 mesi prima dell'alluvione dicembre 1972-gennaio 1973.

- Il 59,4% del patrimonio immobiliare urbano era stato costruito negli ultimi venticinque anni, di cui il 38% dopo il 1960 e in prevalenza nei quindici anni immediatamente successivi al dopoguerra.

- La datazione degli edifici, di cui 378 costruiti nel decennio 1960/1970, fornisce la misura dei danni e dei drammi vissuti dagli alluvionati, in particolare gli emigrati, i quali, in due mesi di piogge, videro vanificati i sacrifici della vita di emigrante insieme con le privazioni patite anche dai propri familiari in diversi anni di lontananza.

- Detraendo le abitazioni costruite dopo il 1960 (nr 378), alla data delle rilevazioni censuarie dello stesso anno 1971, tutti gli abitanti residenti (4100 ab.) vivevano in cinquecentosettantasette alloggi, ammucchiati in 1534 stanze. Oltre sette abitanti per singola abitazione (7,1).

OPPORTUNISMO OSTILE DELLE AMMINISTRAZIONI DEI COMUNI LIMITROFI

Le Amministrazioni comunali di Benestare e Bovalino, apprese le indicazioni dei tecnici tedeschi sulle località dove trasferire l'abitato di San Luca si dimostrarono poco solidali e scarsamente lungimiranti. Cieche.

Gli amministratori assecondarono *sic et simpliciter* i proprietari delle aree idonee al trasferimento dei senzatetto e si opposero alla modifica dei confini comunali.

In buona sostanza, prevalsero gli interessi egoistici immediati dei privati.

L'Ente Regione tergiversò a lungo, non vincolò subito le aree in questione, non ottemperò né alla Legge Reg.le nr 16/1973, né alla successiva L. R. 20 agosto 1977, nr. 22, il cui art. 14, al quarto capoverso, specificava: *ove i comuni interessati non abbiano ottemperato a quanto previsto dai precedenti commi il Presidente della Giunta regionale, con proprio decreto nomina commissari "ad acta" che provvedono alle formalità necessarie e alla convocazione – entro sessanta giorni dalla loro nomina- dei Consigli comunali per l'approvazione della delibera di adozione degli strumenti urbanistici o loro varianti.*

Gli allarmi sulla precarietà statica dell'abitato, i reiterati ammonimenti sulle conseguenze demografiche, sociali ed urbanistiche nella fascia costiera ionica conseguirono un solo risultato: la perdita d'un grande patrimonio edilizio, culturale e affettivo: il borgo antico, lo scenario dei racconti più emotivi e poetici del realismo magico di Corrado Alvaro.

Smarrita la fiducia nelle Istituzioni (Ente Regione, Prefettura, Ministero LL. PP., Ministero Interni, ecc.), ebbe inizio l'occupazione abusiva dei terreni demaniali facenti parte del patrimonio comunale inalienabile e, contemporaneamente, la compravendita di suoli edificatori, proprio nelle contrade Rocciolio, Bosco e

Filici di Benestare, Palazzi di Casignana e dappertutto in Bovalino.

I proprietari dei poderi, pubblicamente, esprimevano contrarietà razzistica all'eventuale trasferimento programmato e legale dei *santulucoti*.

Al contrario, negli studi notarili, i medesimi firmavano lauti rogiti di vendita dei terreni lottizzati illegalmente. Di nascosto.

Pecunia non olet!

Il movimento migratorio successivo S. Luca-Bovalino, dal punto di vista demografico, sociale, urbanistico ed economico fu rilevante; dirompente e tragico in relazione alla mancata integrazione sociale degli abitanti autoctoni con i sanluchesi e con le varie e diverse popolazioni trasferitesi a Bovalino negli stessi anni.

Naturalmente, gli acquirenti dei lotti edificatori abusivi si trasferirono nei nuovi alloggi, non appena completatane la costruzione. I flussi migratori in uscita da S. Luca si intensificarono. Il prospetto seguente ne indica l'ammontare, distinto per decennio e per singolo Comune.

Tavola nr 15/Alluvioni

Riepilogo degli emigrati da San Luca nei Comuni confinanti dal 1971 al 2011

	1971 1980	1981 1990	1991 2000	2001 2010	Anno 2011	Totale
Bovalino	105	330	46	286	27	**1094**
Benestare	29	143	105	105	2	**384**
Casignana	24	9	36	22	12	**103**
Bianco	30	58	51	20	3	**162**
Ardore	12	51	14	27	1	**105**
TOTALE	200	591	552	460	45	**1848**
Emigrati in altre sedi della Locride						**91**

POLITICA URBANISTICA E ANDAMENTO DEMOGRAFICO NEL COMUNE DI BOVALINO

La ricostruzione dell'abitato di San Luca nelle zone indicate dalle Commissioni tecniche avrebbe obbligato la Regione a corrispondere ai proprietari dei suoli l'indennità di espropriazione, già allora calcolata a seconda della destinazione d'uso delle aree occupate e, quindi, come suolo edificatorio. In altri termini; acconsentendo alle modiche dei confini territoriali comunali, con gli espropri successivi, Bovalinesi e Benestaresi non avrebbero patito alcun sacrificio finanziario. Per di più, per soddisfare l'egoismo miope dei possessori, le Amministrazioni comunali di Bovalino, contrarie al trasloco programmato, ordinato e legale dei *santulucoti,* ampliarono a dismisura le zone di espansione e gli indici di edificabilità, per cui il successivo, attuale, odierno assetto urbanistico della cittadina, prima o poi, si rivelerà catastrofico. Infatti, le aree di espansione urbana già edificate, includono zone acquitrinose adiacenti i Torrenti Bonamico e Careri e vasti spazi intersecati da valloni apparentemente innocui, ma devastanti quando piove poco più del normale.

Dal 1951 al 1971, Bovalino subì un notevole decremento demografico a causa dell'emigrazione e della scarsa natalità. Nel quarantennio successivo (1971-2011), viceversa, la popolazione si incrementò, grazie all'immigrazione da Platì, Ciminà, Careri, Benestare e San Luca; in virtù del conseguente aumento delle nascite; e, nell'ultimo decennio, anche grazie agli immigrati extracomunitari, i quali alla data del Censimento 2011, risultarono seicentodieci persone, il 7% . Gli immigrati provenienti da San Luca sono stati millenovantaquattro. (*vedi Tavola nr. 16*) .

Oggi, i discendenti di prima, seconda, e, in taluni casi, di terza generazione, dovrebbero essere all'incirca milletrecento, per cui gli abitanti originari di S. Luca, sommati agli oriundi *santulucoti* dovrebbero aggirarsi intorno al venticinque/trenta per cento della popolazione.

Tavola nr 16 /Alluvioni
Comune Bovalino: Variazioni demografiche dal 1971 al 2013

Anno	1951	1961	1971	1981	1991	2001	2011	2013
Abitanti	7435	6929	6463	7046	8281	8326	8795	8889

SINTESI DEGLI EFFETTI ECONOMICI E SOCIALI PROVOCATI DALLE ALLUVIONI 1951, 1953, 1972/'73

Le alluvioni 1951, 1953 devastarono il territorio agro-forestale comunale. Con l'espropriazione totale del territorio montano e i *vincoli idrogeologici sull'intero territorio comunale di San Luca, giusta decreto del Ministero dell'Agricoltura e delle Foreste- Corpo Forestale dello Stato datato 15 aprile 1953*[37], fu sancita la rovina della pastorizia, cui seguì lo sfacelo dell'agricoltura e dell'artigianato. I pilastri del sistema economico, arcaico e anacronistico, ma adeguato allo stile di vita praticato, crollarono.

Dopo l'alluvione 1972-1973, con l'abbandono forzato del Centro storico, (gioiello urbanistico "comunitario" unico, *"una mandra"*), l'empireo millenario dei sanluchesi implose di colpo. Dal 1951 al 1973 si sbriciolarono il sistema economico e l'organizzazione sociale. In effetti fu disattivato il "codice-sorgente' della cultura e della spiritualità dei *santulucoti*. In un ventennio, la comunità, ora la *più difficile della difficile Calabria* fu privata *du' lustru,*[38] cioè, del bagliore, della luce, del lume spirituale fonte, strada, meta e traguardo della sua millenaria civiltà.

Tralasciando linguaggio immaginifico e metafore, in pratica, i*santulucoti* furono estromessi dai Jazzi montani e cacciati dalle proprie abitazioni. Concretamente. Semplicemente.

---

37 Prefettura di Reggio Calabria, prot 812/2013/Segr./Sic., 20 marzo 2013, Proposta scioglimento Consiglio Comunale San Luca.

38 GERARD ROHLFS: Nuovo Dizionario Dialettale della Calabria, pag. 376, Ed. Longo, Faenza 2002.

ALTERAZIONE DEL RAPPORTO: STATO ITALIANO-SAN LUCA

Dal 1973 in poi, la fiducia nelle Istituzioni pubbliche impercettibilmente e progressivamente svanì. Le contraddizioni della Regione Calabria riguardo al trasferimento-consolidamento dell'abitato crearono malcontento.

Le Autorità regionali, d'intesa con l'Ufficio del Genio Civile, esclusero ogni possibilità di revocare le Ordinanze di sgombero del vecchio abitato, neppure parzialmente. Tra i tecnici c'era chi sosteneva che, per causare il crollo dello sperone "Gihjà" e trascinare a valle la zona "Costera-Pergola-Scarparo", sarebbero bastate le vibrazioni d'un elicottero in volo da quelle parti. Alcuni anni dopo, se non vado errato nel 1981, l'Ingegnere Capo del Genio Civile, Dr Romano, mi confidò che nessun tecnico avrebbe potuto modificare il parere dell'equipe scientifica della Facoltà di Geologia di Berlino, salvo consolidamento delle zone decretate inabitabili.

Subentrò una situazione di stallo, un impasse. I "senzatetto" superarono il cinquanta per cento della popolazione. Per sovrappiù, da noi c'era, e tuttora perdura, l'usanza di dare in dote alle figlie femmine un alloggio, una casa, per cui la mancanza di abitazioni agibili e di aree legalmente edificabili all'interno del territorio comunale ingrandì a dismisura il malcontento della popolazione nei confronti delle Autorità e, conseguenza più grave e drammatica, esasperò l'insofferenza nei confronti della Legge e, più in generale, dei regolamenti statuali. A maggior ragione, essendo di pubblico dominio che in diversi Comuni, l'Ente Regione aveva dato inizio alla ricostruzione delle abitazioni evacuate in seguito agli stessi nubifragi che avevano devastato il territorio di S. Luca.

In quel momento si è manifestata e poi sviluppata la

separazione di S. Luca dalle Istituzioni pubbliche, latente sin dalla cacciata dei pastori dalle montagne, cioè dall'epoca dell'espropriazione dei terreni agrari da parte dello Stato.

Esproprio non oneroso, gratis, al contrario delle proprietà private, ex feudali, confiscate con lauti indennizzi. Contestualmente, per le stesse cause e per i medesimi scopi. E, dunque, lo Stato, artefice del plurisecolare isolamento, nonché responsabile delle disastrose condizioni economiche generali, di vera inedia, in cui, prima volta nella sua storia, il paese era precipitato, si allontanò ulteriormente. Subentrarono nuovi eventi, tragici e traumatici: l'assassinio del Brigadiere Carmine Tripodi (1985) causa del distanziamento dell'Arma dei carabinieri; i sequestri, in particolare la prigionia di Cesare Casella, motivo collettivo nazionale di rancore e odio anti-San Luca; i fatti di Luino; ed infine la "faida", il cui epilogo, la strage di Duisburg, ha dato la stura alla gogna mediatica anti-San Luca. A quel punto, come talvolta avviene tra genitori e figli, sono subentrati disaffezione, insofferenza e acredine reciproci.

L'assassinio Tripodi, i sequestri, la faida, cui, nel tempo, si aggiunsero innumerevoli episodi di cronaca giudiziaria, disintegrarono la compattezza sociale. E, per di più, annichilirono le organizzazioni politiche e sindacali locali e regionali, le quali non sono state capaci d'intercettare il malessere e, sui problemi alluvionali e occupazionali, manifestare e scaricare l'insoddisfazione degli alluvionati e il disagio giovanile, incanalando entrambe le inquietudini sul terreno della legalità.

Nel contempo, la ripugnanza degli avvenimenti delinquenziali in questione generò disgusto e odio razzistico nell'opinione pubblica nazionale; fornì alibi alle inadempienze e talora agli arbitrii delle Autorità politiche e amministrative e motivazioni pretestuose alle incessanti campagne mediatiche e, quindi, alla ghettizzazione definitiva del paese di Corrado Alvaro. Tali stati d'animo, di converso, diedero vita a frustrazioni e disadattamento collettivi, generarono mortificazione, rancore e avversione nei confronti delle Istituzioni tutte, e, quindi, innestarono l'avvio del processo di decadimento sociale, civico e culturale in svolgimento da alcuni decenni.

La condanna indiscriminata della popolazione di San Luca esasperò il malessere sociale e acuì l'astio contro le Istituzioni ritenute responsabili degli sconvolgimenti economici e sociali e dello sradicamento culturale seguiti alle alluvioni 1951, 1953 e 1972-'73.

Tutto ciò: condanna sommaria da parte dell'opinione pubblica; rancore indistinto della popolazione nei confronti dello Stato e della stessa opinione pubblica costituirono il substrato ideologico sul quale attecchì e si sviluppò l'illegalità. Insensatamente e all'opposto della tradizione storica locale.

L'archivio storico comunale meriterebbe l'attenzione di giuristi e studiosi di scienze sociali. Esso dimostra che nel Secolo XIX la popolazione usava ricorrere al Giudice Conciliatore anche per controversie di poco conto, banali.

La raccolta "Atti della Conciliazione comunale dal 1812 al 1890" palesa che, al contrario di oggi, le liti civili furono sottoposte al Giudice Conciliatore comunale, cioè al Sistema giudiziario pubblico. Evidentemente, i cittadini ricorrevano alla Magistratura anche nelle fattispecie penali. Oggi, purtroppo, ciò non avviene.

La vendetta personale, la regola del farsi giustizia da sé, è recente. Ed è estranea alla cultura e alle tradizioni della bistrattata gente d'Aspromonte.

"Le cose antiche ci ricordano che anche noi fummo sani, prosperi, civili[39]

"Perché la vita può esser dura per il calabrese, la sua

---

39 *CORRADO ALVARO: L'età breve....*

diffidenza della società estrema, la sua disistima dei poteri totale, ma tutto ciò non esclude che egli abbia nella mente e verità e giustizia e disinteresse come attributi di un potere ideale in cui egli crede immanentemente.. Ma nella frattura della vecchia vita, nella distretta economica, nel rifiuto dei concetti tradizionali messi a dura prova dalla realtà moderna, è possibile che anche l'essenza della regione deperisca e vada perduta[40].

PRECISAZIONI

La modificazione del rapporto San Luca-Istituzioni si manifestò dopo la catastrofe alluvionale '72/'73. L'archivio radiofonico e televisivo della RAI è prova inconfutabile della pregressa normalità-ordinarietà civica di S. Luca. Si riascoltino le registrazioni foniche dei "Giornali Radio"; si riesumino le pellicole cinematografiche dell'Istituto 'Luce'; si riproducano i commenti enfatici di Tito Stagno in occasione della venuta a San Luca del Presidente della Repubblica Giuseppe Saragat, nel 1966; si prenda atto anche del taglio sociologico e culturale dei reportage di Franco Biancacci trasmessi dalla RAI-TV nelle settimane successive alla formazione del Lago degli Oleandri. Si cerchino le innumerevoli citazioni di Corrado Alvaro che hanno dato anima e fervore poetico ai cortometraggi degli anni Cinquanta, Sessanta e Settanta sulla Calabria e sul Meridione italiano.

Si ristampino gli articoli dei quotidiani pubblicati all'indomani del 7 marzo 1973, quando a Roma nella manifestazione di protesta degli alluvionati calabresi e siciliani, gli striscioni " SAN LUCA NON VUOLE MORIRE" e "DOPO LA DIGA IL SILENZIO" commossero l'Italia.

Si pubblichi, infine, il resoconto stenografico del discorso pronunciato dall'On. Antonino Tripodi il 23 marzo 1973, in occasione della conversione in legge del Decreto n. 2/1973. Il de-

---

40 CORRADO ALVARO: Il Ponte, Ottobre Novembre 1950, pagina 973.

putato calabrese citò San Luca precisando: *"Con la delegazione della Commissione lavori pubblici (...) ci trovavamo nell'abitato di San Luca, che è un paesello aspromontano, dove è nato Corrado Alvaro"*[41].

L'onorevole Tripodi raccontò all'Assemblea che in quella circostanza un alluvionato, un vecchio, dialogò con i membri della Commissione lavori pubblici e con riferimento agli aiuti finanziari per la ricostruzione del paese *disse senza mezzi termini di fidarsi soltanto "del brigadiere dei Carabinieri", di nessun altro, né della Regione, né della Prefettura, nemmeno del Sindaco.*

Negli stessi giorni alcuni bambini intervistati dal giornalista TV Franco Biancacci manifestarono spontaneamente il desiderio di "fare il carabiniere".

E' auspicabile che gli archivi delle Televisioni italiane siano strumento di approfondimenti critici e di accertamento della verità storica; i *santulucoti* non siano imputati contumaci, a loro insaputa; i bambini non siano usati come comparse in spettacoli circensi sul cui sfondo s'intravede sempre e comunque lo stereotipo abituale dello 'ndranghetista: il loro genitore.

Il discorso del parlamentare On. Tripodi ratifica, allora per ora, le nostre valutazioni circa l'origine della crisi S. Luca-Istituzioni.

Oggi, nessuno definirebbe San Luca *"sconosciuto paesello aspromontano"*. Il decadimento sociale, etico e civile è successivo a quei drammatici e funesti eventi. Strappo civico e degrado civile, a loro volta, sono stati causa delle tragedie che dal 1974 in poi hanno infangato e deturpato S. Luca, e, probabilmente, ingiustamente offuscato anche la figura di Corrado Alvaro, "coscienza morale" del '900 italiano.

---

41 ON ANTONINO TRIPODI. Camera dei Deputati, marzo 1973.

Oggi, tanti sanluchesi sono convinti di essere odiati ed emarginati. Temono che gli uomini delle Istituzioni, dal più modesto degli impiegati ai dirigenti supremi, agiscano condizionati da pregiudizio e rancore, cioè da *ingia,* vocabolo dialettale senza eguali nei dizionari: odio profondo, rancore istintivo. Sordido. Incontrollabile. Ineludibile.

L'equivalente di: *Mi hanno odiato senza ragione.* (*Giovanni: 15,29)*

DOCUMENTAZIONE RELATIVA ALL'ALLUVIONE 1972/1973

Si riproducono:
- elaborato statistico ufficiale del Comune di S. Luca relativo alla composizione numerica delle famiglie per singola area urbana; e riepilogativo delle famiglie sfollate da gennaio a marzo 1973 (Centro storico- Rione Carrubara);
- comunicazione dell'Assessorato regionale ai LL.PP. relativa all'assegnazione al Comune di San Luca di 1.500milioni di Lire per il trasferimento dell'abitato, datata 3 aprile 1975;
- ordinanza di sgombero totale e immediato del Centro storico, cui seguirono singole ordinanze per ciascun nucleo familiare residente nelle zone urbane disastrate;
- modello domanda di contributo finanziario per ricostruzione abitazione, richieste rimaste tutte inevase, neppure esaminate.

COMUNE DI SAN LUCA
89030 - PROVINCIA DI REGGIO CALABRIA

UFFICIO TECNICO

PROSPETTO RELATIVO ALLA COMPOSIZIONE DEI NUCLEI FAMILIARI,
PER OGNI SINGOLA ZONA, PER NUMERO E PER SESSO.

N.F. per N° COMP	1 x	2 x	3 x	4 x	5 x	6 x	7 x	8 x	9 x	10 x	11 x	12 x	13 x	TOTALE N.F.	TOT. COMP.	POP. MAS.
ZONA GIALLA	65	101	71	42	58	36	14	9	3	2	-	-	-	406	1385	675
	65	202	213	196	290	216	84	72	27	20						710
ZONA BAGN. ECC..	9	23	23	17	12	10	8	8	2	-	1	-	-	123	496	242
	9	46	69	68	05	60	56	64	18		11					254
ZONA PRATO	55	122	23	76	96	60	53	29	16	11	6	3	1	627	2710	1337
	56	244	294	304	480	360	371	232	144	110	66	36	13			1373
TOTALE COMPLESS.	130	246	192	142	173	106	73	46	21	13	7	3	1	1156	4591	2254
	130	492	576	568	865	636	511	368	189	130	77	36	13			2337

Regione Calabria
L'ASSESSORE AI LAVORI PUBBLICI

Catanzaro 3/4/75

Egregio sig. Sindaco,

mi premuro informar-
La che, il Consiglio Regionale ha approvato il Piano
dei Consolidamenti e dei trasferimenti degli abitati
in Calabria, predisposto da questo assessorato.

Il suo comune e' interessato al *Trasferimento*
dell'abitato, per un importo di lit. *1500 milioni*

La spesa e' stata ammessa a totale carico della Regione.

Gradisca cordiali saluti.

(Antonio Mundo)

Egr. sig.
SINDACO DI
S. Luca

COMUNE DI SAN LUCA

89030 - PROVINCIA DI REGGIO CALABRIA

Prot. N. _1_

IL SINDACO

Vista la relazione del Tecnico Comunale, con la quale si prospetta la urgente necessità di provvedere allo sgombero delle abitazioni di tutti i cittadini abitanti nel Vecchio Centro abitato di questo Comune, per salvaguardare la loro incolumità a causa del pericolo provocato dai movimenti franosi dovuti alle recenti piogge all'uvionali;

Ritenuta l'urgente necessità di pravvedere in merito, costituendo tale fatto un pericolo per la pubblica incolumità;

Visto l'art. 153 del T. U. della Legge Comunale e Provinciale del 4 febbraio 1915, N. 148;

ORDINA

a tutti i cittadini del suddetto Centro abitato di sgomberare immediatamente dalle proprie abitazioni.

I Vigili Municipali e gli Agenti della Forza Pubblica sono incaricati della esecuzione della presente ordinanza.

San Luca, lì 2 - 1 - 1973

IL SINDACO

RELATA DI NOTIFICA

Copia della presente viene notificata oggi 22 - 1 - 973 nelle mani del Signor *Luppino Nunziato*

IL MESSO

94

N.................... d'ordine

89100   R E G G I O C A L.

OGGETTO: *Domanda di concessione di contributo per danni subiti da fabbricati privati a seguito dell'alluvione 1972 - 73 - Legge 23-3-1973, n. 36.*

Il sottoscritto **Luppino   Nunziata** nato il **25/3/902**
a **San Luca** , residente a **San Luca**
Via **Timpa** , n. **9**

D I C H I A R A

— che, in dipendenza degli eventi naturali dell'inverno 1972-73, il proprio fabbricato, sito nel Comune
di **San Luca** frazione **████████** , via **Timpa** , n. **9** ,
composto da n. **3+ 2** vani utili, adibito **d abitazione** , ha subito i seguenti danni:
é stato dichiarato inagibile.

— che detti danni ammontano, complessivamente, a lire **da   stabilire**
spesa sulla quale chiede un anticipo pari al 50% del contributo;

█████████████████████████████ ;

X — ☐ di avere abbandonato l'alloggio danneggiato per i seguenti motivi:
perché dichiarato inagibile.

— che il fabbricato, prima dell'alluvione, era occupato **dlla medesima**

in qualità di **proprietaria** , ed è stato abbandonato per i seguenti motivi:
perché dichiarato inagibile.

-- che il fabbricato è tuttora occupato d█████████████
in qualità di **██████████████**

Tanto premesso, il sottoscritto CHIEDE, a termini dell'art. 10 della richiamata Legge 23 marzo 1973, n. 36, la concessione del contributo nella misura del **90** per cento sulla somma occorrente
per $\frac{riparazione}{ricostruzione}$ dell'immobile anzidetto.

All'uopo allega:

X 1) *Atto notorio attestante il possesso e il numero dei vani dell'immobile danneggiato, distrutto, o abbandonato perchè dichiarato inagibile;*

X 2) *Dichiarazione del Sindaco circa l'effettiva esistenza del danno e l'inagibilità.*

Si riserva di presentare, nei termini di Legge (30 - 6 - 1974), il computo metrico estimativo dei lavori da eseguire.

Data **15/6/973**

, *Firma del richiedente*

N. B. - *La presente domanda dovrà essere presentata in duplice copia al competente Genio Civile entro*
█████████████████

COMUNE DI SAN LUCA

89030 - PROVINCIA DI REGGIO CALABRIA

UFFICIO TECNICO

PROSPETTO RELATIVO AL NUMERO DEI COMPONENTI NEI RISPETTIVI
GRUPPI DI ETA' TOTALE E PER SESSO.

ETA' IN ANNI	DA 1 – 15	16 – 21	22 – 30	31 – 40	41 – 55	56 – 70	71 e oltre	TOTALE Pars.
ZONA GIALLA	376	160	171	141	230	191	116	1385
	F. 182	74	81	68	108	100	62	675
	M. 194	86	90	73	122	91	54	710
ZONA GARRU. ECC...	135	67	61	51	65	46	21	496
	F. 89	38	28	25	35	23	10	242
	M. 96	35	33	26	30	23	11	254
ZONA PRATO	1040	386	370	293	370	175	76	2710
	F. 510	188	180	138	185	91	45	1337
	M. 530	198	190	155	185	84	31	1373
TOTALE COMPL. ZONE	1601	613	602	485	665	412	213	4591
	F. 781	204	289	231	328	214	117	2254
	M. 820	319	313	254	337	198	96	2337

CAPITOLO QUARTO

SITUAZIONE ECONOMICA
DAL 1955 AL 1980

SITUAZIONE ECONOMICA E DEMOGRAFICA
POST-ALLUVIONE '72-'73.

L'indice di disoccupazione, nel 1977, superò il 41%. Nei paesini del depresso Aspromonte, la disoccupazione giovanile, normalmente il doppio della media nazionale, fu drammatica.

Secondo il Censimento ISTAT, nel 1971, i giovani della fascia d'età da Zero a 29 anni erano quasi il 60%, il doppio della fascia 30-64 anni, anch'essa, in gran parte, formata da disoccupati. La fascia di età 15-29 anni, composta da ragazzi e giovani privi di titolo di studio e, peraltro, senza mestiere, includeva un quarto della popolazione (1128 ab., 26.25%), (Vedi Tavola n. 17).

Nel decennio 1971/'80, il peso demografico delle classi da zero a venticinque anni si accentuò ulteriormente.

Tavola n. 17 / Alluvioni - Censimento 1971

COMUNE SAN LUCA. Popolazione residente suddivisa per classi di età.

Classe età	0-14	15-24	25-29	30-49	50-59	60-64	65 e più	Totale
Abitanti	1527	798	236	892	333	153	361	4300
Percentuale	35.5%	18.6%	5.5%	20.7%	7.7%	3.6%	8.4%	
Classe di Età	Zero-29 anni nr 2561 **(59,6%)**			30-64 anni n. 1378 **(32 %)**			65 e più nr 361 **(32 %)**	

L'EMIGRAZIONE DAL DOPOGUERRA AL 1980

Il paese era abituato all'emigrazione che era cominciata già con lo scavo del Canale di Suez, e che si concluse con le Americhe e l'Australia. Ricordo ancora che in quel paese disadorno, dove non si vedeva una sola scritta sui muri, e dove i decreti erano gridati da un banditore, c'era l'ufficio d'un rappresentante le compagnie di navigazione transatlantica, coi manifesti dei vapori nostalgici alle pareti. [42]

Cessata la Prima Guerra Mondiale, gli emigranti si indirizzarono verso l'Argentina e il Venezuela. Dopo le catastrofiche alluvioni del 1951 e del 1953, in concomitanza con il fallimento del Peronismo argentino e con la politica immigratoria restrittiva degli Stati Uniti d'America, i flussi intercontinentali si diressero verso l'Australia. Gli Stati Uniti furono preclusi agli Italiani. Il Governo americano, temendo contagi ideologici marxisti e fascisti, adottò severe misure restrittive. Gli USA, preventivamente, fecero affidamento su un'efficiente rete di informatori anticomunisti, tra cui i parroci, anch'essi spaventati dall'ateismo marxista.

Nel ventennio 1951/1971, diversi paesi dell'entroterra ionico reggino patirono un'emorragia demografica senza precedenti nella Storia della Calabria. Interi abitati, devastati dai diluvi, e spossati dal punto di vista economico furono abbandonati. Platì, il paese interno più popoloso della Locride subì un salasso demografico. Da Monasterace-Stilo a Bova, alle devastazioni geofisiche fecero seguito smottamenti demografici devastanti.

Negli anni '60, gli emigrati si indirizzarono verso il Nord-Italia, in Francia, Belgio, Svizzera e Germania Occidentale. I nuovi movimenti migratori ebbero carattere stagionale: si partiva nel mese di marzo o in aprile, si ritornava in autunno. Molti

---

42 CORRADO ALVARO: Memoria e vita; da 'Il viaggio' a cura di Anne Christine Faitrop-\porta, pag.90, Ed. Falzea.

emigranti modulavano la permanenza all'estero con il turno di lavoro nei cantieri forestali, indispensabile ai fini dell'assistenza sanitaria statale gratuita, ex INAM. Un turno di cinquantuno giornate era sufficiente. Le Convenzioni Internazionali ed Europee in materia previdenziale non erano state stipulate, per cui il lavoro all'estero, qui, in Italia, all'epoca non era valido.

Gli anni '70 furono anch'essi disastrosi. I nubifragi (dicembre 1972-gennaio 1973) assestarono il colpo finale. Molti paesi, già indeboliti dalle due precedenti alluvioni, si spopolarono del tutto.

L'EMIGRAZIONE IN GERMANIA

Stante la situazione economica locale, il movimento migratorio s'intensificò. Molti operai si trasferirono nei distretti industriali della Germania Federale, a quel tempo separata dalla Repubblica Democratica Tedesca. Gli emigrati soggiornavano all'estero nove, dieci mesi. Lasciavano il paese poco prima della fine dell'inverno, e rientravano in autunno.

Le rimesse monetarie aumentarono grazie all'incremento delle partenze e in virtù dell'incessante rafforzamento del Marco tedesco sulla valuta italiana.

La moneta tedesca, nel 1971/72 si rafforzò anche sul Dollaro. I riallineamenti di cambio di valuta furono frequenti, sin dallo "shock petrolifero" (1972), cui seguì la guerra del Kippur (ottobre 1973). Le turbolenze monetarie costrinsero i governi dei Paesi europei a intervenire con misure straordinarie: "il serpente monetario" mediante cui vennero fissati i margini di svalutazione delle monete deboli; il Sistema Monetario Europeo, in vigore nel 1979; la fuoruscita della Lira e della Sterlina inglese dallo SME stesso. La Repubblica Federale dettò le linee della politica monetaria europea. La Lira italiana subì ripetute svalutazioni. L'inflazione in taluni anni superò il 20%. Gli emigrati stagionali, negli anni 1974-1981 oltre 700 unità, consapevoli dei vantaggi delle svalutazioni monetarie, modularono l'invio delle rimesse con i tempi degli allineamenti valutari. Al rientro, utilizzarono i risparmi per costruire nuove abitazioni o, in prospettiva dei finanziamenti di cui all'art. 8 della Legge 36/1973, nell'acquisto di terreni edificatori, precipuamente, nelle zone designate idonee al trasferimento dell'abitato di S. Luca.

Tuttavia, la situazione economica locale peggiorò ulteriormente. L'artigianato, esangue dopo le alluvioni degli anni '50, entrò in agonia. La forestale, malgrado il recente dissesto idrogeologico e l'alto tasso di disoccupazione, non incrementò gli occupati. Le richieste di avviamento al lavoro rimasero invariate: meno di 200 operai per bimestre, 51 giornate pro-capite, non sufficienti neanche per ciascun capofamiglia.

CAPITOLO QUINTO

I NUOVI ENTI GIURIDICI TERRITORIALI

COMUNITA' MONTANA ASPROMONTE ORIENTALE: UN ENTE GIURIDICO EXTRA-LEGEM

Negli sviluppi della situazione sociale e civica di San Luca, dal 1973 in poi, le responsabilità dell'Ente Regione Calabria sono imperdonabili. E non consistettero solo nella gestione del dopo alluvione, quando, seicento nuclei familiari cacciati dalle abitazioni decretate inabitabili furono esclusi dal programma di trasferimento degli abitati alluvionati, senza neanche un provvedimento formale di revoca delle Ordinanze di sgombero, tuttora, nel 2016, valide e operative.

La Regione Calabria è responsabile anche dei danni economici sociali, civili e politici conseguenti alla configurazione territoriale ed alla gestione amministrativa della Comunità Montana Aspromonte Orientale, la cui sede, in oltraggio alle leggi nazionali a favore dei Comuni montani, fu ubicata a Bovalino Marina. "A due passi dal mare".

Così come, essendo stata interlocutrice istituzionale del Governo nazionale nella programmazione dell'istituendo Ente Parco Nazionale dell'Aspromonte, la Regione Calabria è corresponsabile nella scelta del territorio protetto, causa primaria del fallimento degli obiettivi economici e sociali del progetto "Parco dell'Aspromonte".

Gli art. 44, ultimo comma, e 129 della Carta Costituzionale Italiana prevedono la valorizzazione delle zone montane anche mediante nuovi modi di partecipazione democratica delle popolazioni interessate e il loro coinvolgimento nell'elaborazione dei programmi di sviluppo e riequilibrio economico tra aree sviluppate e zone meno progredite.

A tal fine, l'Assemblea Costituente previde l'istituzione di un nuovo Ente giuridico territoriale: la Comunità Montana, cioè, "Consorzi" di <u>Comuni svantaggiati, ubicati nei territori montani.</u> La Legge 3 dicembre 1971, n. 1102 ottemperò al dettato costituzionale demandando alle Regioni la realizzazione dei nuovi Enti.

L'articolo 3, primo comma, è perentorio nella definizione dei "territori montani": s*ono quelli determinati in applicazione degli artt. 1,14 e 15 della legge 25 luglio 1952, nr 991, e dell'articolo unico della legge 30 luglio 1957, nr 657, ...*

La L. n. 657/1957, al secondo comma, statuiva:

"Ai fini dell'applicazione della presente legge *sono considerati territori montani i Comuni censuari situati per almeno l'80 per cento della loro superficie sopra i 600 metri di altitudine* sul livello del mare e quelli nei quali il dislivello tra la quota altimetrica inferiore e la superiore del territorio comunale non *è minore di 600 metri"*, sempre che il reddito imponibile medio per ettaro, censito, risultante dalla somma del reddito dominicale e del reddito agrario, determinati a norma del regio decreto-legge 4 aprile 1939, n. 589, convertito nella legge 29 giugno 1939, n. 976, maggiorati del coefficiente 12 ai sensi del decreto legislativo 12 maggio 1947, n. 356, non superi le lire 2400.

Il secondo comma dello stesso art. 3, L.1102/'71 ribadisce la definizione dei "territori montani", assegna il termine di un anno dalla pubblicazione e demanda alle Regioni la suddivisione del territorio regionale con i criteri di cui all'articolo 12 del D.P.R. 30 luglio 1957 nr 982, che a sua volta rimanda alla legge 637/1957.

Nella ripartizione approvata dalla Regione Calabria con Legge Regionale 29/1/1974 n. 4, i criteri previsti dalle leggi nazionali sono stati aggirati scientemente.

Gli Amministratori regionali statuirono che la Comunità

Montana Aspromonte Orientale comprendesse quindici Comuni, di cui solo nove rientranti nei parametri della legge nazionale, precisamente: Ferruzzano, Africo, Samo, Sant'Agata del Bianco, San Luca, Careri, Platì, Ciminà e Antonimina, nei quali paesi, il dislivello altimetrico tra la quota inferiore e quella superiore, effettivamente oltrepassa i 600 metri s.l.m. I rimanenti Comuni, il quaranta per cento, furono illegalmente classificati montani.

La violazione consapevole della Legge 1102/1971 si evince dal fatto che la perentorietà dei criteri d'identificazione dei "terreni montani" fu elusa aggiungendo nel dispositivo della legge regionale che la suddivisione del territorio era stata effettuata *"sulla base dei criteri di unità territoriale economica e sociale"* (art.1 L.R. n. 4/ 1974).

Diversamente, non sarebbe stato ampliato il territorio del nuovo Ente, includendovi i Comuni costieri, e classificando "montani" Bovalino e Ardore, entrambi situati sulla costa ionica, dalla battigia sino ad alcune decine di metri di altitudine. Africo, situato a ridosso del mare, mantiene l'autorità amministrativa su una vasta area montana, che l'ISTAT e l'Istituto Geografico Militare classificano *Isola Amministrativa,* un territorio de-antropizzato, ragguardevole dal punto di vista geofisico e ambientale, ma ininfluente nell'economia montana e irrilevante in termini demografici.

Bruzzano, Casignana e Sant'Ilario sullo Ionio, tutti confinanti con il mare, sono stati classificati montani, e così pure il Comune di Benestare, propaggine urbana autonoma di Bovalino.

Bovalino Marina - Hotel Orsa Sud, il palazzo acquistato quale sede della Comunità Montana "Aspromonte Orientale".

PROVINCIA DI
REGGIO
CALABRIA

COMUNITÀ
MONTANA 3

3

ASPROMONTE
ORIENTALE

N. d'ord.	COMUNE	Zona interna	Popolazione residente al 1971	Popolazione montana	Superficie territoriale Ha	Superficie comunità montane Ha	Superficie zona interna Ha
1	Africo	—	3.481	3.481	5.102	5.102	5.102
2	Antonomina	—	1.651	1.651	2.246	2.246	2.246
3	Ardore	—	5.200	730	3.269	732	—
4	Benestare	—	2.335	2.335	1.857	1.402	—
5	Bovalino	—	6.463	670	1.795	843	—
6	Bruzzano Zeffirio	—	3.119	320	2.088	1.440	—
7	Careri	—	2.679	2.679	3.821	3.821	3.821
8	Casignana	—	1.204	1.204	2.448	1.820	—
9	Ciminà	—	1.310	1.310	4.877	4.877	4.877
10	Ferruzzano	—	1.153	424	1.909	430	430
11	Platì	—	3.885	3.885	5.001	5.001	5.001
12	Samo	—	1.199	1.199	5.011	5.011	5.001
13	San Luca	—	4.300	4.300	10.410	10.410	10.410
14	S. Agata del Bianco	—	893	893	1.887	1.887	1.887
15	S. Ilario dello Jonio	—	1.866	—	1.376	157	—
	TOTALE	—	40.738	25.081	53.097	45.179	38.775
	TOTALE popolazione zone interne			21.026			

29

104

MALIZIE LINGUISTICHE A FAVORE
DEI COMUNI NON MONTANI

Nel documento qui riprodotto (Allegato pag. 104), si nota una malizia lessicale, laddove in alto alla penultima colonna, puntualizza *"Superficie Comunità montana"* anziché " Superficie montana", in analogia con la differenziazione tra "popolazione residente" e " popolazione montana". Un'ulteriore palese irregolarità si rileva dai dati statistici relativi al Comune di Sant'Ilario dello Ionio: la casella concernente la *popolazione montana* riporta "zero"; la colonna*"superficie zona interna Ha "* indica ettari zero; alla penultima colonna *"Superficie comunità montana Ha"*, contraddittoriamente, sono specificati*ettari 157*, pressappoco la superficie di un'azienda zootecnica padana di piccole dimensioni, ovvero l'estensione di un'azienda vitivinicola astigiana-piemontese. Nonostante tali macroscopiche irregolarità, il municipio suddetto ebbe maggiore peso politico e più rilevanti benefici economici del Comune di San Luca, il quale fu costretto a rinunciare alla gestione amministrativa del proprio territorio, vasto oltre 104 kmq, nel cui ambito risiedevano 4300 persone. L'Assessore Regionale agli Enti Locali, in accordo con i Consiglieri Regionali democristiani della Locride, tenuto conto del colore politico delle Amministrazioni comunali inserite nel nuovo Ente, in pratica, ne ha predeterminata la maggioranza politica.

Infatti, il comma 2 dell'art. 7 della Legge Regionale nr 4/ 1974 stabilì: *Ciascun comune è rappresentato dal sindaco nonché da un consigliere della maggioranza e da uno della minoranza eletti dal Consiglio comunale.* Nel nostro caso, quarantacinque consiglieri. Per governare il nuovo ente sarebbero bastati ventitré voti. E, dunque, nove comuni amministrati dalla Democrazia Cristiana erano sufficienti allo scopo. Il disegno di governare indefinitamente il nuovo Ente si realizzò appieno. Infatti, per oltre trentanni Presidente e Assessori di maggioranza, furono eletti dai rappresentanti dei Comuni amministrati dalla D. C. Beffarda incongruenza, la circostanza che, ininterrottamente, i Presidenti-Governatori provenissero da Bruzzano Zeffirio, Ardore, Casignana e, per un breve periodo, da Sant'Ilario dello Ionio; guarda caso, proprio i Comuni privi dei requisiti prescritti dalla Legge. Indecoroso!

Tuttavia, la decisione più scandalosa fu concordata nella prima assemblea consiliare, quando i delegati comunali statuirono di localizzare la sede del nuovo Ente a Bovalino, cioè all'esterno del perimetro montano. Un'indecente *conventio ad excludendum* anti San Luca che ha compromesso l'avvenire delle popolazioni collinari e montane dell'entroterra Aspromontano-Orientale.

Un macigno sul percorso tracciato con l'emanazione della Legge n 1102/71. Un ulteriore arbitrio. L'ennesima congiura ai danni di San Luca.

I CRITERI DI FINANZIAMENTO DELLE COMUNITA' MONTANE

L'uso improprio delle risorse finanziare è comprovato dal disposto dell'art. 24 della Legge regionale n. 4 del 29/01/1974, che si trascrive interamente:

Art. 24
(Ripartizione dei fondi e finanziamento dei programmi)
1. La Giunta regionale ripartisce tra le comunità i fondi assegnati alla Regione ai sensi della Legge 3 dicembre 1971, n. 1102, o altrimenti disponibili:
a) per 4/10 in proporzione alla superficie territoriale della comunità;
b) per 2/10 in proporzione della popolazione residente nel territorio della comunità, quale risulta dagli ultimi dati dell'ISTAT;

106

c) per 4/10 in relazione ai tassi di disoccupazione relativi al territorio della comunità e allo stato di dissesto idrogeologico.

2. Sulla base della ripartizione dei fondi di cui al comma precedente, la Giunta provvede a finanziare i programmi stralcio; il finanziamento è disposto contestualmente all'approvazione dei programmi.

In base ai suddetti criteri di "ripartizione dei fondi e finanziamento dei programmi", il Comune di San Luca contribuiva al bilancio finanziario della Comunità Montana in misura rilevante. Esattamente:

1°) superficie territoriale Ha 10.410, quindi il 26,85 % della zona interna (38,775 ha);

2°) 4.300 abitanti, pari al 20,45% della popolazione delle zone interne, eguale al 17.14% dei residenti in tutto il territorio della comunità (25.081 ab.). In sostanza, oltre un quarto del territorio, più di un quinto degli abitanti della comunità.

3°) riguardo al *comma c) dello stesso art. 24,* ossia al tasso di disoccupazione e allo stato di dissesto idrogeologico giova sottolineare che lo stesso Ente Regione Calabria, con Legge n 16 del 31 agosto 1973, e con successiva Deliberazione nr 1772 adottata dalla Giunta Regionale il 15/06/1974, aveva decretato il trasferimento del Centro storico.

Pertanto, per ciascun miliardo di entrate: quattrocento milioni derivavano dalle dimensioni fisiche territoriali; duecento milioni dagli abitanti; infine, quattrocento milioni dallo stato di dissesto idrogeologico e dal tasso di disoccupazione complessivo.

In proporzione al territorio, l'apporto finanziario di San Luca ammontava a 107.400.000, pari al 26.85%; in rapporto alla popolazione 39.820.000 di Lire; e analogamente, in relazione ai dissesti idrogeologici pari per lo meno al 35%, l'incidenza di quest'ultimo fattore ammontava a 140.000.000 di Lire, per ciascun miliardo assegnato alla Comunità Montana.

In effetti, un quarto delle entrate finanziare assegnate dalla Regione Calabria, in altre parole 247.220.000, ripetesi per ciascun miliardo, derivava dal rapporto matematico tra i requisiti normativi e la situazione territoriale, demografica, geofisica, economica e sociale di San Luca.

Qualora la delimitazione geografica fosse stata coerente con i criteri della Legge 1102/1971, gli introiti finanziari per conto del Comune di San Luca sarebbero stati superiori al cinquanta per cento. E, nel caso che la destinazione e l'uso dei fondi di bilancio fosse stato equo e giusto, l'entità delle uscite per l'attuazione di programmi finalizzati al "riequilibrio economico e sociale del comprensorio", sia pure nominativamente inferiore, sarebbe stata maggiore e, probabilmente, più efficace.

Tavola nr 18 - Comunità Montana
Dimensioni territoriali e popolazione dei Comuni
effettivamente montani

Comune	Territorio		Popolazione	
	Ettari	Percentuale	Abitanti	Percentuale
Antonimina	22.46	5.48	1.404	7.96
Africo	51.82	12.64	3.283	18.52
Caraffa del Bianco	4.56	1.11	560	1.11
Careri	61.80	15.07	2.363	13.37
Ciminà	46.21+	11.26	604	3.37
Platì	50.01	12.20	3.763	20.96
Samo	50.11	12.24	950	5.29
San Luca	104.10	25.40	4.077	23.07
Sant'Agata del Bianco	18.87	4.60	673	3.75
TOTALE	**409.94**	**100.00**	**17.677**	**99.00**

USO IMPROPRIO DELLE RISORSE FINANZIARIE

Erano prevedibili, quindi, nuove distorsioni normative e irregolarità finanziarie. La vicenda "Orsa Sud" ne è dimostrazione.

L'acquisto di un grande edificio – l'*Hotel Orsa Sud* – quale sede dell'Ente, acquisizione palesemente illegittima, si è rivelato catastrofico, esiziale. Costruito anni prima con finanziamenti statali destinati al turismo, lo stabile in questione ha assorbito gran parte del bilancio finanziario, anche successivo, sia per il prezzo di acquisto (oltre un miliardo e seicento milioni di Lire), sia per le spese di manutenzione, ininterrotte sino al suo non recente abbandono per inagibilità. E, dunque, atto amministrativo illegittimo, occasione di indagini giudiziarie, figlio del connubio tra le ambizioni politiche del presidente pro-tempore con le difficoltà finanziarie dei proprietari dello stabile.

La deliberazione di acquisto era chiaramente illegittima, perché l'albergo oggetto della transazione era stato costruito nell'ambito d'iniziative imprenditoriali turistiche agevolate, per cui, il finanziamento del progetto era stato subordinato alla prosecuzione dell'attività alberghiera per un ventennio.

La clausola in questione, rilevata da un membro di minoranza della Giunta, fu aggirata con il coinvolgimento di alcuni sindacalisti e con l'approvazione di alcuni uffici provinciali statali, i quali concordarono una perizia pseudo-tecnica, con la quale si sosteneva che il ricavato della vendita dell'immobile sarebbe stato utilizzato per evitare la chiusura di una fabbrica di parquet di ulivo, di cui il medesimo albergatore era socio. Un grossolano espediente per aggirare l'ostacolo degli impegni ventennali assunti prima. In sostanza, un imbroglio, un mostro giuridico, un by-pass di risorse finanziarie statali fra diversi Enti territoriali amministrativi e due specifici, separati settori economici: Turismo e Industria. L'acquisto dell'edificio-albergo snaturò le funzioni istituzionali del nuovo Ente, e ne condizionò l'attività futura.

Ad esempio, non si tenne conto dell'opportunità di realizzare due lotti stradali, che avrebbero collegato la Strada Statale 112, all'altezza di Natile di Careri, con la Strada Provinciale Bovalino-San Luca, e con la Provinciale Bianco-Samo-Casignana-Caraffa-Sant'Agata del Bianco. In tal caso, sarebbe stata impiantata un'arteria stradale pedemontana rivoluzionaria, valorizzata la rete viaria provinciale, messo fine al secolare isolamento delle popolazioni interne e infine, reso capillare, tempestivo, efficace e preventivo il controllo del territorio da parte dello Stato. Per collegare direttamente tutto il territorio interno "montano", sarebbe stato sufficiente realizzare circa venti chilometri di strade rurali interpoderali, esattamente due tronchi: *"Natile di Careri-San Luca (Località Vorea)"* e *"Matochi di Casignana - Casignana"*, quest'ultima tratta fu in seguito realizzata dal Comune di Casignana. La nuova arteria avrebbe bypassato la rete viaria provinciale, e accorciato notevolmente le distanze tra tutti i paesi interni "montani e depressi": Ciminà, Cirella di Platì, Natile di Careri, Careri, San Luca, Casignana, Samo, Caraffa e Sant'Agata del Bianco.

SPERPERO E DISTRAZIONE DELLE RISORSE FINANZIARIE

L'inserimento forzato nel nuovo Ente di alcuni Comuni privi dei requisiti necessari causò danni enormi alle popolazioni dell'entroterra. Le cospicue risorse finanziarie, di anno in anno assegnate alla Comunità, furono "distratte", cioè impropriamente utilizzate nei Comuni costieri in modo contrario e antitetico al riequilibrio economico-sociale e allo sviluppo dei territori svantaggiati, destinatari degli artt. 44, ultimo comma, e 129 della Carta.

Emblema dello spreco, simbolo del dispregio della Legge n. 1102/1971 rimane ancora l'Hotel Orsa Sud, il mastodontico palazzo ex-sede amministrativa oramai inutilizzabile, unitamente al

Centro polisportivo costruito nel Comune di Ardore. Anch'esso vicino al mare. "A pochi passi dalla battigia". Tenuto conto dei prezzari regionali, i soldi sperperati nell'acquisto del palazzone, e, in seguito, per tamponare senza pause ed inutilmente il degrado dello stesso edificio, sarebbero bastati per realizzare una vasta rete stradale interpoderale e rendere accessibili ai mezzi meccanici diverse migliaia di ettari di terre incolte.

MANCATA VERIFICA DI LEGITTIMITA' DEGLI ATTI AMMINISTRATIVI

Nella fattispecie, è mancato il controllo di legittimità degli atti amministrativi relativi alla transazione immobiliare.

Spesso, ci soffermiamo sui risvolti scandalistici dell'attività politica e amministrativa, sovente si preferisce inchiodare l'attenzione dell'opinione pubblica su questioni attinenti la moralità dei singoli. Viceversa, si tralascia il controllo di legittimità degli Atti amministrativi, fondamentale ai fini della difesa dell'etica pubblica, del sistema democratico e della coesione sociale.

L'operazione acquisto Hotel Orsa Sud rientrò in una situazione di scostamento sistematico dalla legge, che aveva preso avvio sin dalla configurazione territoriale della Comunità statuita dal Consiglio Regionale in contrasto con la Legge 1102/1971 e, quindi, in opposizione al dettato della Carta Costituzionale. L'itinerario amministrativo del nuovo Ente fu tracciato all'atto della delimitazione geografica. Inevitabile, quindi, che si proseguisse a sfavore delle popolazioni "svantaggiate", e contro le esigenze del territorio collinare e montano. I partiti politici di opposizione non hanno intrapreso alcuna efficace iniziativa contraria, né mai l'Autorità giudiziaria se ne interessò, nonostante la macroscopica dichiarata, ed implicitamente confessata, violazione della Legge 1102/ 1971, e della Carta Costituzionale.

L'OCCUPAZIONE GIOVANILE. LEGGE 285/'77

In quegli anni, la disoccupazione giovanile raggiunse livelli allarmanti, ovunque. L'estremismo ideologico delle Brigate Rosse e delle frange terroristiche extraparlamentari, trovò consensi dappertutto: nelle fabbriche, nelle periferie sociali, nelle Università, tra gli intellettuali, negli ambienti della stampa, e tra ceti sociali e politici insospettati.

Il caso Moro, la vicenda Donat Cattin, la scomparsa dell'editore Giangiacomo Feltrinelli, l'assassino di Walter Tobagi, gli attentati a magistrati e sindacalisti spaventarono l'establishment politico, economico e giudiziario.

Tra le cause più rilevanti del terrorismo c'era il disagio giovanile, per cui, per contrastarlo, fu necessario ridurre la disoccupazione, terreno di coltura della protesta sociale violenta. Per combattere la propaganda ideologica brigatista, il Parlamento adottò vari provvedimenti straordinari, tra cui la Legge nr 285 del 1° giugno 1977, con la quale il Governo favorì l'inserimento nel mondo del lavoro dei giovani di età quindici/ventinove anni. Un progetto necessario, ma affrettato. In effetti, con quel provvedimento fu ingigantito e burocratizzato il settore del pubblico impiego, con scarsi risultati sul terreno della produttività e dell'efficienza degli uffici pubblici. La legge 285, purtroppo, è sinonimo d'impiegato pubblico improduttivo. E' noto.

Per quanto concerne la Comunità Montana Aspromonte Orientale, il discorso sulla"due, otto, cinque", come usa dire, riguarda l'enorme spreco di risorse umane e finanziarie, l'offesa alla dignità del concetto "lavoro", l'umiliazione degli stessi impiegati - in apparenza agevolati - e l'azzeramento oggettivo delle potenzialità di sviluppo socio-economico del territorio.

Ecco la prova documentale delle straordinarie possibilità di lavoro e sviluppo, in particolare agricolo e forestale, prospettate in quella legge, di cui trascriviamo gli artt. 1 e 18.

Art. 1:

Allo scopo di:

1) incentivare l'impiego straordinario di giovani in attività agricole, artigiane, commerciali, industriali e di servizio, svolte da imprese individuali o associate, cooperative e loro consorzi ed enti pubblici economici;

2) finanziare programmi regionali di lavoro produttivo per opere e servizi socialmente utili con particolare riferimento al settore agricolo e programmi di servizi e opere predisposti dalle amministrazioni;

3) incoraggiare l'accesso dei giovani alla coltivazione della terra;

4) realizzare piani di formazione professionale finalizzati alle prospettive generali di sviluppo, per il 1977 e per i successivi tre anni è stanziata la complessiva somma di lire 1.060 miliardi da erogare secondo quanto disposto dall'art. 29.

L'art. 18 prescriveva:

Le regioni assumono iniziative dirette a favorire nel settore agricolo la promozione e l'incremento della cooperazione a prevalente presenza dei giovani:

a) per la messa a coltura di terre incolte ai sensi della vigente legislazione;

b) per la trasformazione di terreni demaniali o patrimoniali a tal fine concessi dai comuni, dalle Comunità montane e dalle regioni;

c) per la trasformazione dei prodotti agricoli;

d) per la gestione di servivi tecnici per l'agricoltura.

Le finalità della L. 285/77 si attagliavano perfettamente alla situazione agraria e demografica dei Comuni interni. Contestualmente, a favore dell'incremento dell'occupazione giovanile, fu rafforzata la Cassa per il Mezzogiorno, e istituito un nuovo Ente pubblico, il Formez.

Nel triennio 1977-1979, periodo di operatività della Legge in questione, furono assunti dalla Comunità Aspromonte Orientale circa 300 giovani, quasi tutti diplomati e laureati. Infatti, oltre settanta corsisti 'Formez' provenivano dalle liste speciali di collocamento di Africo, un numero pressappoco uguale da Ardore e, via via decrescendo, dagli Uffici del Lavoro dei rimanenti Comuni. Gli amministratori, di fatto, avevano deciso di escludere tutti i giovani privi di diploma. I più disagiati. I poveri.

I dati statistici ISTAT (XI Censimento della popolazione) relativi al grado di scolarizzazione generale, mostrano il divario esistente tra i paesi costieri e quelli collinari interni. (vedi Cap. Analfabetismo e Istruzione)

Data la distanza da Locri e Siderno, comuni dotati di Scuole Statali di Secondo Grado, i ragazzi residenti nei paesi interni, completata la Scuola Media, abbandonarono gli studi per difficoltà economiche familiari. Tranne gli africesi in quanto in loco era stata istituita una Scuola Magistrale privata "parificata". I ragazzi residenti in San Luca, ammessi a frequentare i Corsi di formazione ex Legge 285/1977 e FORMEZ, furono pochissimi, appena sette, nonostante il peso demografico, economico-sociale e territoriale del paese. Visti i titoli di studio richiesti per l'assunzione in servizio, non poteva accadere diversamente. Fu avvantaggiato il lavoro impiegatizio.

I progetti presentati alla Regione, formalmente, erano coerenti con i criteri dettati dalla Legge 285/1977. In effetti, però, vi si discostarono giacché non tennero conto della disoccupazione bracciantile nei vari municipi, né della situazione agro-zootecnica, tantomeno delle priorità indicate in tre dei quattro commi dell'art. 1, cioè:

a) la messa a coltura di terre incolte;
b) la trasformazione di terreni demaniali o patrimoniali;
c) la trasformazione dei prodotti agricoli.

Fu ignorato lo scopo prioritario della legge 285/77: creare condizioni idonee allo sviluppo dell'agricoltura attraverso la realizzazione di aziende, cui affidare i terreni abbandonati incolti; attivare uffici e assumere personale tecnico-amministrativo, in proporzione ai braccianti utilizzati e in coerenza con le esigenze degli imprenditori vecchi e nuovi. Gli Amministratori pensarono di costruire l'edificio incominciando dal tetto anziché dalle fondamenta, cioè rinunciarono alla possibilità concreta di costruire una rete di aziende agro-zootecniche e commerciali. Preferirono assumere personale impiegatizio destinato a oziare in ufficio e a bivaccare nelle adiacenze della sede amministrativa. Al cospetto del Mare Jonio.

Ancora una volta, dunque, i dirigenti politici si discostarono dalla legge. Sprecarono le possibilità di sviluppo offerte dal Governo centrale. Ba-darono ai nominati inseriti nelle liste di collocamento, anziché alle statistiche sulla disoccupazione giovanile e alle condizioni di grave arretratezza del settore agricolo comprensoriale-montano.

Eppure, c'erano migliaia e migliaia di ettari demaniali e comunali incolti, e, insieme, altrettante migliaia di disoccupati giovanissimi!

ESCLUSIONE TARDIVA DEI COMUNI NON MONTANI

Con l'approvazione della Legge regionale n 4 del 19 marzo 1999, modificata e integrata con LL. RR. n. 7/2001, n 11/ 2005, n. 20/2008, i confini territoriali dell'Ente sono stati ridisegnati in coerenza con i criteri della legge 1102/1971. Infatti, sono stati esclusi sei Comuni: Bovalino, Ardore, Sant'Ilario Jonio, Benestare, Casignana e Bruzzano Zeffirio. Proprio quelli, a suo tempo, nel 1974, arbitrariamente classificati montani. Troppo tardi!

* * *

PARCO NAZIONALE DELL'ASPROMONTE GENESI E NASCITA

L'Ente Parco Nazionale dell'Aspromonte, istituito con Decreto del Presidente della Repubblica del 14/01/1994, (Gazzetta Ufficiale nr 73 del 29 marzo 1994) ricade interamente nel territorio della provincia di Reggio Calabria. E' il più importante Ente giuridico pubblico, dopo la Provincia. In precedenza, (Legge 28 agosto 1989, nr 305) era stata approvata la *" disciplina provvisoria ...... della gestione " di alcuni nuovi parchi naturalistici*, tra cui quello dell'Aspromonte, menzionato singolarmente, cioè separato dal Parco Nazionale della Calabria.

Quest'ultimo, ideato sin dagli inizi del secolo scorso, riproposto reiteratamente negli anni Cinquanta, fu istituito nel 1968, (Legge 2 aprile 1968, nr 503). Nella Sezione Meridionale "Aspromonte" furono inclusi 3897 ettari, ricadenti nei comuni di Africo, Roccaforte del Greco, Samo e San Luca.

Oggi, 2984 ettari di quell'area, in pratica i boschi demaniali della vecchia Sezione meridionale (2984 ettari), costituiscono la Foresta Demaniale Alto Aspromonte", comunemente indicata "vallata Ferraina". La quale, sebbene inglobata nel perimetro del

Parco dell'Aspromonte, non rientra nelle competenze amministrative del nuovo Ente. In Ferraina, sopravvivono la millenaria Quercia Farneto, dichiarata relitto nazionale, e varie rarità faunistiche in via di estinzione, tra cui l'Aquila di Bonelli. Recentemente, alcuni ricercatori dell'Università di Reggio Calabria hanno scoperto tre esemplari di *Quercia Farneto* risalenti all'epoca successiva all'ultima glaciazione.

Il perimetro del Parco fu modificato con D.P.R. 2008, pubblicato sulla Gazzetta Ufficiale nr 231 del 2 ottobre 2008. Contestualmente fu ratificato il "Piano del Parco", in vigore dal 29 gennaio 2009, (G.U. nr 22, Supplemento nr 15). Un programma che è un corposo editto di 576 pagine, una Bibbia sull'ambiente fisico-geologico-botanico, una pesante Tavola dei Comandamenti ecologistici; infine e sopratutto, un Codice normativo inapplicabile, stanti i retaggi antropologici, le difficoltà operative e gli impedimenti logistici, di cui non si è tenuto conto nella perimetrazione territoriale e nella scelta dell'ubicazione della sede amministrativa.

Nella seconda metà degli anni '80, causa l'esplosione del fenomeno sequestri, l'Aspromonte divenne sinonimo di barbarie. Considerato il pregio eco-ambientale del versante orientale, la circostanza che molti sequestrati erano stati tenuti in ostaggio negli anfratti più impervi della montagna calabrese, si pensò di intervenire con iniziative capaci di incrementare la presenza umana nelle zone montane e promuovere lo sviluppo economico e sociale mediante un nuovo Ente politico-amministrativo a salvaguardia ambientale e tutela dell'ordine pubblico.

Il progetto Parco suscitò entusiasmo nei movimenti "verdi"; creò grandi aspettative di progresso; suscitò timori in alcune popolazioni collinari e montane; allarmò le associazioni venatorie; ed inquietò *l'onorata società* reggina. Vi furono molte polemiche, in particolare da parte delle associazioni venatorie. Dopo una lunga fase di elaborazione, protrattasi per diversi anni, il progetto originario risultò stravolto. Anziché un organismo snello e agile, nacque un colosso territoriale intricato; l'ennesimo carrozzone politico; un mostruoso accorpamento geofisico e antropologico, eccessivamente vasto e composito; un'associazione di Municipi ingestibile, stanti l'ubicazione della sede amministrativa e l'assenza di strade interne percorribili anche d'inverno. In sostanza, un capestro burocratico, antitetico alle necessità e alle tradizioni delle popolazioni interessate; oggettivamente inadeguato rispetto all'esigenza di promuovere lo sviluppo economico-sociale, agevolare e salvaguardare la legalità. In pratica, un'Istituzione fuori luogo, considerata la situazione demografica interna al Parco, e complessiva della Calabria, entrambi privi di città o zone sovraffollate.

Nacque un Ente contrario all'ideazione originaria, incompatibile con la storia, con la cultura e con le varie e differenti tradizioni delle diverse comunità che vi fanno parte.

DISOMOGENEITA' ANTROPOLOGICA DELLE COMUNITA' DEL PARCO

Il territorio del Parco è molto vasto rispetto alle dimensioni territoriali e alla densità di popolazione dell'intera Calabria, e, dal punto di vista antropologico, disomogeneo riguardo alle comunità che ne fanno parte.

Normalmente, l'aumento o, viceversa, il decremento demografico sono indici fondamentali del successo, o del fallimento, delle iniziative sociali di vasta portata, quale, nel nostro caso, il progetto "Parco dell'Aspromonte".

Esaminiamo, dunque, l'andamento demografico nel territorio e nei singoli paesi, a partire dall'epoca della sua ideazione (anno 1982), alla data dell'emanazione della Legge istitutiva (1991), e, infine ad ottobre 2011, cioè lungo il trentennio di gestazione, nascita e vita del nuovo Ente giuridico territoriale.

A tal fine, abbiamo elaborato alcuni prospetti statistici uti-

118

lizzando gli archivi ISTAT. Data l'eterogeneità complessiva, i Comuni del Parco sono stati segmentati (sei gruppi, sei aree) in base alle caratteristiche peculiari di ciascuna aggregazione: contiguità geografica, comunanza storico-culturale, unicità e singolarità dei paesi grecanici minoranza linguistica nazionale.

I Comuni del versante ionico, in totale venti (20), sono stati ripartiti in quattro aree; la quinta zona include Reggio Calabria e Santo Stefano d'Aspromonte, sede amministrativa dell'Ente Parco, la Sesta Zona comprende dodici (12) Comuni del versante tirrenico. I Comuni teatro dei sequestri, sono stati accorpati in un unico raggruppamento, definito "Zona Problema".

L'area tirrenica, un terzo dei Comuni del Parco, è omogenea sia sotto l'aspetto antropologico, sia eco-ambientale. Nel versante tirrenico, il territorio vincolato misura 18.158 ettari, meno di un quarto del totale; il 23.12%, poco più del doppio della superficie ceduta dal Comune di San Luca. Un'assurdità. "*Uno scippo devastante.*[43]

L'estromissione sistematica (eccettuati brevi periodi) di San Luca dalla gestione dell'Ente Parco, compreso il coinvolgimento diretto e costante di suoi rappresentanti nell'elaborazione di programmi e progetti finanziabili con fondi del bilancio statale e con le ragguardevoli risorse messe a disposizione dall'Europa, ne pregiudicò lo sviluppo. Ovviamente, la vicenda non poteva avere esito diverso, tenuto conto del *campanilismo,*ormai atavico, e del peso politico-amministrativo dei dodici Comuni della zona tirrenica, e considerato il prestigio politico della Città di Reggio Calabria, a prescindere dai Partiti politici via via maggioranza parlamentare nazionale e regionale.

---

43 Ing. Francesco Pelle, Sindaco di San Luca: Il Parco Nazionale dell'Aspromonte, pag 130, Ed. Jason, Reggio Cal., febbraio 1999.

Tavola nr 19/Parco Nazionale
ENTE PARCO NAZIONALE: SUDDIVISIONE DEL TERRITORIO
IN ZONE OMOGENEE
ZONA - DENOMINAZIONE

	Area Problema	Area contigua	Area Grecanica	Area dello Stretto	Area Tirrenica	Area Nord Locride
	1	2	3	4	5	6
1	Ciminà	Sant'Agata	Bova	Reggio C *	Cinquefrondi	Canolo
2	Platì	Samo	Roccaforte	Cardeto	Cittanova	Mammola
3	Careri	Bruzzano*	Roghudi*	San Roberto	Cosoleto	Gerace
4	San Luca	Staiti	Condofuri*	S.Stefano d'Asp.	Delianuova	Antonimina
5	Africo*	Palizzi*	S. Lorenzo	Scilla	Molochio	
6			Bagaladi		Oppido M.	
7					S.Giorgio Morgeto	
8					Sant'Eufemia Aspr.	
9					S. Cristina d'Aspr.	
10					Scido	
11					Sinopoli	
12					Varapodio	
Tot	5	5	6	5	12	4

Note: * Comuni parzialmente costieri. La popolazione risiede a ridosso del mare, per cui non dovrebbe essere compresa tra gli abitanti del territorio del Parco Nazionale dell'Aspromonte.
(a) Ripartizione territoriale effettuata dall'autore.

ANDAMENTO DEMOGRAFICO NEL TERRITORIO DEL PARCO

La popolazione è diminuita ovunque, in misura maggiore nel periodo successivo alla creazione del Parco. Infatti, mentre nel periodo 1982-1993 il decremento era stato di 5079 unità, nel secondo periodo 1994/2011 gli abitanti sono diminuiti di 11.284 unità. Nel trentennio 1982/2011 la popolazione si è ridotta notevolmente: 17163 ab. (meno 15,75%), cioè una perdita media annuale di 545 abitanti. Escludendo gli immigrati stranieri (2713 unità) registrati alla data del XVI Censimento (ottobre 2011), il decremento ammonta a 19.876 abitanti, pari al 18,24%, quasi un quinto dei presenti nel 1982. Il decremento minore si è verificato nell' "Area problema" (meno 6.39%), dove l'indice di natalità è stato alto, in particolare nel Comune di San Luca.

Da ottobre 1971 (Censimento), quando gli abitanti erano 121.689, il decremento complessivo è stato pari a 29.893 soggetti (24,56%). La riduzione maggiore, un collasso demografico, si è verificata nella Zona grecanica (26,75%) e nei Comuni interposti tra la stessa area grecanica e l'"Area problema" (28,04%).

L'entità grave della flessione emerge dalla ripartizione della popolazione per classi di età. Questa suddivisione mette in luce: la diminuzione della natalità; la riduzione della popolazione scolastica, i giovani in attesa di occupazione (20/29 anni); le persone teoricamente attive (30/59 anni); infine, l'ampliamento delle classi anziane. Le fasce giovani sono diminuite di circa un terzo (dal 49.80%, al 34.40%), mentre, viceversa, gli anziani sono aumentati dal 18.3% al 26.7%. L'involuzione demografica complessiva, lo spopolamento montano, sommati all'emigrazione, dimostrano che gli obiettivi originari sono stati falliti. Tutti. Le aree interne, montane e collinari, non sono state risanate. Al contrario, paradossalmente, la 'ndrangheta si è rafforzata ovunque.

Tavola nr.20/ Parco Nazionale

Comuni inclusi nell'Ente Parco: Territorio e popolazione					Superficie in Ha		Popolaz. dal 1984 al 2013		
Area Problema	Contigui Area Prob. grecanica	Area dello Stretto	Area Tirrenica	Area Nord Locride	Comunale Ha.	Parco Ha.	Anno 1982	Anno 1994	Anno 2011
Ciminà					4877	4225	895	795	595
Platì					5001	3240	3740	3829	3711
Careri					3832	1805	2420	2553	2410
San Luca					10410	8929	4373	4404	4044
Africo					5102	5100	3496	3218	3210
	Sant'Agata				1887	582	747	705	679
	Samo				5011	4147	1106	1173	871
	Bruzzano Z					24 (?)	1902	1765	1211
	Staiti				1595	284	651	479	279
	Palizzi				5226	49	3011	3032	2297
	Bova				4674	3437	1086	543	461
	Roccaforte				5403	5400	1122	1049	5500
	Roghudi				3649	3650	1800	1469	1172
	Condofuri				5853	2387	5328	5422	5074
	S.Lorenzo				6417	2429	4253	3818	2685
	Bagaladi				3081	2094	1462	1349	1082
				Canolo	2822	2820	1220	1076	801
				Mammola	8056	2429	4549	3949	2971
				Gerace	2857	2239	3057	3022	2772
				Antonimina	2246	1189	1438	1501	1361

Tavola nr.20/1 - Parco Nazionale

Comuni inclusi nell'Ente Parco: Territorio e popolazione						Superficie in Ha		Popolaz. dal 1984 al 2013		
Area Problema	Contigui Area Prob.	Area grecanica	Area dello Stretto	Area Tirrenica	Area Nord Locride	Comunale Ha.	Parco Ha.	Anno 1982	Anno 1994	Anno 2011
			Reggio C.			**23602**	**2576**	**-1**	**-1**	**-1**
			Cardeto			3630	456	3162	2717	1822
			S Roberto			3431	65	2605	2525	1833
			S Stefano			**1770**	**406**	**1772**	**1451**	**1247**
				Scilla			335	5562	5514	5115
				Cinquefrondi		3983	1573	6454	6553	6492
				Cittanova		6182	1735	11033	10572	10344
				Cosoleto		3383	1351	1315	1088	916
				Delianova		2104	1596	3655	3699	3436
				Molochio		5732	2022	3168	3024	3869
				Oppido Mam		5855	2090	6493	6096	5406
				San Giorgio		3505	2546	4006	3695	3158
				Sant'Eufemia		3292	735	4181	4134	4053
				Santa Cristina		2306	1531	1225	1155	1017
				Scido		1767	1212	1212	1147	976
				Sinopoli		2578	863	2415	2513	2154
				Varapodio		2904	904	3055	2454	2223
Totale						**78544**	**108059**	**103180**	**91796**	

Note:- La popolazione di Reggio Calabria viene esclusa in quanto storicamente ha poca attinenza con il territorio aspromontano.

- I dati inerenti San Luca, il Comune maggior contribuente del Parco, Santo Stefano d'Aspromonte, sede dell'Ente Parco, e Reggio Calabria, sono indicati in grassetto.

123

Tavola nr 21/ Parco Nazionale
ENTE PARCO NAZIONALE DELL'ASPROMONTE ANDAMENTO DEMOGRAFICO DAL 1982 AL 2011

	Area	Comuni Nr.	Anno 1982	Anno 1994	Anno 2011	Diminu- zione Nr.	Decre- mento %
1	Zona Problema	5	14.924	14.399	13.970	-954	6.39 %
2	Zona contigua "Area problema"	6	7.417	7.154	5.337	-2.080	28.04 %
3	Zona grecanica	5	15.051	13.650	11.024	-4.027	26.75%
4	Zona versante Ionico Nord Locride	4	10264	9.540	7.905	-2.359	22.98 %
5	Zona dello Stretto	5	13.091	12.207	10.016	-3.075	23.48 %
6	Zona versante Tirrenico	12	48.212	46.130	43.544	-4.668	9.68 %
	Totale	**37**	**108.959**	**103.080**	**91.796**	**-17.163**	**15.75 %**

Tavola nr.23 / Parco Naz.le
Variazioni demografiche dal 1971 al 2011 complessive, distinte per classi di età particolari.

Classe età	Censimento 1971	Censimento 1911
Zero/29 anni	60661	30448
30/59 anni	38874	34257
60 e più anni	22335	23643
Totale	121870	88348

124

Tavola nr. 22/ Parco Nazionale

VARIAZIONI DELLA POPOLAZIONE DAL 1971 AL 2011, PER ZONA GEOGRAFICA E PER CLASSI DI ETA'

| | | Censimento 1971 | | | | | | Censimento 2011 | | | | | | | |
| | | Classi di età | | | | | | Classi di età | | | | | | Stra-nieri | Tot. Gener. |
		0-9	10/19	20-29	30-59	Oltre	Totale	0-9	10/19	20-29	30-59	Oltre	Totale		
I Zona	Nr	3087	3454	2148	4602	2545	15655	1723	1874	2114	5242	2962	13865	105	13970
	%	19.7	22.1	13.5	29.4	16.2		12.4	13.5	15.2	37.8	21.4		0.75	
II Zona	Nr	1242	1470	1521	3263	1992	9488	318	562	605	1911	1917	5213	124	5337
	%	13.1	15.5	16.0	34.4	23.0		6.0%	10.8	11.6	36.6	36.8		2.3	
III Zona	Nr	2764	2884	2282	5554	2953	16437	743	1026	1271	4114	3229	10383	641	11024
	%	16.8	17.5	13.9	33.8	18.0		7.1%	9.8%	12.1	40.0	31.0		5.8	
IV Zona	Nr	2063	2388	1571	4137	2686	12845	637	858	1066	3115	2108	7784	121	7905
	%	16.1	18.6	12.1	32.1	20.1		8.1	11	13.7	40	27.1		1.5	
V Zona	Nr	2437	2489	1857	4582	2658	14023	816	970	1282	3766	2925	9759	248	10007
	%	17.4	17.7	13.2	32.6	19		8.4	9.9	13.1	38.6	30		2.5	
V Zona	Nr	10025	10177	6802	16736	9501	53241	4053	5118	5462	16209	10502	41344	1474	42818
	%	18.8	19.1	12.8	3	17.8		9	12.4	18.2	39.2	25.4		3.4	
Totale Parco	nr	21618	22862	16181	38874	22335	121870	8290	10358	11800	34257	23643	88348	2713	91061
	%	17,8	18,8	13,3	31,8	18,3		9,1	11,4	12,9	37,6	26	97	3	

125

LA SEDE DELL'ENTE PARCO

La sede amministrativa dell'Ente Parco è situata a Gambarie. L'esiguità del territorio di Santo Stefano d'Aspromonte assegnato all'Ente Parco (496 ettari, 0,65 % del totale) non giustifica la decisione di ubicarvela. Parimenti, la vicinanza chilometrica con la Città di Reggio Calabria non convalida il predominio politico del capoluogo nella gestione dell'Ente Parco. Qualora l'individuazione della sede fosse scaturita da valutazioni oggettive ed eque della dislocazione geografica del Parco, della centralità di San Luca, delle dimensioni del territorio comunale vincolato, del malessere e del degrado sociale dell'odiato Comune aspromontano, sarebbe stato conseguente, ovvio, *lapalissiano*, designare Polsi, sede naturale, storica e simbolica dell'Aspromonte.

L'abitato di Polsi, ubicato a 700 metri di altitudine, nucleo abitativo montano epicentro non soltanto dal punto di vista geografico, sarebbe stato il più idoneo anche sotto l'aspetto logistico. Infatti, vi erano già allora diversi fabbricati di proprietà pubblica statale e comunale. Tra questi, alcuni, incluso il fabbricato ex sede della Caserma carabinieri, ristrutturati con finanziamenti statali, regionali e comunitari, sono stati al centro della cronaca giudiziaria recente. L'ubicazione della sede amministrativa, l'apertura della Stazione Guardia Forestale, con il ripristino in loco della Stazione Carabinieri, avrebbero reso costante ed efficace il controllo del territorio. Sarebbe caduta sul nascere la mitizzazione della mafia reggina, e scongiurata la dissacrazione e l'identificazione del sito polsiano quale sede stabile della 'ndrangheta.

Prevalsero i campanilismi, la faziosità, il pregiudizio interessato. Vinse l'ostracismo contro San Luca. Come si spiega il fatto che il Comune centrale, più vasto e problematico, non abbia un proprio rappresentante negli Organi direttivi dell'Ente Parco?

Nessun impiegato nell'organico dei dipendenti? La Guardia Forestale dello Stato, dopo oltre settanta anni d'ininterrotta permanenza, sia stata trasferita da San Luca a Sant'Agata del Bianco?

Il Corpo Guardia Forestale è simbolo dello Stato, e, insieme, l'Organo più qualificato in materia di custodia della montagna, di tutela delle foreste e di salvaguardia eco-ambientale. Eppure, le Guardie forestali sono state traslocate da San Luca a Sant'Agata del Bianco. Si dice, per morosità, per mancanza di disponibilità finanziarie, (duecento/trecento Euro mensili), per l'impossibilità di reperire gratis un fabbricato di proprietà comunale.

La vicenda "Stazione Forestale di San Luca" è emblematica. Anche qualora l'Ente Parco, dal punto di vista giuridico, non dovesse esserne competente e responsabile; o nel frattempo la Caserma Guardia Forestale fosse stata di nuovo trasferita nel territorio di San Luca.

In ogni caso, la vicenda Stazione Guardia Forestale è significativa.

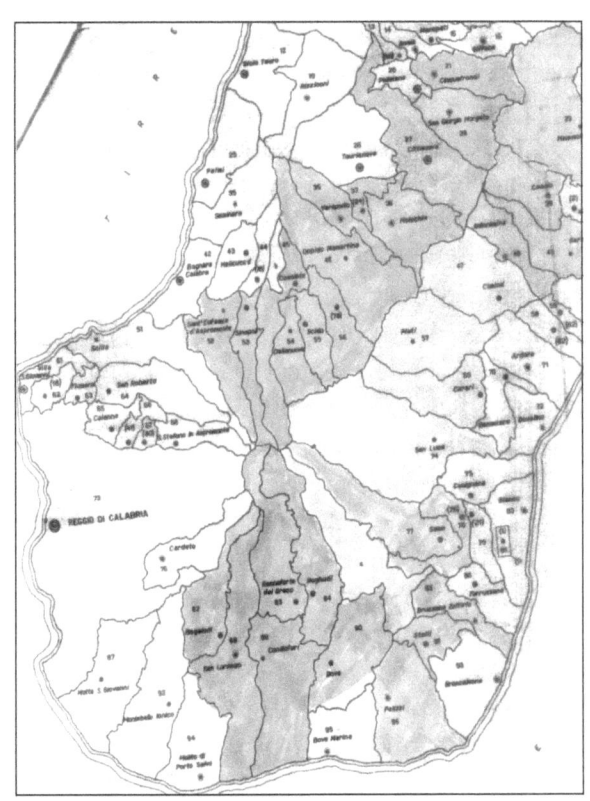

L'UNITA' SANITARIA LOCALE DI LOCRI
I SERVIZI MEDICO-SANITARI

L'assistenza sanitaria gratuita universale, cioè garantita a tutti i cittadini italiani, fu effettiva dopo l'approvazione della Legge 21/12/1978, nr 833, istitutiva del Servizio Sanitario Nazionale (S.S.N.). Il Parlamento nazionale statuì il decentramento delle competenze in materia sanitaria, demandò alle Regioni la suddivisione del territorio regionale in Unità Sanitarie Locali (UU.SS.LL.) prevedendo nell'ambito delle stesse USL, una struttura innovativa importante: il Servizio di Guardia Medica, laddove le Regioni d'intesa con le UU.SS.LL. lo ritenessero necessario. Precedentemente, fino al 1956/'57, l'assistenza medica era affidata al medico condotto, coadiuvato dall'ostetrica comunale, cui l'I.N.A.M. aggregò un secondo medico.

In Calabria, le postazioni di "guardia" medica furono istituite con Deliberazione regionale n. 2208 del 23/06/1979. Il Comune di San Luca fu escluso, nonostante la vastità del territorio (104 kmq) e malgrado seicento abitanti anziani e circa milletrecento bambini in età pediatrica. Fu aggregato alla Guardia Medica di Bovalino, dove furono localizzate due postazioni. Considerata la psicosi generale creatasi in seguito ai sequestri di persona, i *pazienti* di San Luca raramente beneficiarono del servizio notturno. I medici in servizio, per evitare di recarsi a San Luca, quando richiesti telefonicamente asserivano di essere impegnati oppure che erano privi di automobile. Nel Comune di San Luca il servizio di 'Guardia medica notturna' fu istituito successivamente con Deliberazione Regionale del 1° Febbraio 1982.

Al Comune di S. Luca non è mai stato assegnato: un Distretto Sanitario; un ufficio amministrativo, un ambulatorio specialistico, tranne un Consultorio O.N.M.I. (Opera Nazionale Maternità e Infanzia) temporaneo. Ovviamente, con aggravio di costi e maggiori disagi a carico degli ammalati.

SITUAZIONE IGIENICO-SANITARIA

Le condizioni igienico-sanitarie del paese furono fotografate dall'ISTAT nel 1971.

La quantità delle abitazioni non collegate alla rete idrica comunale, sfornite di acqua, prive di elettricità e servizi igienici, raffigura le carenze igieniche antecedenti. Negli anni 1964-1965 la Cassa per il Mezzogiorno, che aveva realizzato diversi pozzi nell'area del Torrente Bonamico, per alimentare la vecchia rete idrica, installò un'elettropompa di appena 12 litri/s, nonostante le enormi risorse idriche sotterranee del Torrente Bonamico: cinquecento milioni di metri cubi di detriti alluvionali (lunghezza 10.000 mt, 1.000 mt larghezza media, 50 mt, di spessore-profondità).

L'acquedotto "Ferrollà", inaugurato nel 1931, non aveva i requisiti igienico-sanitari, perché era alimentato da una sorgente montana inquinata, situata in un'area boschiva pietrosa e permeabile. Batteri e colibacilli contenuti negli escrementi di topi, lucertole, serpi, cinghiali, porci, volpi, capre, pecore, animali bovini e microfauna ambientale s'infiltravano continuamente, (*ab origine*, dalla sorgente e far data dall'inaugurazione), e per cui le malattie gastrointestinali furono frequenti, e non rara la mortalità infantile, persino dopo l'immissione in commercio della penicillina.

La mancanza dei requisiti di 'potabilità' fu accertata nel 1982, in concomitanza con il collaudo dell'acquedotto "Fontanelle", località contigua al monastero greco-bizantino San Giorgio di Pietra Cappa. Da allora in poi, la sorgente "Ferrollà" è stata risanata mediante clorazione initterrotta. *(Vedi allegato pag. 132)*. In seguito, fu costruito l'acquedotto "Menti", alimentato dall'omonima sorgente montana, che, secondo i tecnici analisti dell'Ufficio Igiene e Profilassi di Reggio Calabria, a suo tempo incaricati delle analisi preventive, non avrebbe nulla da invidiare alla più rinomata e costosa acqua minerale in commercio.

Riguardo alla situazione igienico sanitaria dal 1951 al 1982, sono esaurienti i seguenti prospetti statistici relativi alle nascite a domicilio e ai parti in ospedale.

È oltremodo indicativa la circostanza che le nascite a domicilio fino al 1965-1966, siano state più di milleseicento, quando solo alcune decine di abitazioni erano allacciate alla rete idrica comunale.

Tavola nr. 24 / Sanità
COMUNE SAN LUCA: ABITAZIONI SUDDIVISE PER STANZE E OCCUPANTI

1 Stanza		2 Stanze		3 stanze		4 stanze		5 stanze		6 Stanze		Totale	
Abita-zioni	Abita-zioni	Abita-zioni	Abita-zioni	Abita-zioni	Abita-zioni	Abita-zioni	Abita-zioni	Abita-zioni	Abita-zioni	Abita-zioni	Abita-zioni	Abita-zioni	Abita-zioni
153	411	308	1214	320	1531	146	761	33	198	35	185	995	4300
15,4%	9,60%	31%	28.2%	32.2%	35.6%	14.07%	17.7%	3.3%	4.6%	3.5%	4.3%		

Numero occupanti per abitazione						
	1 Stanza	2 Stanze	3 Stanze	4 Stanze	5 Stanze	6 Stanze
Occupanti	2,7	3,9	4,8	2	6	5,2

Tavola nr 26/ Sanità - Censimento 1971
COMUNE SAN LUCA: ABITAZIONI OCCUPATE PER SERVIZIO INSTALLATO

Abitazioni		Acqua potabile				Gabinetto		Bagno	Elettricità		
Num.	Stanze	Nell'ab. zione	Fuori abitaz.	Totale	Di pozzo	Nell'ab. zione	Fuori abitaz	Totale	Con vasca o doccia	Per illum. zione	Ed altri usi
995	2725	838	52	886	2	858	60	**918**	188	725	219
Abitazioni:	**Mancanti di acqua Nr 109**					**Prive di gabinetto nr 77**			**Prive di vasca nr 807**	**Senza elet.tà n. 51**	
NOTE: Le case sfornite d'acqua, servizi igienici, elettricità, vasca da bagno e doccia sono numericamente cospicue.											

Tavola nr. 25 /Sanità

COMUNE SAN LLUCA: Nascite domiciliari e ospedaliere, suddivise per quinquennio, dal 1951 al 1980

Periodo	Nascite a domicilio	Nascite in ospedale	Totale	Matrimoni
Dal 1951 al 1955	593	28	621	144
Dal 1956 al 1960	549	56	605	161
Dal 1961 al 1965	475	109	584	152
Dal 1966 al 1970	277	308	585	211
Dal 1971 al 1975	43	534	577	269
Dal 1976 al 1980	0	488	488	249
Totale	1937	1523	3460	1186

Inaugurazione Acquedotto "Ferrollà"

Laboratorio Provinciale di Igiene e Profilassi

R.G.

R.A. 6132/33

Risultato analisi acqua potabile - Esame batteriologico

CONTROLLO PERIODICO

2639

14-6-82

Al Sig. Medico Provinciale - Reggio Calabria

Al Sig. Ufficiale Sanitario -

Al Sig. Direttore Reparto Chimico - Sede

Campion... presentat.... prelevat.... al Sig. Dott. Melissari

il giorno 1 del mese di giugno 1982 nel Comune S. Luca

Denominazione dell'Acquedotto ....

CAMPIONE	Cloro Residuo p. p. m.	Indice Batteriologici di contaminazione	
		Coliformi Totali MPN/MF	Coliformi Fecali MPN/MF
Sorg. Fontanelle		O	O
Sorg. Ferullà		23	3,6

MPN = Numero statisticamente più probabile

MF = Membrane Filtranti

Reggio Cal. 10/6/982   197   Il DIRETTORE

132

CAPITOLO SESTO

IL SANTUARIO
"MADONNA DELLA MONTAGNA DI POLSI"

I MONASTERI GRECO-ORTODOSSI

Nel territorio di San Luca, tra il IX e il XIII Secolo, furono eretti numerosi monasteri greco-ortodossi, tra cui l'eremo di Polsi, attualmente il più vilipeso Santuario Mariano del mondo.

Il convento di Polsi ha conservato fino al 1975/1978 alcune usanze tipiche dei monasteri bizantini, confluiti nella Chiesa Romana nel XIV Secolo, alcuni anni prima della conversione al Cattolicesimo di Barlaam da Seminara, teologo della Chiesa d'Oriente, autorevole tessitore della Diplomazia di Bisanzio, nonché genio matematico. Barlaam, dopo aver insegnato la lingua greca a Francesco Petrarca e Giovanni Boccaccio, fu designato Vescovo cattolico di Gerace, Diocesi competente sul Santuario di Polsi.

Tra il IX e il XII Secolo, numerosi monaci greco-ortodossi, sfuggiti alle persecuzioni musulmane in Oriente e Sicilia, raggiunsero l'Aspromonte, dove, secoli prima, si erano rifugiati i Bruzi, i pitagorici crotonesi superstiti e gli schiavi romani di Spartaco. I monaci bizantini 'migranti' erano a conoscenza dello spirito di ospitalità e tolleranza religiosa delle popolazioni locali. Essi sapevano pure che quei luoghi erano adatti alle regole monastiche bizantine e supremamente congeniali al misticismo eremitico Medio-Orientale.

MONACI E MONASTERI ITALO-GRECI
NEL TERRITORIO DI SAN LUCA"

Nel 1999, il 24 gennaio, la Fondazione Corrado Alvaro ha organizzato un convegno scientifico internazionale sul tema

"Monaci e monasteri italo-greci nel territorio di San Luca". Vi parteciparono i maggiori studiosi del monachesimo bizantino-ortodosso calabrese: André Guillou, il più autorevole studioso della Calabria bizantina, Filippo Bulgarella, Ordinario di Storia Bizantina presso Università della Calabria, Domenico Minuto, storico e archeologo, Enzo D'Agostino, Deputato di Storia Patria, diversi studiosi e ricercatori, e Padre Stefano De Fiores, il più grande studioso contemporaneo di Mariologia, *il cantore della Vergine,* teologo cattolico di fama mondiale.

Poiché l'autore richiama spesso la matrice greco-ortodossa della cultura e delle tradizioni di S. Luca, è fruttuoso attingere agli atti di quel convegno. In particolare, gli studi più specifici su S. Luca: "Pietra Cappa e dintorni" di Domenico Minuto; "I monasteri basiliani della Valle del Bonamico" di Enzo D'Agostino; ed, infine, in relazione con la spiritualità bizantina, la magistrale relazione di Padre De Fiores: "Spiritualità dei monaci italo-greci".

"La zona aspromontana nel secolo X divenne una nuova Tebaide, la quale s'impose all'attenzione dei contemporanei, facendo risuonare il nome della Calabria non solo in Italia, ma anche in Grecia e nel lontano Oriente."

Infatti, come nella Locride 'il monachesimo greco si diffuse in proporzioni maggiori che in ogni altra zona della Calabria, così nel territorio dell'attuale San Luca (vallata del Bonamico e zona aspromontana) si è concentrato il maggior numero di monasteri. Non è facile trovare in uno stesso comune ben sette monasteri (Santa Maria di Popsis, San Giorgio di Pietracappa, San Nicola di Butramo, San Salvatore, San Costantino, Santo Stefano e San Giovanni) che assommati a quelli dei territori confinanti, Natile, Careri, Bovalino e Bianco, formano un complesso di tutto rispetto. Maggiori dettagli vengono offerti dal 'Liber visitationis' di Atanasio Chalkeopulos che descrive la situazione generale di grande decadenza nel 1457-1458 cui fa eccezione il monastero di Santa Maria di Popsis, dove i cinque monaci guidati dal santo abate Geronimo 'compiono ogni bene per grazia di Dio'.

Da questo approccio emerge la verità dell'asserzione di Paolo Orsi: la storia del basilianesimo in Calabria costituisce una delle pagine più interessanti della vita non pur religiosa, ma politica, economica ed artistica di quella regione nell'alto medioevo.(...)

La spiritualità caratteristica dei monaci si riassume nelle due parole caratteristiche ...: solitudine e quiete. La scelta della 'solitudine' non è dettata da viltà, ma dalla convinzione di non poter essere cristiani vivendo nel mondo corrotto o nell'istituzione ecclesiale mondanizzata.

Come può un cristiano vivere da giusto in strutture ingiuste, mantenersi onesto in ambiente pervertito? (...) I monaci non pretendevano una forma privilegiata di salvezza, ma aspiravano ad essere cristiani per davvero. Basilio respinge il sostantivo 'monachos' e lo sostituisce con il semplice nome di 'cristiani' (...)Lo scopo principale dei monaci è 'l'hesichìa', la quiete, la pace, la calma, la tranquillità, secondo l'esortazione di s. Paolo "vivere in pace"(...)

La Calabria e la Locride costituiscono "il singolare arcipelago montuoso che s'alza improvviso dal mare (...) il singolare forziere della spiritualità medioevale (...). La grande 'cattedrale verde' nella quale pregavano e facevano penitenza gli asceti che vi migrarono".

Come tanti loro coevi, i sette monasteri del territorio di San Luca si sono animati di monaci dediti alla preghiera e sono apparsi altrettante fucine di sapere, e fecondi focolari d'arte, popolati di amanuensi, calligrafi e miniatori, i quali genereranno i primi semi del risveglio artistico, facendo della Calabria la legittima depositaria della tradizione classica in Occidente.[44]

---

44 Spiritualità dei monaci italo-greci, Padre Stefano De Fiores, psg. pag, 89 e seguenti, Monaci e monasteri italo-greci nel territorio di San Luca: Laruffa Editore, luglio 2011.

SAN GIORGIO DI PIETRA CAPPA

"Misurando più di 9 metri per lato, San Giorgio è un po'
più grande di San Pietro di Otranto, della Cattolica di Stilo e di
San Marco di Rossano (circa 7 metri), ma più piccolo degli
ottimati di Reggio (circa 12 metri). Inoltre, la sontuosa decora-
zione ad intarsi marmorei del pavimento, ancora in parte conser-
vata al tempo della esplorazione di Gennaro Pesce (1936), con
alternanza di piccoli rombi allineati in modo da formare una
successione di croci ed intervallati da specchiature lapidee, fa
pensare ad una committenza di rango e ad una frequentazione
notevole.

Se, dunque, San Giorgio fu concepito fin dall'inizio come
chiesa monastica, si sarà trattato di un monastero suburbano
oppure di un luogo di culto grandemente venerato, come è ora il
Santuario di Santa Maria di Polsi (...) non certo di un cenobio
per asceti dediti al nascondimento ed alla completa povertà nella
solitudine dei monti. (...)

Era, dunque, affollato questo luogo che oggi sembra sugge-
stivo per la sua remota solitudine.

Che nei pressi sorgesse una cittadina fortificata, cioè una
"castellion" c'e' nota dalla vita di S. Elia Speleota, che era stato
inviato lì dall'anziano Arsenio.

Già Michele Amari, un secolo e mezzo fa, riteneva che
Pietra Cappa nel X secolo fosse terra importante per popolazio-
ne e commercio. Per questo motivo, si beccò un saccheggio da
parte di uno stuolo d'Arabi che, inviati a depredare per ordine
di Al Hasam mentre si trovava – nell'estate del 952 – a patteg-
giare la pace con i cittadini di Gerace, ne trassero un ingente
bottino e da qui e/o da un altro luogo non interpretato fecero

---

45 Pietra Cappa e dintorni, Domenico Minuto, *Monaci e monasteri italo-greci nel*
territorio di San Luca. Laruffa Editore, 1911.

incetta soprattutto di uomini che furono spediti in Africa. [45].

"*Per tentare di illustrare questa frequentazione, andrò ora curiosando fra ciò che conosco dei dintorni di Pietra Cappa. Innanzitutto il Castello, Pietra Castello.*

PIETRA CASTELLO: LA TORRE "D'ASPREMONT" DELLA LEGGENDA FRANCESE

Il relatore Domenico Minuto aggiunge " *(..) Ritengo, come ho scritto, che esso sia la torre "d'Aspremont" della leggenda francese. E' probabile che la lotta tra i 'paladini e i saraceni per il dominio del castello secondo la narrazione della 'chanson d'Aspremont' rispecchi un combattimento fra normanni invasori e bizantini stanziali. O forse è stato inventato da qualcuno che ha potuto ammirare, in età medievale, le poderose strutture del castello. (...)*

"*Ritengo, pertanto, che la fortezza bizantina del VII-VIII, databile per le strutture murarie delle due cortine più interne e delle altre murature del recinto fortificato, sia stata impiantata su di un'opera di fortificazione precedente, che, per analogia con quanto indicato da Ghislaine Noyè per la fortezza di Tiriolo, ipotizzo sia stata realizzata da italici in età ellenistica. ...*

Nella valle del Bonamico, per l'epoca medievale, si hanno notizie di almeno due centri abitati, 'Pietracappa' e 'Potamia'. Il primo è menzionato nelle 'Vita di S. Elia Speleota' e in altre fonti del X-XI secolo; Potamia del quale centro restano ruderi rilevanti, dovrebbe essersi formata verso il XIV secolo, e fu riedificata in un sito più sicuro nel 1592 con il nome di 'San Luca'.

I monasteri basiliani nella valle del Buonamico, terra aspra e dura, non molto generosa con gli uomini, essa è stata il regno dei pastori teneramente descritti da Corrado Alvaro, ma è stata anche una delle scene più calcate dal movimento ascetico più interessante della Calabria meridionale, il monachesimo italo - greco, che qui ha avuto non meno di una decina di monasteri, ed un numero imprecisabile di loro dipendenze, 'matochi' o 'grange'.

"Studi più accurati e nuove acquisizioni (...) hanno consentito di censire un numero di fondazioni monastiche tali che non è possibile ignorare come la zona sia stata anch'essa toccata per tempo dal vasto fenomeno che fece della Calabria una nuova 'Tebaide'. Gli indizi di tale presenza sono consistenti già dal IX e X secolo. Se è vero che s. Antonio del castello e s. Jeiunio sono avvolti un po' nella leggenda, è invece certo che qui vissero ed operarono s. Nicodemo del Cellerano (950-1020) e s. Giovanni Theriste (995-1050) e furono più volte presenti s. Elia il Giovane (823-903), s. Elia lo Speleota (894-950), s. Luca di Bova (sec XI-XII), s. Leo di Africo (sec. XI).

La prima notizia del monastero (San Giorgio di Pietra Cappa) è del 1197, anno in cui, nelle sue celle, il 10 gennaio, il ieromonaco Atanasio completò la copiatura dell'evangeliario, attualmente Cod. Vat Gr. 2290 per conto di Gioannicchio – (Giovannicio) Logoteta, catecumeno del Monastero di San Giorgio di Bovalino".[46]

LA STORIA-LEGGENDA DI SILVESTRO, PONTEFICE DELLA CHIESA CATTOLICA

Qui, in Aspromonte, "si era ritirato, per vivere da eremita Padre Silvestro. ... Girando per i boschi, giunse alla valle dove parecchi secoli dopo, sarebbe sorto il Santuario Madonna della Montagna di Polsi.(...). Lì, Silvestro nascose la sua cosa più cara e preziosa: una croce di ferro.(....)

Si narra che "l'imperatore Costantino, colpito dalla lebbra,

---

46 ENZO D'AGOSTINO. Monasteri basiliani della Valle del Bonamico, Monaci e Monasteri italo-greci nel territorio di San Luca, pag 35 e seguenti, Laruffa Editore, 1911.

*ordinò a Siface, capitano delle sue guardie, di cercare Silvestro
e condurlo a Roma, per porre fine alla sua terribile malattia. (...)
Siface cercò su tutte le montagne, fino a quando non trovò l'umile Papa. Prima di essere riportato a Roma, Silvestro chiese di
poter rivedere tutto l'Aspromonte che tanto amava poiché quel
luogo così favorevole alla meditazione, lo aveva aiutato ad arri-
vare a Dio ed essere beato".*

Una orazione popolare dice:
*Ispirazioni di Ddiu chiglia matina,
lu massarotto lu jencu cercava.
Vaji e lu vidi 'ncrinatu a la spina
chi 'ndinucchjuni la Cruci 'durava.*

IL MOVIMENTO NEO-ICONOCLASTA

Il Santuario di Polsi è tra i pochi superstiti monasteri italiani di origine basiliana, oggi luogo di culto di rito cattolico. Negli
ultimi decenni, l'Eremo è stato oggetto di reportage giornalistici
sconcertanti. Diversi, troppi opinionisti trascurano la storia, la
spiritualità che lo caratterizza dal XII Secolo in poi. Essi prefe-
riscono ignorare la funzione che l'antico Monastero ebbe nel
campo economico, sociale, culturale e religioso nella provincia di
Reggio Calabria. Qui, tuttora, sono in vita manifestazioni, forme
di culto antichissime, dal paganesimo paleo-cristiano al periodo
dell'evangelizzazione della Calabria, dal monachesimo (eremitico e comunitario) greco-ortodosso fino al cattolicesimo delle
questue spontanee e della carità anonima; dell'offerta disinteres-
sata e dell'elargizione indiscriminata, peculiarità specifiche del
Santuario di Popsis.

Domenico Giampaolo, talento letterario scomparso giovanissimo nel 1910, descrisse in modo superbo l'ansia religiosa dei
fedeli in pellegrinaggio a Polsi.

I pellegrini *"si uniscono "fraternamente (...) per recarsi*

(...) al Santuario, dove il dolore non geme stretto nel ferreo cerchio della disperazione senza confine, ma viene allietato da un sublime raggio di conforto e di speranza che lo eleva nel supremo godimento dell'infinito, al Santuario dove non si conoscono l'odio fosco, il peso, l'oppressione, il martirio, la sofferenza, la tortura atroce, la rappresaglia crudele, il delitto sotto tutte le sue forme più orride, la miseria, la cecità, l'abiezione, l'abbandono, la barbarie, l'immenso patimento umano insomma che logorò le classi degli umili: ma l'amore, la carità, la fratellanza, il conforto, l'aiuto, il benessere, la luce, la santa libertà morale, il progresso che mena alla verità ed alla vita: sì, al Santuario ove col cuore riboccante di fede ardente e di speranza ineffabile affluiscono, affluiscono a migliaia i figli di questa nobile e sventurata Calabria".[47]

La causa dell'accanimento mediatico contro Polsi è nota: l'identificazione del Santuario con la 'ndrangheta, cui conseguono analisi culturali improvvisate, distorte e tendenziose, propinate con frequenza ossessiva all'opinione pubblica italiana, platea frastornata e inferocita, incanalata nel Colosseo della disinformazione, e già predisposta al crocifiggi sommario del gladiatore di turno.

TRADIZIONI RELIGIOSE DEL SANTUARIO

Il Monastero di Polsi, sito di eccezionale pregio ambientale e straordinaria importanza storica e religiosa, fu costruito all'inizio del XII Secolo. Nella fase di declino dei monasteri greco-ortodossi, l'eremo di Popsis svolse un ruolo importante nella salvaguardia del patrimonio librario religioso, grazie alla difesa accanita del rito greco-ortodosso da parte dei monaci 'Polsiani', tra i quali alcuni appassionati bibliofili, cui va dato il merito della

---

47 DOMENICO GIAMPAOLO, Un viaggio al Santuario di Polsi in Aspromonte, Edito dalla Direzione di POPSIS, Roma 1913.

raccolta e salvaguardia di numerosi cimeli copiati dai più rinomati amanuensi calabro-siciliani dell'epoca. Alcune pergamene sono sopravvissute; oggi fanno parte delle rarità bibliografiche conservate nella Bibliotèque nazionale francese di Parigi (*Par. Gr 106 -sec. XIII*) e della Biblioteca Apostolica Vaticana (*vat. Barb, gr 475, Vat. Gr 1863*). Il 31 ottobre 1457, il monastero di Polsi annoverò quarantanove volumi, ai quali, negli anni successivi, si aggiunsero vari libri donati da benefattori o acquistati dai monaci dello stesso monastero.

Si dimentica che questo monastero ospitò personaggi storici come Barlaam da Seminara, Vescovo di Gerace dal 20 ottobre 1342 al 1 giugno 1348; Atanasio Chalkeopoulos, famoso e influente monaco Greco-Ortodosso, Vescovo cattolico di Gerace dal 1461 al 1497; Leonzio Pilato, discepolo di Barlaam, primo traduttore dell'Odissea, maestro di Giovanni Boccaccio; nonché Padre Stefano De Fiores, "il cantore della Vergine", il cui grandioso e sublime percorso religioso, spirituale, intellettuale e umano ebbe inizio proprio qui, nel Convento Madonna della Montagna di Polsi.

POLSI: SANTUARIO DELLA 'NDRANGHETA?

Chi si occupa di 'ndrangheta non può eludere il tema "Santuario di Polsi". A maggior ragione dopo i recenti, insistenti attacchi mediatici indirizzati non soltanto contro il luogo fisico, cioè l'insieme geofisico urbanistico e antropologico del più antico Monastero Mariano dell'Italia meridionale, ma anche contro il suo emblema spirituale, SS. Vergine Maria della Montagna.

In effetti, perlomeno fino al summit di Montalto (26 ottobre 1968), 'ndranghetisti, capi-bastone e giovani picciotti - disinvolti e spavaldi - passeggiavano nei dintorni della chiesa e lungo i vicoli del Santuario. Qua e là, su e giù. Instancabili. Vestivano pantaloni di fustagno nero con la giacca di velluto appesa all'omero a mo' d'appendiabito, il copricapo -'*a barritta*- piegato

fin sul lobo dell'orecchio. Taluni, muniti di porto d'armi, osten-
tavano il fucile, una cartucciera sulla cintola, e due a tracolla
come Pancho Villa. Con gli spari notturni, i fucili degli
'ndranghetisti insieme con quelli dei pellegrini normali segnava-
no il ritmo delle zampogne, degli organetti a mano e dei tambu-
relli, ed esaltavano la creatività coreografica dei danzatori di
tarantella, di notte fino il mattino. Taluni, a turno, si facevano notare
per il foulard annodato all'altezza dello sterno. Gli adepti anziani
indossavano camicia e calzoni di ginestra, gilet e 'gambali' d'orbace
nero; e calzavano le ciocie di cuoio grezzo. Erano gli "uomini d'onore" della vecchia 'ndrangheta. Non si nascondevano.

L'onorata società calabrese è cambiata. Oggi, agisce segreta-
mente. Tuttavia, non si dovrebbe dare credito a chi esagera, né pre-
stare ascolto agli incolti, ingenui e inconsapevoli giovani militanti
anti 'ndrangheta, tra i quali vi è chi propone la soppressione del
Santuario. Tout-court, un corteo sì e l'altro pure, Non si dovrebbe
dare credito neanche a coloro che, calpestando l'intelligenza altrui,
affermano che la 'ndrangheta, a Polsi, ha una sede stabile. Costoro
fingono di ignorare la realtà e dimenticano le sofisticate
apparecchiature tecnologiche in dotazione alle Forze dell'Ordine.

In modo chiaramente iperbolico e fantasioso, si può immaginare che con l'attuale tecnologia, considerate le esigue dimensioni fisiche del convento e delle casupole adiacenti, si potrebbero captare e tradurre dal greco antico le orazioni di Barlaam,
intercettare le flebili invettive del fantasma dell'Archimandrita
Gerasimo, il priore elogiato da Atanasio Calcheopulos nel "Liber
visitationis" (1457). E persino auscultare gli anatemi ectopla-
smatici del benemerito Frate bibliofilo, il quale, per scongiurare
il furto d'un manoscritto, *(f. 93, Tav 8/a, Reg.gr. Pii II 30)* [48], sulla

48 SANTO LUCA' : Monaci e monasteri italo-greci nel territorio di San Luca. Sul
    monastero di S. Maria di Polsi, psg. 130.
49 Ibidem, pag 130.

stessa pergamena, in lingua greca, annotò: '*Questo libro è del monastero della Vergine di Polsi. Se qualche uomo volesse alienarlo allo stesso monastero, abbia la condanna dei 312 venerandi padri e la sorte di Giuda traditore*'"[49].

Torniamo con i piedi per terra. Intendiamo dire che le mafie non si combattono con i polveroni mediatici, nè con le coreografie animate, come dimostra la vicenda del Presidente della Camera di Commercio di Palermo, Roberto Helg, arrestato in flagranza di estorsione, e di un giornalista siciliano, entrambi notoriamente partecipi attivi e per di più oltranzisti furibondi nelle manifestazioni antimafia. Il fenomeno 'ndrangheta, relativamente giovane, è paragonabile a un tumore cerebrale giovanile. La chemioterapia è sconsigliabile. Nell'immediato servirebbe la micro-chirurgia, anzi la "Protonterapia", cioè una terapia millimetrica, silenziosa e indolore nella distruzione delle cellule malate. Quanto al futuro, sarebbe utile inserire nei programmi della scuola dell'obbligo l'insegnamento dell'Educazione civica, compreso il "Diritto-Dovere" di ogni singolo cittadino di difendere la propria "Libertà", a ogni costo, includendovi anche nozioni di Legislazione antimafia.

Pellegrinaggio a Polsi nel 1905

Santuario di Polsi, la Croce ritrovata da un pastore su indicazione di un vitello inginocchiato, come in preghiera, vicino a un rovo.

CAPITOLO SETTIMO

CRIMINALIZZAZIONE INDISCRIMINATA DEI SANLUCHESI

IL BOSS SANTOLUCOTU, IDEALE OMERICO DEGLI ASPIRANTI 'NDRANGHETISTI

La trasformazione del fenomeno 'ndrangheta in ideologia, l'attribuzione alla 'ndrangheta dei più vari ed eterogenei accadimenti di cronaca, le mistificazioni sul Santuario di Polsi, l'incessante presenza di S. Luca sui giornali sono pane, anzi veleno quotidiano somministrato all'opinione pubblica già intossicata. Lo stereotipo massmediatico dello 'ndranghetista *santolucotu* (intrigante, astuto, spavaldo, coraggioso, temerario, prepotente, violento e sanguinario, 'star' di riferimento degli aspiranti *picciotti),* è deleterio. Rende fascinosa e rafforza la mafia calabrese, in particolare in alcune frange sociali. Accrescerne le dimensioni indebolisce la società civile, genera terrore, omertà, ammirazione e desiderio di emulazione. Prospetta il fascino, l'incanto della ribellione.

L'inclusione impropria della delinquenza comune nella casistica *'ndgrangheta* è funzionale al rafforzamento del potere intimidatorio dei mafiosi e alla propagazione del malaffare nei gangli del sistema politico-amministrativo-economico nazionale. Agevolarne la pervasività ed esagerandone le dimensioni, svilisce le difese della società civile; accresce e occulta la corruzione politica e finanziaria; corrode e guasta il sistema democratico italiano; ingigantisce l'onorata società calabrese, ed esalta la figura dello 'ndranghetista di carriera. Mitizza il boss. Deifica i *mammasantissima.*

Dire ciò non significa sottovalutare la 'ndrangheta. Tutt'altro.

In questo modo l'autore tenta di sollevare e sottoporre all'attenzione di magistrati, criminologi, sociologi, opinione pubblica, etc. etc., il problema dell'eccessivo clamore mediatico riservato alla mafia calabrese. Frastuono oggettivamente controproducente nella lotta alla delinquenza organizzata, e funzionale alla corrosione silenziosa dei gangli della Pubblica Amministrazione, dell'Economia nazionale e, a lungo andare, della Democrazia in Italia.

Nella guerra contro la 'ndrangheta, la camorra, le mafie tutte, sono necessari riservatezza e meno fragorosi boati mediatici.

L'incessante e progressivo incremento dei reati penali, l'indubbia assuefazione psicologica della società civile dimostra che la strategia antimafia, finora, non è stata efficace. Quantomeno, in Calabria. La ndrangheta, le cui origini sono siciliane, fu *trapiantata,* nel territorio Sud Orientale *(Zona grecanica)* dell'Appennino calabrese, dagli esuli siciliani. In seguito si è propagata in Aspromonte, inizialmente nelle aree montane del versante tirrenico, dove si è sviluppata sfruttando e facendo degenerare alcuni fattori culturali e di costume specifici: la famiglia *(familismo),* la riservatezza *(segretezza),* la solidarietà *(complicità)* sociale insieme con l'atavica diffidenza *(omertà)* verso l'autorità dello Stato, retaggio delle antiche persecuzioni politiche e religiose.

L'onorata società reggina ha radici culturali siciliane, trapiantate nella zona grecanica dove l'humus culturale e psicologico conteneva spore (regole) risalenti alle congregazioni segrete pitagoriche crotonesi. Infatti, Crotone, Isola Capo Rizzuto e Cutro furono i primi interlocutori (soci) della 'ndrangheta jonica-aspromontana. Viceversa, classificare "ndranghetista" la delinquenza comune cosentina ha rafforzato i bulli locali, affinato la capacità pervasiva della manovalanza 'ndranghetista reggina, e agevolato la diffusione della cultura mafiosa. Nel vibonese e nelle zone lametine (Sant'Eufemia, Sambiase e Nicastro) la 'ndrangheta si propagò per capillarità-contiguità territoriale, e per affinità culturali con i paesi della Piana di Gioia Tauro.

LA SAGA DELLE ASSURDITA':
CIVIS SANCTUSLUCOTUS SUM

La criminalizzazione di San Luca, con la celebrazione mediatica dello stereotipo 'ndranghetista, ha causato negli italiani e in Europa luoghi comuni e condizionamenti psicologici collettivi deleteri, veri guasti psicologici sociali. Al riguardo si narrano quattro episodi ilari e tragicomici, tutti realmente accaduti, che delineano l'alone di pericolosità del *santolucotu* nell'immaginario collettivo nazionale e tratteggiano in modo realistico il quadro drammatico e angosciante del futuro della gente nata in Aspromonte.

PRIMO EPISODIO: IN UN BAR DI SAN LUCA

Eravamo in un bar vicino al Municipio di San Luca, in estate, di notte. Un'automobile si fermò di rimpetto al bar, accanto al cancello della scuola elementare "Corrado Alvaro". L'autista, un giovane di 25-30 anni, dopo avere tergiversato per alcuni minuti, scese dall'automobile, entrò nel bar e ordinò un'aranciata. Trangugiatala velocemente, si avvicinò alla cassa per saldare il conto. Il barista gli comunicò che non doveva pagare nulla: la bibita gli era stata offerta. Sorpreso, lo sconosciuto forestiero ringraziò e sorprendentemente si attardò davanti al bar. Trascorsi alcuni minuti, rientrò nel locale e, imbarazzato, chiese al cassiere lo scontrino fiscale. Questi, temendo un controllo del Fisco gli rispose: "Non avete notato che la bevanda non mi è stata pagata?" Intuendo la ragione del disappunto del barista, l'avventore aggiunse: "Mi scusi, non mi sono spiegato; mi serve uno scontrino di qualsiasi importo. Devo dimostrare ai miei amici di essere venuto a San Luca nottetempo. Io abito a Soverato". Il barista, rasserenato per la scampata ispezione, grato lui al forestiero, gli rilasciò uno scontrino e lo invitò a ritornarvi con i suoi amici.

SECONDO EPISODIO: IN UN CAMPO DI CALCIO IN PROVINCIA DI REGGIO CALABRIA

Il secondo episodio si è svolto in un campo di calcio, nella periferia di Reggio Calabria. Protagonisti l'arbitro con un gruppo di tifosi. Terminata la partita, il direttore di gara fu aggredito dai tifosi della squadra locale. Terrorizzato, finse di minacciarli: «Riflettete, state attenti! Sono *sanlucotu*» . Gli aggressori si placarono immediatamente. Come narcotizzati.

L'arbitro contestato è figlio di un Maresciallo dei carabinieri. Il nonno materno, anch'egli ex carabiniere, era nato e risiedeva in San Luca. L'incontro di calcio si disputò a Reggio Calabria, nel rinomato quartiere Archi, per cui non è dato stabilire se il ravvedimento dei tifosi arcoti fosse avvenuto per solidarietà di "presunta appartenenza 'ndranghetistica'", a prescindere dall'arbitraggio. Una beffa tragicomica.

TERZO EPISODIO: IN UN'AULA SCOLASTICA

Palcoscenico: un'aula scolastica. Protagonisti: l'insegnante di Scienze e un alunno indisciplinato e spavaldo. L'anno scolastico era iniziato da pochi giorni.

Lo studente, nonostante l'aula fosse semideserta, occupava l'ultimo banco. Tutti i giorni, immancabilmente, il giovanotto precisava: "Professore, io sono di Castrovillari", paese, secondo lui, suggestionante e intimidatorio. Sennonché un giorno, *sicuro del fatto suo*, l'insegnante domandò al giovane bullo "Di dove sei? Avvicinati, vieni qui|". Non appena l'allievo gli si avvicinò, l'insegnante gli mostrò la Carta d'identità sul cui frontespizio era indicato il Comune di residenza: San Luca. Il bullo impallidì. Evidentemente, l'accostamento San Luca-Pelle, il cognome dell'insegnante, gli procurò una reazione *pavloviana*. Santuslucotus est?! "Poveru mia!" Ahime!

QUARTO EPISODIO: IN UN'AULA DI TRIBUNALE

Il fatto aneddotico più inverosimile è accaduto in un'aula di Tribunale, in Lombardia. Imputato …, originario di S. Luca. Giudice: una donna 45-48enne. Pubblico Ministero: una giovane signora 35-38enne. Difensore: un sostituto processuale alla sua prima udienza penale, il cui nome non era stato riportato nel fascicolo giudiziario.

Inizia il dibattimento. Il giovane legale consegna la delega rilasciatagli dal difensore titolare. Il Magistrato controlla il documento e istintivamente esclama "Oh, Dio mio!". L'avvocato calabrese sorride, cela il proprio disappunto, e sornione dice: "Se il processo è già deciso, posso andarmene via" Nome e cognome omonimi del giovane avvocato sono frequenti nelle pagine di cronaca dei quotidiani. Cosa avrà pensato, quale la condizione psicologica del magistrato?

Siamo tornati al "civis romanus sum", anzi al maccheronico "sugnu santolucotu". Il sostantivo "civis" non è utile, anzi, sarebbe controproducente. Attenuerebbe l'effetto intimidatorio dell'aggettivo "santolucotu". Gli episodi riportati, tutti realmente accaduti, danno prova degli effetti psicologici causati dall'incessante esposizione mediatica e dall'enfasi terroristica dei commenti su San Luca in Aspromonte.

Malgrado ciò, in gran parte si esauriscono nel momento in cui avvengono; canzonano i forestieri, protagonisti passivi, ma non arrecano loro conseguenze dannose e durature. Fanno parte dell'aneddotica. Fanno ridere. Sono barzellette.

La grancassa mediatica contro San Luca, al contrario, non è soltanto ilare. Provoca danni concreti, dissimulati e sottaciuti, indefiniti ed irreparabili. Produce ostilità, emarginazione, razzismo e ipocrisia; insicurezza, umiliazione, risentimento, inquietudine, frustrazioni collettive e aggressività. Stati d'animo disastrosi in termini di convivenza civica.

Ipotizzare di "chiudere, sopprimere, cancellare" il Santuario di Polsi rivela situazioni psicologiche irrazionali, paura e odio contro San Luca; provoca suggestioni para-ipnotiche. L'occhiello d'un articolo di giornale, l'annuncio dello speaker Radio-Tv, il sottotitolo 'San Luca …' desta interesse, incuriosisce e attrae; fa tiratura, garantisce l'audience. Di converso, è fuori discussione che nell'ambiente mafioso, in particolare nelle attività maggiormente rischiose e lucrose, giovi che l'interlocutore, il socio, il partner occasionale sia psicologicamente intimidito, sottomesso, dominato. E' vantaggioso! Ed è naturale che tanti sanluchesi, notoriamente intelligenti, sornioni, scaltri e astuti, ne prendano atto.

Le persone per bene, i cittadini normali, sono scansati, osteggiati, scartati e rifiutati dalle aziende private, boicottati nel settore terziario e nell'esercizio delle professioni, sovente esclusi dai benefici finanziari a favore di iniziative imprenditoriali, e dall'impiego nella Pubblica Amministrazione.

Eppure, dalla fondazione dello Stato Unitario in poi, San Luca ha sacrificato circa un centinaio di soldati, ed annovera decine di vittime del lavoro. Inoltre, ha dato alla Nazione il Vice-Governatore della Libia - Antonio Giorgi - vicario di Italo Balbo, il Generale dell'Arma dei carabinieri, Cesare Giorgi, e un imprecisato numero di soldati valorosi.

STACCIONATE SOCIALI ANTI-SANLUCA

Gli illustri *sanlucoti* suddetti, oggi, avrebbero scarse possibilità di essere arruolati e fare carriera nell'Esercito Italiano, dirigere un'Ambasciata, essere al vertice della più periferica e anonima Facoltà universitaria. A prescindere dalle Leggi e dalla Carta Costituzionale, oggi, realisticamente, di fatto, nessun cittadino originario di S. Luca può ambire ad un posto di usciere in un ufficio centrale del Ministero agli Interni o del Ministero di Grazia e Giustizia; nemmeno sognare di essere immesso nei gangli mili-

150

tari, economico-finanziari pubblici e privati e negli snodi nazionali della Pubblica Amministrazione; neppure vagheggiare di intraprendere la carriera diplomatica; nemmanco auspicare di occupare un posto di dirigente negli uffici della Regione Calabria. A prescindere dalla circostanza che formalmente godano di tutti i diritti di legge spettanti ai cittadini italiani. Oggi, i *sanlucoti* paventano di non essere discriminati soltanto in due settori di lavoro: Scuole statali e Servizio di guardia medica, dove i criteri di selezione sono numerici, cioè non richiedono valutazioni cautelative discrezionali e comunicazioni confidenziali, segrete e, pertanto, inoppugnabili anche se intrinsecamente infondate e ingiuste. Essi temono che, a loro danno, siano state costruite barriere psicologiche impenetrabili, staccionate sociali invalicabili, e archivi telematici segreti non sempre veritieri, ma immodificabili.

"Non è questione di sapere che siano o non siano veramente colpevoli. Spesso anche l'apparenza della colpevolezza è una colpa. E quando poi l'opinione pubblica s'impadronisce di questi fatti, divengono gravi fatalmente, necessariamente. In questo momento il popolo sa di avere dei nemici nascosti (...) La capacità a delinquere è infinita quando la collettività è continuamente in pericolo."[50]

LEGITTIMA SUSPICIONE GIUDIZIARIA COLLETTIVA?

Il significato più inquietante dei tragicomici episodi raccontati poc'anzi emerge dalla scenetta svoltasi nell'aula giudiziaria, in Lombardia. Quell'aneddoto dimostra che l'ininterrotto, assordante *battage* mediatico su San Luca, ha influito emotivamente anche su taluni magistrati. Ciò fa temere che i giudici potrebbero trovarsi in difficoltà psicologiche, non essere sereni davanti a

---

50 CORRADO ALVARO, *L'uomo è forte*, 1938.

imputati originari di San Luca, in modo particolare nei casi di omonimia con i cognomi coinvolti nella faida. In tali evenienze si potrebbe configurare una situazione di *legittima suspicione collettiva*.

SERENITA' D'ANIMO E TERZIETA' DEL GIUDICE

Giuseppe Viola, alto magistrato, anni fa, in un convegno, si è soffermato sulle difficoltà psicologiche dei giudici, nei processi penali di grande risonanza mediatica.

Il prestigioso giurista reggino prospettò il rischio che le sentenze dei Tribunali potessero essere condizionate dai media e dall'umore dell'opinione pubblica; dagli scandali che avevano coinvolto diversi magistrati; e da generiche insinuazioni riguardo all'incorruttibilità degli Uffici giudiziari.

Il Dr. Viola prospettò il rischio che, nel dubbio, il Giudice optasse a favore della colpevolezza dell'imputato per fugare dubbi e sospetti sulla propria persona.

Dato il giustizialismo attuale fomentato da giornalisti e opinionisti senza scrupoli, si teme che le aule giudiziarie si trasformino in arene mediatiche, dove l'imputato originario di San Luca sia destinato a soccombere. *"A prescindere"*.

Manifestare tali timori non significa rivendicare privilegi o immunità giudiziaria, nè tantomeno pretesa di contestare sommariamente tutti i magistrati italiani.

Per fugare timori, sospetti e inquietudini, basterebbe assistere alla lettura della condanna all'ergastolo d'un imputato *sanlucotu*, e percepire nella voce del Giudice un'incertezza lessicale, un'emozione; avvertire nei giurati sentimenti di *pietas* cristiana. Sentirli sospirare. E nel momento in cui scendono dagli scranni osservarli volgere gli occhi verso il cielo.

Fiduciosi che ciò si avveri, sperando di non essere costretti ad espatriare alla ricerca di *"un giudice a Berlino"*, ci

152

rasseriamo con la pagina finale del racconto 'Gente in Aspromonte'.

"L'Antonello stava nella sua capanna di felci e di canne a mezzacosta dell'Aspromonte. Col fucile in spalla girava come un guardiano, all'erta che non arrivasse qualcuno. La capanna era costruita su quattro alberi grossi, (...) Quì belavano chiusi i montoni, e i buoi, che facevano un gran concerto. Qualcuno passava al largo, ma egli lo chiamava con un cenno, e posava il fucile con un gesto di pace. (...) Si affacciavano dunque le pecore a brucare le erbe sui precipizi, ed egli le sentiva scampanellare e belare, col cuore pieno, come se le avesse create lui. Aspettava la sua sorte. Quando vide i berretti dei carabinieri e i moschetti puntati su di lui dietro agli alberi, buttò il fucile e andò loro incontro. «Finalmente» disse, «potrò parlare con la giustizia. Che ci è voluto per poterla incontrare e dirle il fatto mio![51]»

OPPORTUNITA' DI LAVORO E PROSPETTIVE DI PROGRESSO SOCIALE INESISTENTI

La popolazione di S. Luca sa di essere osteggiata e rifiutata in Italia e in Europa. Per averne conferma basterebbe un sondaggio telefonico, una simulazione alla Mammuccari, il simpatico autore di sketch comici televisivi.

Nell'Europa delle società multiculturali e della solidarietà tra i popoli; nell'Italia giustamente orgogliosa del "mare nostrum" solidale, l'ostilità pregiudiziale e indistinta anti-San Luca è illegittima e ingiusta. Anticostituzionale. Criminogena.

Molti sono convinti che il "Caso San Luca" si risolva solo

---

51 CORRADO ALVARO, *Gente in Aspromonte, Garzanti Editore, 1978.*

intensificando l'azione repressiva, finanziariamente costosissima, tralasciando ogni altra iniziativa educativa, formativa, occupazionale idonea a estirpare le radici sociali, economiche e politiche del disagio giovanile attuale. Si trascura l'esigenza di rimuovere le frustrazioni collettive causate dai disastri alluvionali recenti (1951, 1953, 1972/'73), sanare i traumi provocati dall'abbattimento improvviso del millenario sistema economico e sociale, eliminare l'emarginazione fisica, psicologica e civica dei giovani, parco antropico del fenomeno 'ndrangheta.

E' auspicabile che il Governo nazionale avvii iniziative speciali, *ad hoc,* con investimenti finanziari statali e con l'impiego di Fondi finanziari europei destinati allo sviluppo delle regioni arretrate. Le risorse umane disponibili sono considerevoli. Enormi. Altrettante le ricchezze naturali del territorio comunale.

La dr.ssa Mimma Cacciatore, Preside dell'Istituto scolastico locale, in un biennio scolastico, ha conseguito risultati straordinari, unanimemente riconosciuti.

Il suo impegno, la serietà, la passione per la scuola, l'amore per i bambini, la lungimiranza sociale e la straordinaria capacità di correlarsi e dialogare con le Istituzioni regionali e governative sono indicazione del percorso necessario per promuovere, sviluppare e consolidare l'integrazione culturale e sociale nel territorio jonico aspromontano e valorizzare il talento dei giovani.

Non è facile quantificare le somme necessarie per attuare programmi sperimentali tanto importanti, probabilmente efficaci e risolutivi. Non vi è dubbio, però, che i denari necessari sarebbero inferiori agli oneri finanziari dell'eventuale detenzione di quattrocento nuovi reclusi nelle carceri giudiziarie italiane.

In tal caso, secondo le analisi del Dipartimento di Polizia Penitenziaria, sulle quali ci soffermeremo più in avanti, ipotizzando condanne singole o cumulative per singolo condannato a dieci anni di prigione *"pro-capite"*, occorrerebbero 1.404.400 Euro mensili, 16.852.800 Euro annuali, 168.528.000 Euro complessivamente. Esclusi ovviamente i costi dell'imponente apparato di sicurezza (Tribunali, Polizia, Carabinieri, Guardia di Finanza), e gli oneri finanziari relativi al Servizio Segreto, e il probabile gravame monetario imprecisato dei collaboratori confidenziali delle Forze di Polizia.

PREVISIONI ALLARMANTI

Alla luce del dilagare delle coltivazioni di marijuana e della crescita esponenziale del traffico di droga, il presagio suddetto è verosimile, probabile, considerato l'attuale quadro demografico intercomunale (San Luca, Benestare, Bovalino, Palazzi di Casignana, Bianco, Ardore), non dissimile dalla situazione post-alluvione 1972/'73, quando esplose il fenomeno "sequestri". Condizione sociale, economica e politica verosimilmente, addirittura, più drammatica e inquietante.

Le previsioni statistiche suddette sono realistiche. Esse scaturiscono dall'analisi della situazione demografica attuale congiuntamente alle condizioni di arretratezza economica, complessità-difformità culturale, frantumazione sociale e incomunicabilità culturale e civica all'interno e fra le varie componenti antropiche dei paesi costieri, in primo luogo Bovalino.

Sono indicativi e premonitori gli elaborati statistici relativi a: Trasferimenti di residenza da S. Luca nei paesi limitrofi, dal 1971 al 2011 (*vedi Cap. alluvioni, Tav nr. 15, pag. 83);* Popolazione residente alla data del 1° gennaio 2013[52], suddivisa per classi d'età. (*Tavola nr. 27, pag. 156).*

---

52 Archivio telematico ISTAT.

Tavola nr. 27 /Demografi

POPOLAZIONE RESIDENTE IL PRIMO GENNAIO 2013 SUDDIVISA PER CLASSI DI ETÀ

Fascia Età Comune	Zero-5 anni	6-13 anni	14-18	19-25	26-30	Totale 0-30	31-40	41-50	51-60	61-70	71-100	Totale Abitanti
Ardore	253	354	233	418	327	1585	603	649	633	528	796	4794
Benestare	188	231	134	215	164	932	339	320	277	261	335	2464
Bianco	254	351	188	393	306	1492	557	559	562	491	551	4212
Bovalino	581	674	460	830	651	3196	1278	1226	1073	959	1090	8822
Casignana	46	73	36	70	51	276	99	89	90	72	136	762
Totale	**1322**	**1683**	**1051**	**1926**	**1499**	**7481**	**2876**	**2843**	**2635**	**2311**	**2908**	**21054**
San Luca	**307**	**391**	**246**	**431**	**254**	**1629**	**530**	**518**	**499**	**374**	**433**	**3983**
	7.70%	9.82%	6.18%	10.82%	6.38%	40.90%	13.30%	13%	12.54%	9.39%	10,87%	
Totale	**1629**	**2074**	**1297**	**2357**	**1753**	**9110**	**3406**	**3361**	**3134**	**2685**	**3341**	**25037**

Note:

- Nella fascia di età Zero-30 anni, rientrano 9.110 abitanti, cioè il 36,39 % del corpo demografico, di cui 7357 rientrano nella fascia Zero- 25;

- Nell'ipotesi che, nei Comuni destinatari dei flussi migratori in partenza da San Luca, la percentuale degli oriundi sia pari al 60% della stessa fascia di età, i giovani *santulucotìti* età O-25 anni, (maschi e femmine) ammonterebbero a 4412 soggetti.

I MEDIA E SAN LUCA

L'attenzione dei media su San Luca è costante. Gli articoli di giornale, i reportages televisivi, i talk-show, i servizi speciali, i dibattiti sulla 'ndrangheta, argomento cui inevitabilmente si associa il paese calabrese, sono innumerevoli. Anchorman, giornalisti e analisti TV, salvo rare eccezioni, sono pregiudizialmente concordi: *gli uomini di San Luca (...) sono mafiosi per indole e scelta, incarnano un'eccezione antropologica negativa.*

In buona sostanza, i sanluchesi non fanno parte del mondo civile. Tale preconcetto, fatto proprio, sposato dall'opinione pubblica nazionale, induce molti a scrivere e dire "di tutto e di più", senza essersi documentati, né avere visitato il paesino calabrese; senza nemmeno avere approfondito una sola pagina delle opere di Corrado Alvaro che sovente essi medesimi citano a memoria.

Data la mole di pubblicazioni (articoli di quotidiani, riviste e libri) inerenti il fenomeno 'ndrangheta, cui inevitabilmente viene associato San Luca, è pressoché impossibile segnalare e confutare le innumerevoli bugie, e, quindi, mettere in discussione la condanna sommaria di tutti i sanluchesi.

A sostegno delle nostre affermazioni, ci soffermiamo brevemente su alcune colossali "bufale", che abbiamo letto in un libro scritto da un cronachista di un importante quotidiano nazionale, pubblicato nel 2014. Per inciso, un libro iconografico; una pseudo inchiesta giornalistica sostanzialmente agiografica del personaggio protagonista e apologetica della 'ndrangheta.

Prima Bufala
IL BORGO VECCHIO REGALATO ALLE COSCHE COME LABIRINTO DI NASCONDIGLI

"San Luca fu fondata sul finire del Cinquecento in una posizione scelta per potere controllare gli arrivi degli invasori dall'odiato Jonio, portatore di tragedie; alla metà del Novecento, le alluvioni convinsero gli abitanti a spostarsi di nuovo, e il borgo vecchio fu lasciato andare in malora, e regalato alle cosche come labirinto di nascondigli".

L'autore evita di specificare quando il 'borgo vecchio' è stato abbandonato; esattamente nel 1973, quarantanni fa. E finge di ignorare che :

- gli abitanti del Centro storico, oltre il cinquanta per cento della popolazione, furono costretti a lasciare casa, mobilia e suppellettili a seguito di Ordinanze di sgombero concordate tra l'Ufficio del Genio Civile, l'Ente Regione e l'Amministrazione Comunale;
- le ordinanze di sgombero, dopo quarantatre anni, non sono state mai revocate;
- la situazione di instabilità geologica delle zone sgomberate nel 1973, ancora oggi non è stata sanata con interventi ingegneristici adeguati, per cui, il Decreto comunale di inagibilità dei fabbricati ubicati all'interno del Centro storico, ribadito e reiterato nel 2009, è tuttora in vigore.

L'autore del libello in questione dimentica che l'esodo dal borgo vecchio è stato imposto dalle Autorità in seguito all'alluvione *dicembre 1972-gennaio 1973*. Ne tace. Con malizie linguistiche lo colloca in un tempo passato indefinito, lontano: *"alla metà del novecento"* dopo l'inciso *"sul finire del Cinquecento"* riferito all'epoca della fondazione del paese. Ha omesso di precisarne la data effettiva, di proposito. Diversamente, gli sarebbe bastato consultare gli archivi dei giornali quotidiani, prendere atto degli articoli sulle manifestazioni di protesta organizzate a Roma dagli alluvionati, il 7 marzo 1973, e leggere i commenti degli inviati speciali riguardo due striscioni: "SAN LUCA NON VUOLE MORIRE", slogan premonitore del destino del borgo vecchio; "DOPO LA DIGA IL SILENZIO", sintesi efficaci della condotta delle autorità governative nazionali, regionali e degli Uffici amministrativi e tecnici statali.

E' intemerato in quanto sicuro che i sanluchesi, la cui dignità di popolo antico è fatta scempio ogni giorno, ormai avviliti, prostrati ed inermi, non si rivolgono ai tribunali italiani e/o alle Corti di Giustizia internazionali per rivendicare il risarcimento degli incommensurabili danni arrecatigli impunemente da cronachisti-amanuensi di tal fatta.

Seconda Bufala
SANTUARIO DI POLSI: LE CASE FATTE COSTRUIRE DAI CAPI DELLA 'NDRANGHETA

"Nel paesaggio che si apre all'improvviso, spunta il santuario di Polsi: la chiesa, la piazza che ospita le bancarelle degli ambulanti..., le palazzine affittate dai pellegrini per il 2 settembre, le case dai tetti rossi fatte costruire dai capi della 'ndrangheta nelle immediate vicinanze per non perdersi lo spettacolo".

Prima di scrivere fanfaronate calunniose facilmente confutabili, un mediocre sociologo, ovvero un investigatore di primo pelo avrebbe chiesto sostegno agli archivi informatici del Catasto. In quel modo, avrebbe potuto:

- verificare che tutti i fabbricati della Frazione Polsi sono proprietà del Santuario, tranne un edificio adibito a Caserma dei carabinieri, forse proprietà dello Stato, e alcune case (12 plessi) appartenenti a diversi comuni: Messina, San Luca, Samo, Bagnara Calabra, Campo Calabro, Ganzirri, Pedavoli, Delianova, Condofuri, stabilmente a uso gratuito dei pellegrini provenienti da quelle località;
- scoprire che, in estate, *le palazzine* di cui egli si interessava, ospitano, gratis, i gruppi organizzati di fedeli, (le *carovane),* in pellegrinaggio a Polsi, secondo un calendario stabilito da decenni;
- apprendere che, nella decade 23 agosto- 2 settembre, *le case dai tetti rossi* sono concesse gratis ai fedeli che parte-

cipano alla Novena e assistono alla veglia notturna finale;
- accertarsi che, nelle aree circostanti, non esistono edifici abusivi, ed è proibito costruire ex-novo fabbricati di qualunque tipo, dimensione e destinazione d'uso.

Terza Bufala
IL SEGRETARIO DELLA CAMERA DEL LAVORO GHETTIZZATO E ABBANDONATO

"Uno dei più preziosi collaboratori di Corrado Stajano, (famoso giornalista, autore di un coraggioso libro-inchiesta su Africo n.d.r.) *fu Giovanni Giorgi, segretario della Camera del Lavoro di San Luca. Un uomo odiato dalla ''ndrangheta, scampato ad attentati e raffiche di mitra, isolato, ghettizzato, messo nel mirino e per questo abbandonato dalla maggioranza."*

Menzogne!

Giovanni Giorgi è stato segretario della Camera del Lavoro e della Sezione P.C.I. di San Luca dal dopoguerra fino alla sua scomparsa, ininterrottamente.

Non rimase né isolato, né ghettizzato, come dimostra il successo elettorale del P.C.I., sovente superiore al cinquanta per cento dei voti, costantemente ai primi posti nella graduatoria nazionale di quel partito politico.

Quarta bufala
LA POPOLAZIONE DI SAN LUCA: OTTANTA PER CENTO DI PREGIUDICATI

"Guardate che c'è tanta brava gente. Ma i numeri quelli sono, e gli onesti partono già in inferiorità: la popolazione di San Luca è composta all'ottanta per cento da pregiudicati".

I numeri parlano, le statistiche ISTAT (31 dicembre 2013) smentiscono le bugie.

160

COMUNE DI SAN LUCA	Maschi	Femmine	Totale
Popolazione al 1° gennaio	**1998**	**1985**	**3983**
Nati	24	27	51
Morti	13	14	27
Saldo Naturale	11	13	24
Iscritti da altri comuni	8	6	14
Iscritti dall'estero	2	1	3
Altri iscritti	13	4	17
Cancellati per altri comuni	40	36	76
Cancellati per l'estero	8	2	10
Altri cancellati	0	1	1
Saldo Migratorio e per altri motivi	-25	-28	-53
Popolazione residente in famiglia	983	1967	3950
Popolazione residente in convivenza	1	3	4
Unità in più/meno dovute a variazioni territoriali	0	0	0
Popolazione al 31 dicembre	**1984**	**1970**	**3954**
Numero di Famiglie	1335		
Numero di Convivenze	2		
Numero medio di componenti per famiglia	2.96		

L'ISTAT certifica che, al 31 dicembre 2013, gli abitanti erano 3954 (www.**istat**.it/Banche Dati), Tradotto in cifre, l'ottanta per cento significa 3163 pregiudicati: una panzana vergognosa, venefica e paralizzante nella lotta alla 'ndrangheta.

Le mafie non si combattono con le menzogne. Le calunnie gratuite umiliano chi le subisce, generano terrore e sudditanza nei confronti della delinquenza organizzata, provocano sconforto e rassegnazione, danno vita all' accettazione tacita dell'illegalità. E talvolta, purtroppo, anche solidarietà silente.

IL RUOLO DEL GIORNALISTA

Scrivere *di tutto e di più* su San Luca, aizzare gli italiani è facile, vantaggioso. Eroico! I giornalisti italiani non rischiano nulla; cercano l'applauso scontato della platea giustizialista. Sanno di non andare incontro a verifiche disciplinari, tantomeno a condanne penali per diffamazione e calunnia.

San Luca desta interesse, suscita curiosità. Giornalisti, sociologi, antropologi, economisti, etc etc., dovrebbero informarsi sul passato del paese di Corrado Alvaro; accertare che gli abitanti di S. Luca non sono stati mai sanguinari. Per millenni. Verità storica, comprovata dalla circostanza che non ci furono briganti, neanche quando il brigantaggio imperversò nel Meridione d'Italia, Aspromonte compreso. L'editorialista famoso, l'inviato speciale, qualunque redattore-cronista dovrebbe avvertire come obbligo etico, civile, intellettuale e spirituale la giustezza del proprio agire e del proprio dire. Cercare e provare l'ebrietà estasifera del 'sentire' la verità. *(In verità, in verità, Io vi dico ..).*

Dal 1774 al 1820 si registra la morte di otto persone per incidenti naturali, mentre risultano tre omicidi (...) I sanluchesi non vengono mai descritti come persone violente (...) "[53]

Tre omicidi in quarantasei anni, avvenuti nel XVII Secolo, in concomitanza con l'occupazione militare francese dell'Italia, non sono pochi ma neanche tanti. A quel tempo, nel 1806, i soldati di Gioacchino Murat, vessilliferi della *fraternitè,* dopo avere saccheggiato il paese, decapitarono il parroco Francesco Callipari durante la celebrazione della S. Messa. Un rito, quello dei soldati francesi, oggi praticato dai musulmani dell'ISIS.

"Di veramente grande da noi è accaduto poco". Eppure - scrive Alvaro - *"è il solo paese, il nostro, dove primitivismo non significa barbarie".*

---

53 P. Stefano De Fiores, *San Luca, Memorie storiche a 400 anni dalla sua fondazione,* pag. 12, Edizioni Monfortane Roma 1989.

CAPITOLO OTTAVO

VICENDE POLITICHE E
SINDACALI DAL DOPOGUERRA AL 2013

LA 'NDRANGHETA DI SAN LUCA
NEGLI ANNI '50 E '60

Dalla seconda metà degli anni settanta del secolo XX San Luca, paese definito *"culla, madre, patria, università della 'ndrangheta, terminale di molti traffici illegali, sostanze stupefacenti, armi, scorie nucleari, rifiuti tossici, etc. etc."* , è stato teatro di vicende delinquenziali inaudite, di cui alcune tutt'oggi occupano lo scenario mediatico nazionale ed europeo. Ai fini della presente ricerca non è necessario soffermarsi sul passato antecedente il 1950 o sulla specificità del fenomeno 'ndrangheta, argomento quotidiano dei giornali. Qui giova ricordare gli eventi delinquenziali più clamorosi degli ultimi cinquanta anni, cruciali nell'involuzione sociale e civile di San Luca, e menzionare le vicende criminali decisive nello sviluppo dell'organizzazione mafiosa calabrese e nella dinamica economica sociale e culturale della Locride.

In passato la 'ndrangheta ebbe caratteristiche del tutto diverse rispetto a quelle attuali.

L'*onorata società* di San Luca mantenne le vecchie peculiarità fino al 1960. Il paese di Corrado Alvaro rimase pressoché sconosciuto fino al 1930, anno di pubblicazione del capolavoro dello scrittore calabrese. In seguito, fino al 1968, fu identificato quale teatro dell'epopea "gente in Aspromonte" e, inoltre, quale sede del Santuario Madonna della Montagna di Polsi, luogo sacro della religiosità popolare mariana calabrese e messinese, a quel

163

tempo non ancora simbolo mediatico di 'ndrangheta.

San Luca fu un paese "ordinario" fino gli anni '70. La "normalità" del paese è dimostrata anche dal fatto che gli artigiani – calzolai, sarti, falegnami, cardatrici, tessitrici, sarte per donna, etc., etc., ebbero notevole importanza anche nei paesi costieri jonici, in particolare Bovalino, oggi il più insofferente nei confronti dei sanlucoti, e da lungo tempo anche il maggiore beneficiario delle risorse alimentari, commerciali e finanziarie di S. Luca.

Rammentare i legami storici tra le diverse comunità, mettere a confronto la realtà sociale e civile degli anni '50 con l'oggi, ci aiuta a dimostrare che i metodi della 'ndrangheta moderna sono estranei all'agire tradizionale dei sanluchesi.

SAN LUCA E BOVALINO DALL'800 IN POI

Bovalino, piccolo borgo marinaro sino all'inizio del Secolo XX, diventò la cittadina più sviluppata della costa jonica meridionale calabrese, per merito di numerosi commercianti amalfitani approdati in Calabria in quegli anni; grazie anche all'apporto finanziario delle popolazioni dell'entroterra aspromontano.

Nella seconda metà dell'Ottocento, gli Stranges acquistarono i terreni agricoli più pregiati e vi costruirono diversi palazzi, tra i più imponenti e belli dell'intera costa jonica. Consolidato il primato commerciale, Bovalino nella seconda metà del Novecento attrasse il movimento migratorio in uscita dal territorio collinare e montano contiguo: San Luca, Platì, Ciminà, Careri e Benestare.

Gli immigrati, ormai più numerosi della popolazione locale, ne hanno modificato l'assetto antropico, per cui Bovalino, dopo i grandi benefici economici goduti per oltre un secolo, oggi patisce anche le problematicità del circondario, quindi, anche di San Luca, il paese interno più controverso.

IL PIANO MARSHAL: DISASTRO ECO-AMBIENTALE E FALLIMENTO INDUSTRIALE

L'imprenditoria bovalinese, sino all'inizio degli anni '70, non subì violenza o angherie malavitose. Tant'è che, nel dopoguerra, i fratelli Primerano, titolari d'una grande azienda industriale, dislocarono nel territorio di San Luca gran parte dei loro impianti aziendali. Evidentemente, in quegli anni, investire a San Luca era vantagioso e non comportava rischi.

LE LOTTE SINDACALI

Nel dopoguerra, quando in Calabria le rivendicazioni sociali dei Sindacati e dei movimenti politici progressisti si esplicarono soltanto nelle lotte contadine, gli operai dell'industria Primerano, guidati dal rivoluzionario Vincenzo Perri, un piccolo Lenin, aderirono in massa ai sindacati di matrice marxista e ingaggiarono lotte sindacali coraggiose e innovative: scioperi a oltranza, richieste di riduzione dell'orario di lavoro, rivendicazioni di indennità salariali particolari, etc., etc.. Gli operai dell'azienda Primerano furono l'avanguardia del movimento operaio calabrese e nazionale.

Le lotte sindacali democratiche, naturalmente antitetiche ai metodi della mafia, attestano che la 'ndrangheta moderna non aveva ancora intaccato il tessuto culturale e sociale di San Luca.

'NDRANGHETA E PARTITI POLITICI

Negli anni '50 l'onorata società reggina cominciò a espandersi oltre i tradizionali ambienti rurali, e a germogliare in aree geografiche e sociali nuove. Nei paesi dell'Aspromonte Orientale, "la 'ndrina" fu agevolata dalla circostanza che le istanze solidaristiche della vecchia 'ndrangheta rurale coincidessero con le rivendicazioni sociali dei partiti della sinistra marxista (PCI e

PSI). Nei Centri più noti – Africo, Platì e San Luca - tanti "uomini d'onore" appoggiarono apertamente i candidati socialcomunisti. Le sezioni del Partito Comunista accolsero senza scandalo soggetti notoriamente 'ndranghetisti. I dirigenti PCI non disdegnarono il sostegno dei maggiorenti locali, si allearono con essi e, talvolta, nelle competizioni elettorali amministrative, li inclusero nelle liste civiche concordate insieme.

L'esito delle competizioni elettorali amministrative e politiche dal 1953 al 2013, accresce la singolarità sociologica di San Luca.

ELEZIONI AMMINISTRATIVE

Il prospetto riepilogativo (Tavola nr. 28) riporta l'elenco delle amministrazioni comunali con l'indicazione del partito politico al potere.

Il decennio 1951-1960, all'inizio vide il ritorno alla guida dell'Amministrazione comunale della famiglia Stranges, (Francesco Spina Stranges) Nel secondo quinquennio, la vita politica fu dominata da don Signati, uomo di straordinaria intelligenza, figura carismatica. Nel 1956, gli avversari politici ebbero difficoltà persino a comporre le liste per mancanza di candidati; l'esito fu scontato. Don Signati vinse in modo plebiscitario, nonostante, essendo egli sacerdote cattolico, non potesse essere eletto sindaco, e dovesse farsi sostituire da un Consigliere comunale di sua fiducia.

Il risultato più importante, l'emblema di don Signati amministratore, rimane l'incitamento alla popolazione a colonizzare e trasformare in uliveti i terreni collinari comunali incolti. Un invito, un'esortazione rivelatrice delle qualità spirituali del compianto sacerdote: fratellanza cristiana, solidarietà concreta verso i poveri, identificazione laica e religiosa con i deboli.

La popolazione, innestando oleastri selvatici, trasferendo ceppi e polloni sdradicati dalle radici e dal tronco di ulivi secolari, e talvolta piantando talee di alberi notoriamente fecondi, creò un patrimonio arboreo collettivo di decine e decine di migliaia di ulivi. In un quinquennio, agricoltori e pastori recuperarono all'agricoltura migliaia di ettari dapprima ricoperti di vegetazione improduttiva. E naturalmente, nell'arco del decennio successivo, sono stati in grado di provvedere direttamente al proprio fabbisogno di olio.

Quel gesto politico fu un evento rivoluzionario, tenuto conto che, fino a quegli anni, tutti gli oliveti erano proprietà di alcuni latifondisti. Un monopolio privato in contrasto con le dimensioni del territorio agricolo di proprietà comunale pubblica, e contraddittorio con la plurisecolare vocazione comunitaria dei sanluchesi.

La bonifica-colonizzazione dei terreni comunali messa in atto dal 1956 al 1960 costituisce l'evento sociale più importante del secolo XX. Scomparve l'ultimo retaggio medievale, feudale e schiavista, simbolicamente raffigurato dalle raccoglitrici di olive retribuite con duecentocinquanta grammi di olio per ogni giornata di duro lavoro.

ALLEANZA P.C.I. - 'NDRANGHETA - CURIA VESCOVILE.

Nella tornata elettorale amministrativa successiva (1960), il Sacerdote don Signati, personalità complessa, intellettuale di cultura laico-cattolica, spirito libertario, ebbe contro un coacervo di avversari: alcuni sacerdoti della Diocesi, i "capo-bastone" della 'ndrangheta locridea; la Curia di Mons. Pacifico Maria Luigi Perantoni: il quale, il 14 febbraio 1954, ottenuta la Bolla del Papa, trasferì la Diocesi da Gerace a Locri, nonostante le proteste dei geracesi.

Nel 1960, malgrado l'inusitata eterogeneità della coalizione elettorale avversaria, a dispetto di numerosi atti intimidatori, la lista 'Democrazia Cristiana' presentata dal carismatico sacerdote avrebbe vinto se lo scrutinio non fosse stato falsato con brogli, in seguito confessati da alcuni esponenti del PCI, i quali si vantarono di aver fatto sparire centinaia di schede. Fu eletto sindaco Giovanbattista Moscatello, figura rappresentativa della borghesia agraria superstite.

Don Signati, amareggiato, confessò che era rientrato dalla Brianza per servire il paese, convinto di trovarvi avversari politici, non nemici personali pronti a tutto. Pochi mesi dopo, colpito da infarto, scomparve. La 'ndrangheta, insediatasi nelle stanze del potere, fu legittimata a intessere le prime, in apparenza innocue, ragnatele. Il prototipo vincente futuro.

Le elezioni successive, (1965), furono vinte dalla lista guidata dal sindaco uscente, sostanzialmente la stessa della precedente competizione elettorale, esclusi i rappresentanti del PCI, il cui segretario, assessore nella prima Giunta Moscatello, si era dimesso dal Consiglio comunale alcuni anni prima. Questi, Giovanni Giorgi, invalido di guerra, eminente figura del PCI e del Sindacato CGIL, dedicò la propria vita al Partito Comunista e al Sindacato CGIL.

Dal 1970 al 1990 il PCI vinse tutte le competizioni elettorali comunali. In alleanza con il Partito Socialista nel 1970 e nel 1980. Negli anni Novanta, prevalsero liste civiche, formazioni politiche composite. Il Consiglio comunale eletto nel 1999, fu revocato per infiltrazioni mafiose con Decreto del 14 settembre 2000. Subentrò la Commissione straordinaria antimafia. Nel 2003 le elezioni comunali furono vinte dal Partito Democratico. Nel mese di aprile 2008, prevalse la lista civica presentata da alcuni ex-consiglieri comunali PD. Quest'ultima compagine, alla scadenza del mandato, poco prima delle elezioni 2013, è stata sciolta per infiltrazioni mafiose.

In pratica, nel cinquantennio 1960-2013 il Comune è stato amministrato dal PCI, PDS, PD per un periodo di oltre quaranta anni.

Tavola nr 28/ Elezioni

COMUNE DI SAN LUCA:
AMMINISTRAZIONI COMUNALI DAL 1951 AL 2013

Liste elettorali					Nome e Partito del Sindaco	
Anno	PCI	DC	DC-PSI	Civiche	Sindaco	Nominativo
1951					========	Bellitti
1952				Centro-Destra	Destra	Stranges
1955		DC			DC	Strangio
1960	PCI-Destra				Indipendente	Moscatello
1965				Centro-Destra	Indipendente	Moscatello
1970	PCI				PSI	Costanzo
1973					========	Spina
1974	PCI				PCI	Marando/ Mammoliti/ Frascà
1980	PCI- PSI				PSI	Pelle
Gen-					========	Nava
giugno 85						
1985	PCI				PCI	Strangio
1990		DC-PSI	DC-PSI-Indip		Indipend DC	Pelle/ Strangio
1994		DC-PSI	DC-PSI-		Indipendente	Pelle
1999			Indip		DC	Strangio
2000/2003					Antimafia	Priolo/ Caracciolo/ De Joannis
2003	DS				DS	Mammoliti
2008				Ex DS (PCI)	Ex DS	Giorgi ex DS
2013/2015					Antimafia	Giuffré/ Turco/Rosa

ELEZIONI POLITICHE NAZIONALI

Nelle competizioni politiche nazionali, regionali ed europee, il dominio del PCI e della Sinistra sindacale fu ininterrotto, e via via più accentuato. Dal 1970 in poi, i voti a favore del PCI raggiunsero percentuali superiori a quelle toscano-emiliane, tant'è che la Sezione di San Luca sovente fu al primo posto in Calabria: 54.7 % nel 1994 (Senato); 63.8% nel 1996; 66% nel 2001; 52.9% nel 2006

Tavola nr.29/ Elezioni

**RISULTATI DEL P.C.I. E DELLE COALIZIONI EX P.C.I.
DAL 1958 AL 2013** [55]

ANNO	Elezioni Senato		Camera Sistema Uninomi.		Camera Sistema proporz.	
	Voti	Percentuale	Voti	Percentuale	Voti	Percentuale
1958	336	22,79 %			406	23,43 %
1963	464	30,51 %			594	34,64 %
1968	737	45,83 %			818	46,58 %
1972	812	48,62 %			938	49.66 %
1976	970	56,20 %			1214	54.81 %
1979	693	40,53 %			760	35,09 %
1983	645	37,79 %			663	31,19 %
1987	606	33,84 %			563	25,12 %
1992	==	==			563	25,12 %
1994	869	54,7 %	840	40.5 %	880	45,36 &
1996	?	54,3 %	1209	63.8 %	852	45,89 %
2001	897	52,6 %	1298	65,96 % (Ulivo)	759	41.18 %
2006	503	29,64 %			1052	51 %
2008	934	55,21			1090	54,77 %
2013	562	52.6 %			482	38.5% (44.5% coalizione)

55 FONTE MINISTERO INTERNO

EGEMONIA ELETTORALE
DEL PARTITO COMUNISTA.

La lunga egemonia elettorale del Partito Comunista Italiano ha motivazioni storiche specifiche.

Il consenso elettorale PCI:
- paradossalmente concomitante con la crescita della 'ndrangheta; esprime avversione e condanna del fenomeno delinquenziale;
- manifesta il desiderio-bisogno di benessere, legalità e pace sociale;
- sarebbe un vero cilicio ideologico nel caso che gli elettori del Partito Comunista fossero 'ndranghetisti;
- simboleggia il rimpianto del "jazzo": l'atavico artefice, il demiurgo del passato;
- è emotivo, viscerale; manifesta inclinazione culturale verso formule politico-economico-sociali comunitarie.

Non è casuale, quindi, che Corrado Alvaro sia stato l'ideatore del Sindacato e della Cassa Nazionale Scrittori Italiani.

Nelle consultazioni elettorali politiche, i Partiti di sinistra hanno sempre avuto consensi elettorali percentualmente superiori al voto nazionale. Analoghi i risultati nelle elezioni Europee, Regionali e Provinciali.

L'elettorato ha premiato il Partito Comunista, e in alcune tornate elettorali le coalizioni ex-PCI, cioè l'area politica maggiormente impegnata nella lotta contro le mafie. La stampa, la televisione, e gli analisti del voto elettorale non se ne avvidero. Oppure, hanno preferito nascondersi per non smentire le tesi "ufficiali" su " San Luca patria della 'ndrangheta" e lasciare inalterato il pregiudizio sui *santulucoti* "tutti mafiosi"?!

MIOPIA STRABICA DELLA CLASSE POLITICA CALABRESE

Nell'ultimo ventennio tutti i deputati calabresi - nazionali e regionali - eletti direttamente o con il contributo degli elettori di S. Luca non si sono mai interessati dei problemi del paese. Neanche i deputati beneficiari della scelta elettorale initterrotta a favore del PCI-PDS-Ulivo-DS-PD. Evidentemente, il nome del famigerato Centro aspromontano provoca fastidiose associazioni mentali, istintive, pavloviane. San Luca, di per sé argomento scabroso, è diventato materia purulenta e contaminante. Si preferisce evitare accostamenti scomodi, nonostante l'elettorato di San Luca abbia votato nominativamente, ovvero indirettamente contribuito a eleggere: Simona Dalla Chiesa, Rosy Bindi, Marco Minniti, Maria Grazia Laganà, vedova di Francesco Fortugno assassinato nel 2005, Luigi De Sena, super-prefetto di Reggio Calabria, in seguito vice-presidente della Commissione Parlamentare Antimafia. Cioè personalità e uomini politici notoriamente impegnati nella lotta alla mafia.

E' importante sottolineare che le migliori performance del PDS si sono avverate un anno dopo la strage del Primo maggio 1993, quando fu chiaro che il duplice omicidio del 10 febbraio 1991 era stato il primo cruento episodio d'una faida sanguinosissima.

SCIOGLIMENTO DEL CONSIGLIO COMUNALE PER INFILTRAZIONI MAFIOSE

L'amministrazione comunale di San Luca è stata revocata per infiltrazioni mafiose nel mese di settembre 2000, e nuovamente nel mese di maggio 2013.

In merito a quest'ultimo provvedimento, preliminarmente, trascriviamo e commentiamo una frase riportata nella relazione della Commissione d'accesso, rendiconto da cui è scaturito il Decreto di annullamento.

"La maggior parte dei componenti dell'Amministrazione comunale di San Luca, ovvero 15 su 17 consiglieri, annovera parentele e/o frequentazioni con soggetti pregiudicati, tra i quali anche esponenti di spicco delle consorterie criminali locali". [54]

La Legge sulla revoca dei Consigli degli Enti Locali prevede varie fattispecie, tra cui: i rapporti di parentela dei singoli amministratori con soggetti sospettati di mafiosità; la frequentazione occasionale con pregiudicati o 'ndranghetisti sospetti.

Parentado, omonimie e frequentazione con pregiudicati per 'ndrangheta, e/o con soggetti che le Forze dell'Ordine qualificano mafiosi, ovviamente all'insaputa dei cittadini, costituiscono due "spade di Damocle" non schivabili nemmeno da un ipotetico spadaccino sanluchese campione della scuola di Jesi. In primo luogo a causa delle omonimie, rischio desumibile dalla preponderanza numerica dei cognomi Strangio, Pelle, Giorgi, Nirta, Romeo, Vottari, Giampaolo e di qualcun altro nome di famiglia, tutti risalenti all'antica Potamia, cioè antecedenti l'anno 1592, data di fondazione del paese.

PARENTELE ED OMONIMIE.
USO FREQUENTE DEI NOMIGNOLI (A 'NGIURIA)

Parentado ed omonimie innumerevoli inducono all'errore facilmente, e, peraltro, sono elemento insidioso nella tracciatura di consanguineità, apparentamenti, affinità e contiguità onomastico-anagrafiche. Per tale ragione abbondano gli epiteti, i sopran-

---

54 PREFETTURA DI REGGIO CALABRIA: Proposta di applicazione dell'art. 143 del Decreto Lgs 18/08/2000, n. 267. Nota prot. N.812/2013/Segr. Sicur. – Allegato nr. 1 del 20 marzo 2013.

nomi, i nomignoli (*a 'ngiuria*). Quindi, l'adozione di nomignoli e soprannomi non è un vezzo da fuoriclasse brasiliano, ma un accorgimento utile per distinguere due o più omonimi.

Qui, in Aspromonte, per consuetudine antichissima, al primogenito maschio è imposto il nome del nonno paterno. Cosicché in un nucleo familiare che comprenda cinque figli maschi, il cui capofamiglia si chiami Antonio Pelle o Giuseppe Strangio, nell'arco di due generazioni (figlio e nipoti) ci saranno sei omonimi "Antonio Pelle" o altrettanti Giuseppe Strangio. Aggiungendo dieci nuclei familiari Pelle o Strangio, gli omonimi Antonio Pelle o Giuseppe Strangio, saranno (1+5+5+<10+10xN>) dove 1 (uno) indica il nonno capostipite, cinque i figli, cinque i nipoti omonimi del nonno capostipite, 10 i capofamiglia aggiunti, 10 i potenziali omonimi del papà del capofamiglia, "N" tutti i figli maschi delle dieci famiglie prese a campione, ai quali assegnare il nome del nonno e, in successione, degli zii. Considerata la precocità nuziale delle femmine (molte ragazze contraevano matrimonio all'età di sedici, diciassette anni, e tuttora a 18,19 anni), il ciclo suddetto si completava nell'arco di diciotto, venticinque anni.

Per quanto concerne l'attuale situazione occorre tenere presente che dal Dopoguerra al Duemila, l'indice di natalità, storicamente alto, ha raggiunto livelli da primato europeo.

FREQUENTAZIONI SOCIALI

In merito alla frequentazione di pregiudicati e sospetti "affiliati" alla 'ndrangheta, occorre evidenziare alcune incongruenze della normativa antimafia. Date la situazione anagrafica suddetta e le antiche usanze, sarebbe facile fare iperboli ironiche. Per esempio: richiedere l'elenco pubblico degli 'ndranghetisti; esigere un tatuaggio indelebile sulla fronte di ciascun pregiudicato; oppure reclamare una nuova "colonna infame".

174

San Luca non è Milano. San Luca non è una grande città, dove due coinquilini si salutano di sfuggita e dialogano soltanto nelle assemblee condominiali. Qui sono ancora in vita cultura e costumi particolari: festeggiare collettivamente un matrimonio, un battesimo o una cresima; partecipare in massa al funerale di un concittadino senza discriminazioni o pregiudizi, indipendentemente dal suo grado sociale e dal suo passato penale; mostrare vicinanza spirituale per la scomparsa d'un concittadino, fare visita alle famiglie in lutto; offrire o accettare un caffè, una birra e bere insieme in un bar o altrove; sostare in gran numero in luogo pubblico e dialogare con chiunque, non sono rituali di solidarietà-complicità-correità mafiosa. Sono consuetudini che danno prova del perdurare di una civiltà antica, le cui peculiarità, quantomeno fino al periodo antecedente l'alluvione 1972-1973, sono stati: la famiglia, la comunità, la solidarietà, la compassione, il perdono, la preghiera. L'essenza del Cristianesimo. Si dialoga con la gente senza pregiudizio, infingimenti ipocriti e timori. Conversare con un pregiudicato, anche se reduce dal carcere, è consuetudine antichissima, antecedente la nascita della 'ndrangheta.
"Il calabrese vuole essere parlato".[56]

LA RELAZIONE FINALE DELLA COMMISSIONE D'ACCESSO ANTIMAFIA

Dopo esserci soffermati riguardo a parentele, consanguineità e frequentazioni sociali, dobbiamo esaminare e commentare con animo preoccupato ed ironia consolatoria alcune frasi della relazione degli Ispettori ministeriali, oggettivamente calunniose nei confronti dei cittadini normali, onesti:

---

56 Corrado Alvaro.

1) *"Come ampiamente riferito nel corpus della presente relazione, il Comune di San Luca è storicamente considerabile quale punto nevralgico e decisionale di tutte le organizzazioni 'ndranghetistiche dell'intera provincia di Reggio Calabria. Di conseguenza appare sufficientemente semplice, a prescindere da quanto riportato dalla stessa Commissione d'accesso, desumere che presso la detta Amministrazione è indubbia la contiguità e l'opprimente pervasività della malavita organizzata".*

L'affermazione che *l'Amministrazione era contigua e pervasa dalla malavita organizzata,* deduzione *sufficientemente semplice,"a prescindere"*, cioè assodata, indipendentemente dagli Atti amministrativi adottati e dai singoli soggetti membri del Consiglio comunale, denota da parte dei funzionari ministeriali uno stato d'animo prevenuto e colpevolista nei confronti di tutta la popolazione di San Luca, nessun cittadino escluso. Un 'vulnus' inferto alla Costituzione italiana e ad un'intera comunità, con la consapevolezza dell'impunibilità disciplinare e penale.

2) Inoltre:*"Come sopra accennato, il Santuario di Polsi (noto anche come Santuario della Madonna della Montagna), situato a circa dieci chilometri dal centro abitato e a 820 metri s.l.m., meta di pellegrinaggio da primavera a ottobre per migliaia di fedeli, nel passato, ebbe grande importanza organizzativa e simbolica per la ndrangheta". "Ogni anno, a settembre, i capi mafia si riuniscono a Polsi per discutere le strategie criminali. Si fanno le investiture, i processi, si decide se aprire o chiudere un locale di 'ndrangheta. Si riuniscono a Polsi perché è il luogo sacro, il luogo della custodia delle dodici tavole della 'ndrangheta.... Perché la forza della santa, rispetto alle altre organizzazioni criminali è che fa osservare in modo ortodosso le regole.*[57]

57 Prefettura Reggio Cal., Ibidem.

È sorprendente constatare che i relatori del documento in questione hanno intenzionalmente adoperato un linguaggio dissacratorio e fuorviante. Infatti, chi ignora la terminologia della 'ndrangheta, di primo acchito, automaticamente è indotto a interpretare i vocaboli *'dodici tavole'*, *'santa'* e *'ortodosso'* come riferiti rispettivamente ai Dieci Comandamenti, all'Immagine di Maria Vergine della Montagna, e alle origini bizantine, *ortodosse,* del Santuario di Polsi.

3) Ulteriormente: *"Negli ultimi tempi (fatto abbastanza anomalo), non si sono verificati nel territorio episodi di natura omicidiaria derivanti dai contrasti esistenti tra i gruppi di cosche locali ...OMISSIS.... E ...OMISSIIS ... Ciò sembrerebbe far pensare ad una politica minimalista perseguita dalle cosche, finalizzata a distogliere l'attenzione dell'apparato statuale e, più in generale, dell'opinione pubblica".*[58]

In merito all'anomalia della mancanza di *episodi di natura omicidiaria* (…), non essendo ipotizzabile che Funzionari del Ministero agli Affari Interni, i quali normalmente dovrebbero essere in possesso di Laurea, siano incorsi in un errore linguistico-semantico e abbiano adoperato l'aggettivo *'anomalo'* in modo improprio (ad esempio nel significato *infrequente* ovvero *inusuale),* si deve dedurre che essa espressione, è l'effetto di un pregiudizio ingiusto, sostanzialmente a-Costituzionale nei confronti di un intero popolo, la cui antica dignità viene offesa e calpestata proprio da chi, - della Legge, dell'oggettività, della certezza del Diritto, del discrimine tra᾽ innocenti e rei᾽ e, quindi, della Verità -, dovrebbe sentirsi portabandiera e tutore.

---

58 Prefettura Reggio Cal., Ibidem.

Il Santuario di Maria Vergine SS. della Montagna di Polsi

Un esemplare di quercia millenaria. A destra un masso base per "trappola per ghiri", come fagocitato dalla crescita della pianta. Fratellanza francescana?

178

CAPITOLO NONO

LA 'NDRANGHETA DAGLI ANNI '50 IN POI

La 'ndrangheta fu importata a San Luca da alcune famiglie provenienti dai Comuni del versante Tirrenico reggino (Piana di Gioia Tauro) nel decennio 1890-1900. Essa conservò le caratteristiche tradizionali – ruralità, pauperismo, associazionismo sociale quale tutela dei soggetti più deboli e indifesi- pressappoco fino al 1960.

METAMORFOSI DELLA 'NDRANGHETA JONICA

La strage di Piazza Mercato, perpetrata in Locri il 23 giugno 1967, segnò la nascita della nuova 'ndrangheta. E nel contempo anche il primo evento mafioso calabrese portato a termine con la partecipazione di "cosa nostra", la mafia siciliana.

L'internazionalizzazione della 'ndrangheta iniziò nei Paesi Nord-Atlantici negli anni della cosiddetta "operazione Marzano", quando, per evitare di cadere nella rete del Questore di Reggio Calabria, molti "uomini d'onore" della Locride si trasferirono oltreoceano, in Canada, Argentina, Venezuela, Australia.

La 'ndrangheta calabro-canadese, futura "Siderno–Group", scelse quale maestro e partner la mafia siculo-statunitense, ed ampliò il suo ambito geografico originario. Nel contempo, i clan sidernesi si consolidarono anche in Calabria. La 'ndrina jonica si trasformò. Divenne un'organizzazione imprenditoriale forte, pervasiva, un'agguerrita holding nei settori nevralgici dell'economia: commercio, appalti pubblici, edilizia privata.

L'operazione Marzano, il cui bersaglio era la 'ndrangheta dell'abigeato e, secondo alcuni influenti parlamentari del Partito

Comunista, prioritariamente gli ex galeotti promotori delle Sezioni comunali PCI, tra cui Africo, Platì e San Luca, diede inizio alla modernizzazione dell'*onorata società* reggina. Inoltre, tenuto conto delle contrapposizioni politiche inerenti le misure di polizia adottate dal Governo in quegli anni, fu agevolato l'approdo politico. Nacque la mafia calabrese.

All'inizio dell'Era repubblicana, la 'ndrangheta confluì nell'area antigovernativa PCI-PSI. Dopo l'istituzione dell'Ente Regione, la spregiudicatezza della 'ndrina si coniugò con il camaleontismo di molti uomini politici, per cui, la 'ndrangheta calabrese trovò ospitalità in diverse formazioni partitiche; si inserì nei gangli vitali dell'Ente Regione; ed ebbe modo di condizionare l'attività amministrativa regionale. Costantemente, a prescindere dalle varie ed eterogenee maggioranze politiche di volta in volta al potere.

L'ASSEMBLEA DI BRANCATI

L'assemblea di Brancati, dove il 14 maggio 1961 si riunirono circa trenta affiliati della *'ndrina* di San Luca, fu il secondo evento di spicco nella fase di trasformazione della vecchia 'ndrangheta. L'argomento all'ordine del giorno era usuale: dirimere una lite accesasi per un furto di capre. Viceversa, la circostanza che i convenuti fossero armati e decisi a tutto, dimostra che l'onorata società era già cambiata. Infatti, il minivertice di Brancati, sfociato in rissa armata, si concluse con l'uccisione di un ragazzo e con il ferimento di diversi giovani affiliati.

IL "SUMMIT" DI MONTALTO

Il "summit di Montalto" si svolse il 16 ottobre 1969, in prossimità dell'omonima vetta appenninica. Fu un evento clamoroso. Secondo la relazione della Questura di Reggio Calabria, trascritta nella sentenza del Tribunale di Locri pronunciata il 2 ottobre 1970, vi parteciparono centotrenta esponenti, *sorpresi riuniti in un luogo solitario di montagna del territorio di San Luca per trattare problemi pertinenti all'organizzazione associativa della malavita calabrese.*"[59]

Tenuto conto dei *problemi pertinenti* trattati, verificate le aree geografiche di provenienza dei convenuti, il summit costituì "il manifesto" della 'ndrangheta moderna. Gli imputati furono settantadue, di cui sessantasette incriminati per associazione per delinquere (art. 416 C.P.). Nei confronti di tredici imputati, fu contestata anche l'aggravante di cui all'art. 7, legge 575/1965 (antimafia). Antonio Macrì, Giuseppe Nirta e Domenico Tripodo furono qualificati "capi dell'associazione". Cinquantotto imputati processati anche per violenza e minacce.

Il processo di primo grado si concluse con quarantuno condanne per associazione a delinquere, ventisei assoluzioni, di cui tredici "per non aver commesso il fatto" e altrettante "per insufficienza di prove". Tra gli imputati assolti per insufficienza di prove, figurano i tre esponenti, -Nirta, Tripodo, Macrì- qualificati "vertice dell'associazione" mafiosa reggina.

Le pene inflitte ai singoli imputati, in media due anni e mezzo di carcere, di cui due condonati, e un anno di libertà vigilata, sorpresero persino gli stessi imputati, i quali, al termine della lettura della sentenza, applaudirono la giuria. L'esito del processo sconcertò tutti: avvocati, imputati e opinione pubblica.

Secondo l'opinione comune, le condanne inflitte non erano commisurate alla rilevanza civica e sociale dei fatti contestati. Molti le ritennero blande, illogiche, contraddittorie; inspiegabilmente clementi, considerati il curriculum dei singoli imputati e gli argomenti trattati in quel consesso mafioso, *in particolare per preparare un piano di difesa e di reazione contro le attività*

59 Il processo Montalto,

delle forze di polizia. Quindi, un progetto di ribellione allo Stato, un programma eversivo.

Il Tribunale applicò gli articoli 483, 488, 479 CPP, 416 commi 2° e ultimo, 417, 230 CP e D.P. 22 maggio 1970 n. 283; escluse le aggravanti della scorreria armata e dell'art. 7 legge 31 maggio 1965 n. 575, come se l'assemblea di Montalto fosse stata una riunione di ladruncoli, non un vertice anti-Stato. Il verdetto dei giudici di Locri fu del tutto inefficace nella lotta alla delinquenza organizzata. La sentenza fu contraddittoria, sterile e controproducente. In quella circostanza s'incrinò la fiducia dei cittadini nelle Istituzioni dello Stato.

Summit e processo penale, in effetti, furono eventi apologetici della 'ndrangheta, i cui contraccolpi politici e sociali si sarebbero manifestati in brevissimo tempo. E in modo sotterraneo. Entrambi mitizzarono l'*onorata società,* proprio in concomitanza con la fase di avvio dell'Ente Regione Calabria e con la radicalizzazione della lotta politica in Italia.

Quella sentenza, in pratica, smentì i verbali delle Forze dell'Ordine, sia sui nominativi presenti a Montalto, sia riguardo alle presunte finalità eversive del "summit". I giudici declassificarono la matrice eversiva (mafiosa) del "summit" alleggerendone la valenza penale. In buona sostanza, in quel frangente lo Stato prese atto della 'ndrangheta e ne ratificò le gerarchie. Lo scopo perseguito invano dalle Brigate Rosse con il sequestro Moro.

SUMMIT, PROCESSO E OMERTA'

Nonostante qualche esagerazione descrittiva dell'avvenimento e di alcune scene comiche da film western italiano, i verbali di accusa svelarono "l'universo 'ndrangheta", resero pubblica l'anagrafe degli "uomini d'onore". Celebrarono il 'gotha' mafioso reggino.

Il Dr. Sabbatino, relatore della denuncia alla Procura di

Locri, affermò '*a quelle assemblee partecipavano gli esponenti più qualificati di tutti i comuni: i "capi bastone" o "capi società", i "contabili", i "mastri di sgarro"*.

La sentenza vanificò l'attività investigativa delle Forze dell'Ordine. Le assoluzioni con la formula "per non avere commesso il fatto", palesarono che i giurati non ritennero veritiero il verbale della Questura, per cui, secondo logica, erano state incriminate persone innocenti.

Diversi accadimenti criminali successivi, indirettamente, hanno confermato ex-post, la fondatezza dei verbali di polizia in questione, quantomeno in relazione all'accusa di "associazione a delinquere".

Infatti, in seguito, oltre un terzo degli imputati, inclusi tutti i *capi-bastone*, furono assassinati. A Montalto, dunque, erano stati individuati i vertici dell'onorata società reggina, le sue articolazioni territoriali e gli ambienti sociali nei quali, essa, era già penetrata.

E' indubbio che la Questura di Reggio Calabria, in quella circostanza, si fosse avvalsa della collaborazione di cittadini estranei alla 'ndrangheta, e verosimilmente anche del contributo di qualche affiliato. L'omertà degli ultimi decenni non è un residuo culturale o genetico dei *santulucoti*. E' il prodotto della sfiducia e dei dubbi sulla capacità dello Stato di combattere le mafie con determinazione ed efficacia; del convincimento che, nell'attuale contesto storico, sia inutile mettere a repentaglio la propria vita. Sacrificarsi inutilmente.

Il processo d'appello si è concluso quasi dieci anni dopo, il 3 dicembre 1979, gli imputati sono stati tutti assolti.

I SEQUESTRI: GENESI DEL FENOMENO

I primi rapimenti a scopo di estorsione si verificarono in Sardegna. In Calabria il primo sequestro risale al 1963, quando fu rapito Ercole Versaci. Nel decennio successivo, le Brigate Rosse emularono il bandito Graziano Mesina, per autofinanziarsi. I sequestri compiuti dai brigatisti furono definiti "espropri proletari", un'espressione politico-ideologica, adoperata per caratterizzarli quali eventi politici rivoluzionari, ed escluderli dalle usuali valutazioni di carattere penale e morale.

Dopo l'alluvione, dicembre 1972-gennaio 1973, dal sequestro Paul Getty jr (luglio '73) fino al 1991-92, "l'anonima sequestri calabrese" è stata protagonista della cronaca giornalistica e televisiva nazionale.

Secondo un noto sociologo: *all'inizio, i sequestri di persona non crearono allarme sociale; l'opinione pubblica fu indifferente dato che i sequestri riguardavano le famiglie facoltose, i ricchi, non il cittadino comune.*

Nei paesi calabresi maggiormente coinvolti (Platì, San Luca e Africo), alla demonizzazione politica della ricchezza si aggiungevano retaggi religiosi cattolici e una sommaria semplificazione della dottrina marxista sulla proprietà privata, per cui *"i sequestri apparivano come una più equa distribuzione della ricchezza."*[60]

Una velenosa mistura ideologica, religiosa ed etica, esiziale nel contesto demografico, sociale ed economico post-alluvione, caratterizzato dalla presenza di molti giovani, tutti disoccupati (la fascia di età Zero-30 anni comprendeva il 59.6% degli abitanti di S. Luca), e dal fatto che più del cinquanta per cento della popolazione era stata costretta ad abbandonare il proprio alloggio senza ricevere dallo Stato alcun aiuto finanziario, al contrario di quanto i governi nazionali normalmente fanno in seguito ad analoghe calamità naturali, ovunque.

---

60 Cosimo Sframeli e Francesca Parisi, *Un Carabiniere nella lotta alla 'ndrangheta*, Falzea Editore, marzo 2011.

I SEQUESTRI: CONCAUSA DELL'ANTIMERIDIONALISMO LEGHISTA?

Il sequestro Getty Jr, rapito a Roma nel mese di giugno 1973, fu attribuito alla 'ndrangheta della Piana di Gioia Tauro. I rapimenti successivi, in gran parte, furono addebitati alle cosche di Platì, San Luca e Africo.

La sequenza dei rapimenti, la scomparsa di alcuni ostaggi, le crudeltà psicologiche ed i patimenti fisici inflitti ai sequestrati, (Paul Getty Jr, Carlo Celadon, Cerare Casella, etc.), indignarono l'opinione pubblica.

La vicenda Cesare Casella, prigioniero per oltre due anni, fece nascere sentimenti anti calabresi, disprezzo e odio nei confronti di S. Luca. L'odissea del giovane Celadon, i pellegrinaggi in Calabria della signora Casella, "madre coraggio", contemporanei alle prime apparizioni televisive di Umberto Bossi, non furono estranei alla nascita della Lega Lombarda e della Liga Veneta, e al risveglio dell'antimeridionalismo.

L'ASSASSINIO DEL BRIGADIERE CARMINE TRIPODI

Carmine Tripodi, valoroso sott'ufficiale dell'Arma dei Carabinieri, fu ucciso il 6 febbraio 1985. Si disse che gli ideatori del delitto avessero deciso di sopprimere il giovane carabiniere per spezzare il terminale della temibile rete di collaboratori costruita dal giovane carabiniere.

L'assassinio del sott'ufficiale, i cui autori sono rimasti ignoti, ferì l'Arma dei carabinieri e alterò i rapporti dei militari con la popolazione, peraltro già turbati dalla decennale sequela di sequestri portati a termine dall'*anonima sequestri*. E' verosimile che il fattore "collaborazione-omertà" abbia causato uno strappo psicologico traumatico i cui effetti perdurano tuttora.

Come interpretare in altro modo la circostanza che non risiedano in loco famiglie di carabinieri in servizio e non ci siano stati nuovi arruolamenti? Eppure, San Luca ha dato alla Benemerita il Generale Cesare Giorgi, alcuni Alti Ufficiali, decine di carabinieri, poliziotti, Guardie di Finanza. Tutto ciò è testimonianza di normalità civica, e prova della tradizionale fiducia nell'Arma dei Carabinieri, credito confermato da un episodio riferito dall'Onorevole Antonino Tripodi in un discorso pronunciato alla Camera il 23 marzo 1973, proprio all'inizio dei sequestri:

Con la delegazione della Commissione lavori pubblici ... ci trovavamo nell'abitato di San Luca, che è un paesello aspromontano, dove è nato Corrado Alvaro. Tra le case di San Luca, Corrado Alvaro concepì e scrisse sulla famosa fatica calabrese di vivere. Ebbene, sono stato avvicinato (insieme con un autorevole magistrato, che sarà certo pronto a farne fede) da un vecchietto diseredato, in mezzo a quella melma ancora acquosa che dilapidava l'abitato di San Luca. Il vecchietto era disperato perché ancora non aveva avuto nulla per la sua casa distrutta. E noi a confortarlo, a dirgli che avrebbe avuto, che i soldi sarebbero venuti. Ed egli ci chiese: chi ce li darà i soldi? Abbiamo risposto, per consolarlo: ve li darà il prefetto, ve li darà la regione, ve li darà il sindaco. Ma egli ci rispose: "No, se volete che i soldi giungano fino a noi, dateli al brigadiere dei carabinieri!"[61].

LA STRAGE DI LUINO

Il 16 gennaio1990, a Luino, in provincia di Brescia, durante un'operazione antisequestro dei Carabinieri sono stati uccisi quattro giovani calabresi, tre dei quali originari di San Luca. Le circostanze in cui si sono svolti i fatti furono argomento di polemiche anche nelle aule parlamentari, dove diversi deputati presentarono varie interpellanze e interrogazioni.

---

61 On. ANTONINO TRIPODI, Camera dei Deputati, 23 marzo 1973.

CAPITOLO DECIMO

LA FAIDA DI SAN LUCA NEI MEDIA E NEL DIBATTITO DELLA COMMISSIONE PARLAMENTARE ANTIMAFIA

PREMESSA

La partecipazione umana dell'autore nei confronti del proprio paese, nei capitoli precedenti, è esplicita, in alcune parti anche polemica, ironica e talvolta sarcastica. Tuttavia, i documenti ufficiali riprodotti e le numerose tabelle statistiche demografiche estratte dall'archivio informatico ISTAT comprovano l'attendibilità della presente ricostruzione storica degli avvenimenti che hanno interessato San Luca dal 1951 al 2013.

Nella narrazione della vicenda faida, non essendoci ancora sentenze giudiziarie definitive, l'autore si è avvalso dei resoconti giornalistici di diversi autorevoli quotidiani nazionali relativi a dichiarazioni di ministri, magistrati, uomini della polizia di Stato e dell'Arma Carabinieri; e dei verbali della Commissione parlamentare antimafia, documenti ufficiali pubblici reperiti attraverso internet nei siti Web di volta in volta specificati.

Ciò al fine di provare ad analizzare oggettivamente le conseguenze nefaste di tali fatti, che oltre a determinare la perdita di diciotto vite umane, a lacerare e straziare interi nuclei familiari, ad imprimere ancora una volta il marchio di Caino sul paese, hanno ulteriormente fiaccato la società civile sanluchese e fornito ai media nuovo materiale utile ai fini dell'assioma: San Luca uguale «cattivi selvaggi» d'Aspromonte, ma anche l'occasione di domandarsi: "poteva essere evitato tutto questo"?

Essere oggettivi non significa spogliarsi delle qualità spirituali dell'Uomo o vergognarsi dei propri sentimenti. Provare sentimenti di pietà umana nei confronti delle vittime della faida. Indistintamente.

Condividere il dolore dei loro familiari, e immaginare con angoscia l'avvenire di tutti i nuclei familiari coinvolti, significa: appartenere all'Umanità; godere ancora del *dono di essere cristiani per davvero,* nel significato religioso di Basilio; professarsi *fratelli* con umiltà evangelica, alla maniera dei nostri avi, senza accostamenti blasfemi con la consanguineità satanica dei cerimoniali mafiosi.

Manifestare apertamente sentimenti cristiani non offende la verità e non inficia la condanna della 'ndrangheta e della cultura mafiosa, premessa introduttiva chiara di questo lavoro. E sua implicita finalità.

LA FAIDA

La faida di S. Luca è cominciata il 10 febbraio 1991 ed è culminata in Germania, dove il giorno di Ferragosto 2007 furono massacrati sei ragazzi calabresi. La faida si contraddistinse per la banalità dei motivi originari e per i metodi terroristici praticati dai contendenti. Si svolse in due periodi. Nel primo, causò sette vittime: due all'esordio, una nel luglio dell'anno successivo, quattro il 1° maggio 1993. L'ultima fase, iniziata il giorno di Natale 2006, si intensificò da gennaio a luglio 2007 e si concluse a Duisburg, il 15 agosto 2007. Le vittime sono state diciotto, di cui tredici uccise in giornate festive: Carnevale 1991, Primo Maggio 1993, Natale 2006. Ferragosto 2007.

Dal punto di vista mediatico, la strage di Duisburg ha messo in secondo piano persino le stragi di Capaci e quella di via D'Amelio, e oscurato gli attentati di Firenze (Via dei Georgofili), Roma (San Giovanni in Laterano e San Giorgio al Velabro), e Milano (via Palestro), e, limitandoci alla sola Calabria e alle più cruente, ha obnubilato: la seconda guerra di 'Ndrangheta, scoppiata nella città di Reggio Calabria tra il 1985 e il 1991 che registrò 700 morti; la prima guerra di 'ndrangheta tra il 1974 e il

1977, che causò oltre 200 omicidi; la faida di Taurianova tra il 1989 e il 1991 con 32 morti, famosa per la "testa mozzata" oggetto di tiro al bersaglio, avvenimento che accelerò l'approvazione della Legge sulle infiltrazioni mafiose nelle amministrazioni comunali.

LA VICENDA DUISBURG

La strage di Duisburg (15 agosto 2007) fu evento mediatico globale così eclatante che ancora oggi, a distanza di nove anni, nell'immaginario collettivo, la città tedesca teatro della mattanza viene istintivamente associata a San Luca e a quel massacro, anziché all'industria di cui è sede, anche dopo lo scalpore dello scandalo Wolkswagen sulle emissioni inquinanti dei motori diesel.

La mattanza di Duisburg turbò l'opinione pubblica europea, suscitò allarme in Germania, perplessità sull'efficienza dell'apparato di polizia italiano, dubbi anche riguardo all'adeguatezza e tempestività del comportamento delle autorità italiane preposte a contrastare la delinquenza organizzata. La stampa tedesca, riportando l'opinione di taluni esponenti del mondo politico, e alla luce di relazioni della Polizia tedesca, affermò che la strage "si poteva evitare".

La strage di Duisburg, ovviamente, è stata oggetto di dibattito anche nelle riunioni della Commissione parlamentare antimafia.

Infatti, il Vicecapo della Polizia e direttore centrale della Polizia criminale italiana, davanti alla Commissione parlamentare antimafia, il 5 dicembre 2007 affermò: "*Questa estate, quando si e` consumata in territorio estero la cosiddetta strage di Duisburg, vi sono state alcune polemiche fra la nostra Polizia e qualche personaggio politico, anche tedesco, sul tema se la strage si potesse evitare o meno, (...) e dall'altra parte ci hanno addebitato il fatto di non aver segnalato l'arrivo di determinati personaggi e così via.*"

L'interrogativo "*se la strage si potesse evitare*" e gli addebiti alla polizia italiana "*di non avere segnalato l'arrivo di determinati personaggi*", purtroppo, non sono stati mai chiariti in via definitiva.

A tal fine, l'autore ha esaminato diversi resoconti stenografici della Commissione parlamentare antimafia; varie testimonianze di pubblici ufficiali, e diverse requisitorie dei PM nei processi "Fehida"- relativo alla Strage di Ferragosto 2007-, "Meta" e "Olimpia" - i due più importanti nella storia giudiziaria della 'ndrangheta reggina -; due dichiarazioni pubbliche del Ministro agli interni dell'epoca (15 e 30 agosto 2007); i commenti di diversi Magistrati e di alcuni importanti uomini della Polizia di Stato e dell'Arma carabinieri, inerenti la strage di Duisburg, la faida di San Luca, e più in generale la 'ndrangheta.

CLIMA MEDIATICO ANTI-SANLUCOTI NEGLI ANNI 1990-1991

Preliminarmente è utile accennare alla situazione storica dal punto di vista dell'ordine pubblico, e quindi alla collocazione di San Luca nello scenario mediatico di quegli anni, trascrivendo gran parte di un magistrale, acuto e profetico articolo di Marzio Breda, inviato speciale del Corriere della Sera:

I «cattivi selvaggi» d'Aspromonte di Marzio Breda (*Corriere della Sera del 16 luglio 1991*)

"*Vorrei che la vostra maledetta terra scomparisse dal mondo*". «*La vostra razza dovrebbe essere estinta senza misericordia*».

(...) «Anche se siete dei semi arabi fetenti non vi si può espellere ma si può almeno sperare che un provvidenziale terremoto copra pietosamente i vostri corpi obesi e maleodoranti, i baffi arcigni delle vostre donne, gli sguardi ferini e iniettati di rancore ottuso dei vostri occhi» (...) Il paese più odiato d'Italia riceve posta. Migliaia di lettere che da un anno e mezzo vengono recapitate

all'ufficio del sindaco, in canonica, alla caserma dei carabinieri, alla segreteria della scuola. Nel 99 per cento dei casi le missive hanno il tenore del florilegio riportato qui sopra" "(....) in un Sud considerato già in blocco come «nemico», la meta ultima contro cui vengono indirizzati i maggiori risentimenti è ora sempre e soltanto una: San Luca d'Aspromonte......, una «fosca enclave» eletta a inferno nazionale da quando alcune inchieste della magistratura e gli articoli di giornale che ne davano conto, la qualificarono capitale dell'industria dei sequestri"

(RAPIMENTI) La corrispondenza a senso unico è cominciata allora, ma il diluvio epistolare è piovuto più tardi. Nei mesi conclusivi del sequestro Casella con l'angoscioso spettacolo della madre del ragazzo prigioniero che s'incatenava per protesta nelle piazze della Locride. E specialmente dopo che le forze dell'ordine uccisero a Luino il 16 gennaio 1990 quattro calabresi in trasferta - tre erano appunto sanlucoti, (...) per rubarsi un ostaggio da portare sulla montagna. Poi vennero i funerali, con la gente accorsa in massa nonostante il divieto del prefetto e con le vedove che urlavano «assassini» ai militari che presidiavano il cimitero. (...) «Vivevamo una situazione assurda e crudele: se piangevamo i nostri morti diventavamo di colpo il paese dell'anti Stato», ricorda Angelo Strangio, professore di chimica, comunista, che all'epoca guidava la giunta.. «Ora, qualsiasi cosa quei tre avessero progettato di fare, per noi erano tre morti (e in che modo oscuro, morti!) verso i quali ci sembrò impietoso che fossero negate persino le esequie. Purtroppo nel clima di travisamento generale, con addosso i riflettori di mezzo mondo, non potevamo più neanche parlare. Se chiedevamo dei funerali normali, certi cronisti scrivevano che era stato proclamato il lutto cittadino in onore dei briganti» (...) Le lettere... capitarono nelle mani di due giornalisti calabresi, Filippo Veltri e Diego Minuti, i quali, dopo avere ottenuto l'approvazione del municipio, ne scelsero un'ottantina e le pubblicarono in un libro che è un mo-

numento della volgarità e dei pregiudizi sgangherati che stanno disintegrando l'idea stessa di identità nazionale."(...) (Marzio Breda, *Corriere della Sera del 16 luglio 1991*).

Per completare il quadro descritto da Marzio Breda occorre ricordare l'effetto mediatico delle sconvolgenti fotografie di Carlo Celadon, il ragazzo veneto prigioniero in Aspromonte, liberato il 5 maggio 1990, dopo una lunghissima prigionia trascorsa in condizioni disumane.

Altrettanto sconvolgenti i fatti di Luino, dove le forze dell'ordine il 16 gennaio 1990 uccisero quattro calabresi (tre sanluchesi) durante un tentativo di sequestro. La "strage di Luino" ebbe uno strascico polemico sui giornali e nel Parlamento.

L'impatto emotivo della vicenda "Luino" fu enorme: ingigantì l'anti-meridionalismo leghista, e accentuò il processo di distanziamento psicologico di larghi strati della popolazione di San Luca dalle istituzioni del Paese; provocò polemiche all'interno degli schieramenti politici; coinvolse giuristi, giornalisti e intellettuali influenti, *maitre a pensee* tra i quali taluni, noti per l'intransigenza nella difesa del "garantismo democratico", modificarono parere su temi giuridici, costituzionali e religiosi di grande rilievo, quali la liceità dell'uso delle armi da parte delle forze dell'ordine impegnate in operazioni di polizia rischiose, l'esecutività immediata delle sentenze di primo grado per reati associativi, e addirittura la reintroduzione della pena di morte per i sequestratori proposta ufficialmente dall'On. Arnaldo Forlani, cattolico, segretario del Partito della Democrazia Cristiana. Tra i sostenitori della soppressione del principio di innocenza dell'imputato fino a sentenza definitiva, vanno ricordati l'On. Antonio Gava, ministro agli Interni e l'On. Giulio Andreotti, allora presidente del Consiglio dei Ministri, entrambi successivamente processati e condannati per associazione a delinquere. L'On. Antonio Gava nel 1993, due anni dopo, nel giudizio di primo grado, sarebbe stato condannato a cinque anni di reclusione per associazione a delinquere. Per quanto concerne l'On. Giulio Andreotti, anch'egli imputato per reati associativi, *"La sentenza di primo grado è del 23 ottobre 1999 ed è di assoluzione con il comma 2 dell'articolo 530 cpp, la vecchia **insufficienza di prove**. In appello, il 2 maggio 2003, i giudici in parte prescrivono e in parte assolvono l'ex premier. Proclamano la **prescrizione** per il reato di associazione a delinquere (in quegli anni non c'era ancora il reato di associazione mafiosa, 416 bis) "commesso fino alla primavera del 1980".*[62]

LE INDAGINI DI POLIZIA.

In via preliminare, in merito alla faida è opportuno ricordare varie situazioni e diversi fatti che avrebbero potuto indirizzare favorevolmente e subito le indagini di polizia:

a) Negli anni '80, il Ministero dell'Interno impiantò a Bovalino, Comune limitrofo, un poderoso apparato investigativo-repressivo: i NAPS (Nuclei Antisequestro della Polizia di Stato), e istituì nella stessa cittadina ionica il Commissariato di P. S.. Contemporaneamente, l'Arma dei carabinieri incrementò l'organico delle caserme del circondario e potenziò l'apparato anti-sequestri. Negli stessi anni, fu attivato il Servizio Segreto di Stato, che secondo la stampa nazionale in taluni sequestri avrebbe condotto direttamente le trattative e pagato il riscatto con denaro dello Stato.

b) Diversi esponenti dei clan coinvolti nella faida erano stati implicati in diversi sequestri di persona, per cui è ipotizzabile che in quel periodo i loro familiari e le loro abitazioni fossero sottoposti a frequenti controlli di polizia. Antonio Strangio, presunto capo clan dei Nirta-Strangio, era latitante da diversi anni; Giuseppe Vottari, padre di

---

62 ilfattoquotidiano.it del 6 maggio 2013.

Antonio Vottari, era stato ucciso a Bruzzano Zeffirio nel 1986, si disse, durante un tentativo di pacificazione di una faida esplosa per un sequestro; Giuseppe Nirta, padre della prima vittima, era già stato condannato per il sequestro di Giuliano Ravizza;

c) nei cantieri forestali di San Luca, Bovalino, Careri, Casignana, Ardore, dove erano impiegati oltre mille operai sanluchesi, le assenze dal lavoro si intensificarono. L'identificazione degli operai assenti in quel periodo sarebbe stata utile per orientare le indagini. Del resto, all'epoca il settore della forestazione calabrese era al centro dell'attenzione generale, e oggetto di campagne mediatiche scandalistiche sui *lucertoloni,* sia per la scarsa produttività, sia perché si temeva che i caselli forestali di montagna costituissero base logistica dei sequestratori.

d) Analogamente, nelle scuole di San Luca e negli Istituti scolastici frequentati da studenti sanluchesi, le assenze degli scolari residenti in San Luca si incrementarono in misura eccezionale.

I COLLABORATORI DI GIUSTIZIA

- L'Espresso del 9 giugno 2005 ha pubblicato un memoriale di Francesco Fonti, 'ndranghetista implicato nei traffici internazionali relativi allo smaltimento illegale di scorie tossiche e radioattive, (*le navi dei veleni*). Francesco Fonti affermò che *[...] nel 1992, (..) contattò la famiglia di San Luca (...)" "Preciso", conclude l'ex boss, "che dal 1994 ho iniziato a collaborare con la Direzione distrettuale antimafia di Reggio Calabria riguardo ai temi della criminalità organizzata e del traffico internazionale di stupefacenti, e da quel momento non ho più svolto attività per conto della 'ndrangheta".*

- Nel 1997/1998 iniziò a collaborare Rocco Mammoliti, il quale dimostrò subito affidabilità. Il giovane pentito fece dichiarazioni anche riguardo al colloquio del 16 maggio 1993 tra i fratelli De Stefano e Antonio Nirta, oggetto di un'informativa ex-SISDe inerente la faida di San Luca. Infatti, la dr.ssa Rosalba Giarrusso, funzionario della Questura di Reggio, teste nel processo 'Fehida', dichiarò che Rocco Mammoliti era stato interpellato nel 2000. *"Nel corso dell'udienza di ieri* (9 febbraio 2010 ndr) *è stato sentito l'Ispettore capo Rosalba Giarrusso, in servizio presso la Questura di Reggio Calabria, che ha riferito in merito agli accertamenti effettuati a seguito delle dichiarazioni del collaboratore di giustizia Rocco Mammoliti nel 2000.(...) La teste ha confermato il contenuto dichiarativo reso da Mammoliti rispetto ad un incontro avvenuto il 16 maggio 1993 a Reggio Calabria tra Carmine e Giuseppe De Stefano e Antonio Nirta alias "scalzone", nel corso del quale, come riportato nelle motivazioni della sentenza "Olimpia 1", «effettivamente nella faida di San Luca, la cupola o chi per essa intervenne, affinché in quel paese fosse riportata la pace»*[63]

---

63 La Gazzetta del Sud 10 febbraio 2010, processo Fehida, in aula la superteste tedesca.

UN'INTERCETTAZIONE AMBIENTALE DEL S.I.S.De.

Negli anni '80, per contrastare il fenomeno dei sequestri di persona e porre fine alle guerre di mafia che insanguinavo la Città di Reggio Calabria ed i Comuni del circondario, lo Stato potenziò l'apparato di pubblica sicurezza impegnando anche i Servizi Segreti.

Il Servizio per le informazioni e la sicurezza democratica (S.I.S.De.), nell'ambito di investigazioni inerenti la cosca De Stefano, il più famoso dei clan coinvolti in quella lunga guerra, intercettò un colloquio tra Giuseppe De Stefano e Antonio Nirta *"potente boss di San Luca." Quel dialogo ricostruito dagli inquirenti, secondo l'accusa, ... evidenziava tutti i sintomi della faida strisciante in atto a San Luca tra i Nirta-Strangio e i Vottari "frunzi-Pelle, culminata nella strage di ferragosto 2007 a Duisburg.*

L'informativa SISDe, subito adoperata nell'allestimento dell'Operazione Olimpia (1994), in relazione con la faida di San Luca rimase a lungo inutilizzata, nonostante, dal punto di vista giudiziario, fosse stata validata nel processo Olimpia (284 imputati), protrattosi dal 1 luglio 1996 al 9 gennaio1999). Infatti nella sentenza si legge:

"Tali riferimenti trovano, poi, un eccezionale riscontro documentale - in ordine al notevole carisma di grande boss mafioso del Libri Domenico in grado di incidere sugli equilibri mafiosi dell'intera provincia di Reggio Calabria - nella intercettazione ambientale in casa dei De Stefano nel maggio del 1993, durante la quale si chiede espressamente di fare intervenire "Mico Libri" per porre fine ad una faida sanguinosa all'epoca in corso nella zona di Plati-San Luca."

L'informativa in questione, dopo più di un quindicennio, è stata citata nel processo "Fehida". Successivamente anche nel processo "Meta". Infatti, sul Quotidiano della Basilicata del 7 aprile 2014 si legge:

"Il Pubblico Ministero Lombardo, riportò nel processo

alcune parti della documentazione acquisita nell'operazione Olimpia degli anni '90. Da quelle carte, Lombardo ha estratto un'informativa dell'ex SISDE frutto di una intercettazione ambientale effettuata nell'abitazione dei De Stefano contenente un dialogo tra il potente boss di San Luca Antonio Nirta, oggi novantacinquenne, ed il giovanissimo figlio di Paolo De Stefano, poco più che ventenne. Un colloquio cercato dal boss di San Luca. (...) Quel dialogo ricostruito dagli inquirenti, secondo l'accusa, non solo faceva emergere la figura di capo di Giuseppe De Stefano, ma evidenziava tutti i sintomi della faida strisciante in atto a San Luca tra i Nirta-Strangio e i Vottari "frunzi-Pelle, culminata nella strage di ferragosto 2007 a Duisburg. Un conflitto segnato da una lunga lista di omicidi che i De Stefano dovevano, con la loro riconosciuta caratura criminale, aiutare a stoppare "per il bene di tutti".[64] *"Un'intercettazione ambientale, eseguita il 16 maggio 1993, a casa della vedova di Giorgio De Stefano, Rosa Errigo, dove il Nirta invocava l'intervento di Domenico Libri, di Giovanni Tegano, dei figli del De Stefano per porre fine alla faida di San Luca".*[65]

La locuzione del PM Lombardo *"Quel dialogo ricostruito dagli inquirenti, (...) evidenziava tutti i sintomi della faida strisciante in atto a San Luca tra i Nirta-Strangio e i Vottari "frunzi-Pelle"* attesta che le famiglie coinvolte erano riconoscibili quanto meno fin dall'intercettazione ambientale del 16 maggio 1993.

Peraltro, la circostanza che *"fosse stata riportata la pace"* con immediatezza, (dal 1993 al 2005), avvalorava oggettivamente le informazioni sui belligeranti, e delimitava i confini entro cui indagare per individuare i soggetti coinvolti in quella guerra.

---

64 Processo Meta, Il quotidiano della Basilicata, 7 maggio 2014.

65 www.cinquantamila, corriere.it/storyTellerThread.php?, Giorgio Dell'Arte - Massimo Parrini, Catalogo dei viventi 2009, Scheda aggiornata al 5 ottobre 2008).
Sostituto procuratore nazionale antimafia dr Vincenzo Macrì, Commissione parlamentare antimafia, Audizione 4 dicembre 2007.

"In effetti, qualche intervento in quell'occasione dovette esserci, perché nel 1993 i focolai di guerra a San Luca furono domati e non se ne ebbero ulteriori manifestazioni fino al 2005; per dodici anni, quindi, quella metodologia fornì una sorta di soluzione."[66]

E' il commento del Sostituto procuratore nazionale antimafia dr Vincenzo Macrì, audito dalla Commissione parlamentare antimafia, "componente della Direzione Nazionale Antimafia con sede in Roma, dal 1993 sino al 2010, prima in qualità di sostituto e, da ultimo, come procuratore aggiunto. Nel periodo 1993-2010 Vincenzo Macrì è stato coordinatore, in tempi diversi, dei dipartimenti 'ndrangheta, camorra e sacra corona unita". *(...)* (www.tramefestival.it/cms/ 2014/vincenzo-macri/

VARIE INFORMATIVE DI POLIZIA

Inoltre gli investigatori erano in possesso di varie *informative di polizia,* che secondo la testimonianza della Dottoressa Rosalba Giarrusso fin dal 1991 *avevano interessato diversi soggetti che sarebbero collegati ai fatti criminosi della faida di San Luca* ("scherzo di carnevale", omicidio di Antonio Vottari, Strage del Primo maggio 1993). Le informative cui si riferiva la dr.ssa Giarrusso dovrebbero riguardare gli omicidi (sette) consumati nella prima fase dello scontro (Carnevale 1991-primo maggio 1993).

In relazione alla faida di San Luca, il documento riservato ex SISDe, fu inutilizzato, "congelato" per diversi anni. Analogamente, anche *diverse informative che fin dal 1991, hanno interessato diversi soggetti che sarebbero collegati ai fatti criminosi della faida di San Luca.*

Informative ricordate dalla D.ssa Rosalba Giarrusso, funzionario della Questura di Reggio Calabria, teste nel processo "Fehida".

---

66 Commissione parlamentare antimafia: Audizione del vicecapo della Polizia e direttore centrale della Polizia criminale, prefetto Nicola Cavaliere, 5 dicembre 2007.

LA FAIDA POTEVA ESSERE STOPPATA?
AVERE SVILUPPI MENO CRUENTI?
LA STRAGE DI DUISBURG SI POTEVA EVITARE?

La Polizia, i media e diversi uomini politici tedeschi asserirono che la strage poteva essere evitata, addebitandone la responsabilità alle autorità italiane, per il fatto di non aver segnalato l'arrivo in Germania di *determinati personaggi.*

Nella polemica incentrata sugli ultimi avvenimenti di sangue aleggiava la circostanza che lo scontro tra i due clan si protraesse da lungo tempo, da sedici anni.

Le autorità italiane in quella polemica furono compatte, fecero squadra come suol dirsi. Alla luce di quanto emerso dai resoconti stenografici delle Audizioni presso la Commissione parlamentare antimafia del Ministro dell'Interno Giuliano Amato, del Vice capo della polizia, Nicola Cavaliere, e del sostituto procuratore nazionale antimafia, consigliere Carlo Caponcello, delegato al Servizio di Cooperazione Internazionale con la Germania, la polemica, che riguardava il periodo da giugno 2007 in poi, fece trasparire due diverse concezioni dell'attività e dei metodi di polizia, e della privacy dei singoli cittadini.

Tale dicotomia emerge dalle seguenti dichiarazioni del Vicecapo della Polizia Nicola Cavaliere (5 dicembre2007), del Ministro dell'interno Giuliano Amato (4 ottobre 2007), e, in seguito, del Dottor Carlo Caponcello, sostituto Procuratore nazionale antimafia (31 luglio 2012):

MINISTRO DELL'INTERNO: *La vicenda si e' svolta in questo modo: la Polizia italiana aveva segnalato a quella tedesca, ben prima della tragedia, la presenza in Germania di questi personaggi. La Polizia tedesca, seguendo l'indicazione dei colleghi italiani, aveva iniziato a tenerli d'occhio, ma per farlo li doveva tenere anche « d'orecchio » e a tal fine aveva bisogno di un'autorizzazione dell'autorità giudiziaria italiana.*

Quindi, il Ministro Giuliano Amato, giurista rinomato, già due mesi prima dell'audizione del Vicecapo della Polizia, implicitamente, aveva riconosciuto che "il documento di 16 pagine, cui si sarebbe riferito il Dott. Cavaliere" il 5 dicembre successivo, dal punto di vista del diritto internazionale non aveva valore.

NICOLA CAVALIERE : I poliziotti italiani "*Lasciarono dunque informalmente questa relazione, a mio avviso forse anche troppo completa, dettagliata, di circa 16 pagine. Si lasciarono dopo tre giorni, dopo essersi scambiati una serie di notizie e di filoni di indagine, con l'intesa di incontrarsi di lì a poco, in quanto sicuramente la rogatoria sarebbe diventata ufficiale e anche giudiziaria; però nel frattempo, se lo avessero ritenuto opportuno, avrebbero potuto già servirsi delle notizie che la squadra mobile di Reggio Calabria aveva lasciato loro (perché naturalmente non sono andati in ferie!)". Quindi hanno lasciato una serie di notizie in base alle quali nulla vietava ai signori dell'altra polizia di intraprendere qualsiasi attività.* [67]

In buona sostanza, secondo il vice capo della pubblica sicurezza italiana, la polizia tedesca avrebbe potuto intraprendere "qualsiasi attività".

Il 31 luglio 2012, il Sostituto Procuratore, Dr. Carlo Caponcello davanti alla Commissione parlamentare antimafia, riferendosi a richieste e rogatorie internazionali per l'effettuazione di registrazioni telefoniche e intercettazioni ambientali, disse testualmente:

"*(...) Ma i tedeschi, signor Presidente, hanno una cultura e un retaggio particolare, dalla DDR al regime nazista, quindi è evidente che hanno delle resistenze. La Corte costituzionale tedesca nel 2004 ha eliso, cassato ed eliminato dal mondo del diritto delle norme che prevedevano delle intercettazioni ambientali,*

---

67 Commissione parlamentare antimafia: Audizione del vicecapo della Polizia e direttore centrale della Polizia criminale, prefetto Nicola Cavaliere, 5 dicembre 2007.

sostenendo che una loro grundnorm è quella della riservatezza e della assoluta impossibilita` di dar luogo all'intromissione nella sfera dei privati. "[68]

Ritorniamo al quesito *"la strage di Duisburg si poteva evitare?"* Probabilmente sì. Chi scrive, esprime un'opinione personale.

Con opportuni e tempestivi provvedimenti giudiziari di prevenzione, forse la faida sarebbe stata *stoppata* già dopo il duplice delitto di Carnevale 1991, ovvero prima della strage di Ferragosto 2007. Per quanto riguarda Duisburg, con il fermo preventivo di Marco Marmo, in Italia oppure in Germania, essendo il principale bersaglio di quel sanguinoso agguato, di sicuro egli sarebbe stato salvo. Peraltro, eccettuato Francesco Strangio, il ragazzo diciassettenne nipote del titolare, ospite-collaboratore stagionale estivo, le rimanenti quattro vittime risiedevano in Germania e lavoravano stabilmente nel ristorante "da Bruno", costituivano bersaglio raggiungibile in qualsiasi momento. Anche anteriormente, ovvero dopo Ferragosto 2007. Una carneficina di quelle dimensioni, verosimilmente, non sarebbe stata eseguita.

Le suddette ipotesi, sia per quanto riguarda lo svolgimento della faida dal 1991 in poi, sia specificatamente in merito all'eccidio di Duisburg, e agli addebiti dei tedeschi alle autorità italiane *"per il fatto di non avere segnalato l'arrivo di determinati personaggi"*, discendono da un'attenta disamina di quanto emerso pubblicamente in quel periodo, e dalla consultazione di vari resoconti della Commissione parlamentare antimafia, sui quali ci soffermeremo tra poco.

Riguardo all'ipotesi circa l'evitabilità della strage di Ferragosto, e l'eventuale possibilità di fermare o modificare l'epilogo

---

[68] Commissione parlamentare antimafia: Audizione del sostituto procuratore nazionale antimafia, consigliere Carlo Caponcello, delegato al servizio di cooperazione internazionale con la Germania (marted1' 31 luglio 2012).

dello scontro armato, si riassumono fatti, testimonianze e dichiarazioni spontanee pubbliche, in parte già descritti nelle pagine precedenti, che, anche al fine di scongiurare interpretazioni distorte, si riassumono:

- L'intercettazione ambientale, effettuata dal S.I.S:De. il 13 maggio 1993, del dialogo tra Carmine, Giuseppe De Stefano e Antonio Nirta, quando quest'ultimo chiese aiuto per "stoppare" la faida.
- Varie informative di polizia.
- La collaborazione del pentito Rocco Mammoliti, argomento di testimonianza nel processo 'Olimpia1': *"Nel corso dell'udienza di ieri è stato sentito l'Ispettore capo Rosalba Giarrusso, in servizio presso la Questura di Reggio Calabria, che ha riferito in merito agli accertamenti effettuati a seguito delle dichiarazioni del collaboratore di giustizia Rocco Mammoliti nel 2000. (...)*[69]
- Diverse intercettazioni ambientali: *Ci sono intercettazioni nelle quali si parla di armi. E anche alcuni filmati registrati durante un blitz a San Luca nel marzo scorso: nel covo quattro posti letto, televisori, dvd, frigoriferi zeppi di cibo (...) armi (...) e uno scanner.*[70]

5) L'intercettazione del colloquio tra Giuseppe Pelle, e il suocero Francesco Barbaro, effettuata nel carcere di Carinola (febbraio 2007). *Un dialogo che per la DDA è una sorta di pietra miliare.*[71]

- L'intercettazione del dialogo di un non identificato intermediario-paciere al quale, *secondo fonti degli investigatori, i Vottari avrebbero risposto "cu campa campa e cu mori*

69 Gazzetta del Sud, 10 febbraio 2010, Processo 'Fehida', in aula la superteste tedesca.
70 Ibidem, I baby killer: facciamo come i corleonesi, ecc ecc).
71 La gazzetta del Sud, Pino Masciari 3 giugno 2011) Vedi anche 'l'Unità', "Nessuno li tiene", di Enrico Fierro, pubblicato nell'edizione nazionale (pagina 9), sezione Interni, 21 August 2007.

mori", "chi vivrà vivrà e chi morirà morirà"[72]

Riguardo a Marco Marmo, il personaggio più importante della fase apicale della faida, si sottolinea:

- Marco Marmo, *principale obiettivo dell'inaudita azione di fuoco perchè sospettato di essere stato il custode delle armi utilizzate per uccidere, (...)*[73] *"la polizia lo teneva sotto controllo, le microspie lo avevano registrato mentre diceva che voleva procurarsi armi speciali, mitragliette da usare in quella faida."*[74]

- La dichiarazione congiunta del dirigente della squadra mobile Renato Cortese e del comandante provinciale dei Carabinieri Antonio Fiano, i quali *"hanno descritto l'organizzazione dei due gruppi contrapposti della faida, ed hanno individuato Marco Marmo, uno degli uccisi a Duisburg, "come elemento strategico delle armi ai Pelle-Vottari, reperite soprattutto sul mercato criminale iugoslavo".*

- Pedinamenti e controlli di polizia: *Erano tutti «monitorati» i picciotti delle famiglie di San Luca. Marco Marmo, una delle vittime della strage di Duisburg, era seguito da giorni. Dei suoi movimenti si sapeva tutto, grazie ad un sistema di microspie che i carabinieri avevano piazzato nella Golf nera. Gli investigatori avevano il sospetto più che fondato che il picciotto della famiglia Pelle-Vottari si stesse recando in Germania per rifornirsi di armi da usare nella guerra di San Luca. Ma arrivato a Roma, Marmo decide di noleggiare un'auto, non si fida di portare le armi nella sua Golf, troppo conosciuta dagli investigatori e, quel che più conta, dai soldati delle famiglie nemiche. I carabinieri riescono a recuperarne la targa, e decidono, in accordo con i magistrati, di aspettare che Marmo torni con*

72 "Cu campa campa e cu mori mori" quando i Vottari risposero agli emissari di pace dei Nirta-Strangio.
73 Relazione annuale sulla 'ndrangheta approvata dalla Commissione nella seduta del 19 febbraio 2008 (Relatore: on. Francesco FORGIONE).
74 Corriere della Sera, del 17 agosto 2007.

le armi per fermarlo. In mano hanno buon materiale per ricostruire una serie di «passaggi» della faida di San Luca, non ancora sufficiente però per far scattare un fermo. [75]

All'inizio di agosto, venti giorni dopo il delitto Campisi, (12 luglio 2007) *dalla Questura di Reggio Calabria era partito un fonogramma per il commissariato di Bovalino e la stazione Carabinieri di Locri che sollecitava un'attività di vigilanza costante nei confronti del Marmo. "Tenuto conto della pericolosità sociale del predetto- si legge nel provvedimento- si chiede di continuare a seguirne la condotta e trasmettere ogni elemento che attesti la frequentazione di pregiudicati (...)" Marmo fu diffidato dal Commissariato di PS di Bovalino il 1° agosto 2007.*

"Marmo dovevano arrestarlo pieno di armi" [76]

Marco Marmo, "elemento strategico delle armi ai Pelle-Vottari" costantemente monitorato dagli inquirenti italiani, nei giorni precedenti Ferragosto – "alcune settimane prima di quel tragico 15 agosto 2007" -, si recò in Germania, per rifornirsi di armi da usare nella guerra di San Luca.

Tutto ciò, dunque, dimostra che nel momento in cui Marco Marmo fu lasciato libero di trasmigrare in Germania, probabilmente a suo carico dovrebbero esserci già gli estremi, gli elementi d'indagine necessari per adottare quantomeno un fermo di polizia. E, ovviamente, avvalora ulteriormente l'ipotesi che la strage si potesse evitare.

---

75 I baby killer: «Facciamo come i Corleonesi» Le intercettazioni sul progetto di faida: «Uccidiamoli tutti». Marmo dovevano arrestarlo pieno di armi. (di Enrico Fierro). Inviato a San Luca (Reggio Cal.) l'Unità , 18 August 2007, pubblicato nell'edizione Nazionale (pagina 5) nella sezione "Interni".

76 Marmo dovevano arrestarlo pieno di armi. (di Enrico Fierro). Inviato a San Luca (Reggio Cal.) l'Unità, 18 August 2007, pubblicato nell'edizione Nazionale (pagina 5) nella sezione "Interni".

VICENDA DUISBURG:
IL COMMENTO DEL MINISTRO DELL'INTERNO

Il Ministro Giuliano Amato, rilasciò la seguente dichiarazione: *"Quanto accaduto stanotte a Duisburg è un fatto gravissimo, la coda di un delitto tra le famiglie accaduto a San Luca, ed ora l'attenzione è che non ci sia un atto terzo in Calabria, - ha detto il Ministro dell'Interno Giuliano Amato, nel corso del tradizionale incontro di Ferragosto con la stampa (2007 n.d.r.). Uno degli autori dell'ultimo delitto avvenuto a San Luca, infatti, ha aggiunto il Ministro, è forse una delle persone uccise stanotte a Duisburg. Questa persona - ha sottolineato Amato - si aspettava che accadesse qualcosa e sembrava fosse alla ricerca di armi per difendersi, ma è stato raggiunto prima da chi voleva vendicarsi che dalla giustizia. (...)"*

Dopo Ferragosto 2007, l'ambito territoriale delle indagini, la competenza sulle investigazioni si ampliarono, coinvolgendo la Repubblica Federale Tedesca. Il caso "faida di San Luca" divenne *affaire* internazionale, acquisì o avrebbe potuto assumere risvolti diplomatici europei.

La faida di San Luca divenne un puzzle internazionale potenzialmente dirompente anche sul piano istituzionale e politico interno.

Il 29 agosto 2007, Polizia e Carabinieri eseguirono trenta arresti su quaranta ordini di cattura emessi dai Magistrati di Reggio Calabria. Nell'operazione "Fehida" sono stati impegnati *duecentocinquanta carabinieri, duecento poliziotti, due elicotteri dell'Arma, un elicottero della Polizia, due nuclei dei cacciatori di Calabria, (e) dieci unità cinofili*[77].

---

77 "Il giornale", del 30 agosto 2007.

IL COSTO FINANZIARIO
A CARICO DEL SISTEMA CARCERARIO ITALIANO

Fare prevenzione, oltre che sul piano dell'ordine pubblico e della pace sociale, produce effetti positivi anche per le finanze dello Stato. L'apparato di polizia, le strutture logistiche e in proporzione il personale amministrativo, compreso quello del sistema carcerario, richiedono impegni finanziari considerevoli. Spesa non facilmente quantificabile in quanto essa grava sul bilancio di diversi Ministeri.

Tuttavia, a tal fine, sono significativi i risultati di un recente studio sul sistema carcerario.

Infatti, "Secondo le analisi del Dipartimento di Polizia Penitenziaria in Italia un carcerato costa mediamente 3511 euro il mese".[78] *(...),* l'ergastolo con queste cifre, viene a costare allo Stato 1.236.960 Euro, calcolando una reclusione di 30 anni.

Nel processo di Primo grado, relativo alla faida di San Luca, sono stati comminati otto ergastoli e 40 anni di carcere. Nel caso che, al termine dell'iter giudiziario, in ipotesi, la Corte di Cassazione confermasse le sentenze di condanna, lo Stato Italiano si accollerebbe una spesa complessiva di 11.580.960 euro. Al riguardo, si deve evidenziare che il dato statistico suddetto è soltanto esemplificativo. Ciò anche in considerazione del fatto che la situazione processuale è tuttora in itinere.

In ogni caso, qualora, con un'adeguata azione preventiva, la guerra tra i due clan fosse stata bloccata prima, in ipotesi nel periodo tra i primi due delitti e l'uccisione del presunto autore degli omicidi, quando *"Secondo l'analisi degli investigatori, i due clan, (...) tentarono per la prima volta una tregua nei mesi successivi alla mattanza di Carnevale (...) L'accordo prevedeva*

---

78 Dal sito Radicali Italiani.it, Articolo di Maghdi Abo Abia pubblicato su www.giornalettismo.com del 16/7/2013).

che chi aveva sparato, Antonio Vottari, avrebbe avuto salva la vita, a patto che lasciasse San Luca"[79], con la sua carcerazione ed eventualmente con la successiva condanna, probabilmente, la prosecuzione del sanguinoso scontro sarebbe stata scongiurata fin dalle fasi iniziali.

In tale evenienza, la clausola *"a patto che lasciasse San Luca"* sarebbe stata adempiuta indipendentemente dalla volontà di Antonio Vottari. Trattandosi di omicidi occasionali, cioè non premeditati e non concordati con altri complici, nella peggiore ipotesi, la pena massima sarebbe stata: un solo ergastolo, "una reclusione di trenta anni". Le finanze statali avrebbero dovuto accollarsi 1.236.960 Euro per un solo ergastolo, cioè 10.344.000 Euro in meno di quanto necessario nella suddetta ipotesi, in base alle analisi del Dipartimento di Polizia Penitenziaria, soltanto per la detenzione in carcere.

Per una stima del carico finanziario complessivo che lo Stato dovrebbe assumersi per effetto della faida, si dovrebbero quantificare anche le somme necessarie per il mantenimento del mastodontico apparato di pubblica sicurezza, che al 31 marzo 2007 era sovradimensionato di un terzo rispetto alla media nazionale. Ovviamente pro-quota, cioè nella misura ascrivibile alla vicenda faida di San Luca, relativamente agli anni trascorsi dal 1991 ad oggi, ed in seguito, per il tempo necessario per la standardizzazione dell'apparato di pubblica sicurezza in Calabria. *"In proposito, giova ricordare che il rapporto operatore/popolazione risulta essere per la regione Calabria pari a 1/175, superiore al valore nazionale (1/261) e che, alla data del 31 marzo 2007, le forze di polizia (dati non comprendenti il personale impiegato in servizi tecnico-logistici, amministrativi, addestrativi e così via) erano presenti sul territorio regionale con una forza effettiva di 11.433*

---

79 La Stampa del 24 marzo 2013.

operatori così suddivisa: Polizia di Stato, 4.206 operatori; Arma dei carabinieri, 4.904 operatori; Guar dia di finanza, 2.323 operatori; Guardie forestali. [80]

INDAGINI DI POLIZIA E DIBATTITO NELLA COMMISSIONE PARLAMENTARE ANTIMAFIA DOPO LA RIPRESA DELLA FAIDA

All'inizio di questo capitolo abbiamo descritto sommariamente l'atmosfera mass-mediatica anti-San Luca in quegli anni. Adesso è opportuno ricordare il quadro delle leggi e delle nuove Istituzioni giudiziarie antimafia.

Nel 1990-1991, dopo la liberazione di Cesare Casella (30 gennaio 1990) e di Carlo Celadon (5 maggio 1990), i due sequestri di persona che maggiormente indignarono gli italiani, la legislazione in materia di lotta alla criminalità subì mutamenti radicali mediante la creazione di nuovi Organi istituzionali specifici: Direzione Nazionale Antimafia, Direzioni Distrettuali Antimafia, Direzione Investigativa Antimafia.

Occorre, quindi, tratteggiare il quadro delle norme relative alle competenze in materia di indagini; alle procedure giudiziarie; e più in generale alle funzioni assegnate a ciascun soggetto interessato, (DNA, DIA, DDA, Polizia, Carabinieri e Guardia di Finanza).

A tale fine si trascrivono ampi stralci di una relazione, presentata in un convegno dal Sostituto procuratore nazionale antimafia dottor Alberto Maritati e, in successione, alcune parti degli interventi di diversi deputati e senatori, in occasione di alcune audizioni presso la Commissione parlamentare antimafia.

La relazione del Dottore Alberto Maritati è stata pubblicata sui siti: *www.csm.it/quaderni/quad_99b.htm; www.csm.it/quaderni/quad_99b/qua_99_2.pdf.*

---

80 Commissione parlamentare antimafia, Audizione Prefetto di Reggio Calabria,

PER DELITTI DI CRIMINALITA' ORGANIZZATA: IL RUOLO DEL PROCURATORE NAZIONALE E DEI NUOVI ORGANI ANTIMAFIA, SECONDO IL DR. ALBERTO MARITATI, SOSTITUTO PROCURATORE NAZIONALE ANTIMAFIA

Frascati 12-15 dicembre 1996).

"Il legislatore, nell'ambito della strategia di risposta repressiva al fenomeno criminale mafioso, con il D.L. 20 novembre 1991, n. 367, poi convertito nella L. 20 gennaio 1992, n. 8, dava vita alle Procure Distrettuali e alla Procura Nazionale Antimafia.

Assetto organizzativo dei servizi speciali di Polizia (...) La riforma non si limitò all'assetto organizzativo del Pubblico ministero, ma anche alle forze di Polizia. Ed infatti, con il D.L. n. 152 del 1991, convertito in legge n. 203/1991, furono istituiti i servizi centrali ed interprovinciali delle forze di polizia, ai quali è stato conferito il compito prioritario di sviluppare l'attività di contrasto della criminalità organizzata. La legge prevede inoltre che tali servizi centralizzati, in talune regioni o in contesti particolari, si organizzino operativamente in organismi interforze. (...)

L'articolo 12 della stessa legge n. 203 del 1991 demanda al Pubblico ministero il compito di curare il coordinamento investigativo ed operativo, dandogli espressamente la possibilità di avvalersi congiuntamente dei tre servizi centrali di polizia, impartendo loro le opportune direttive.

La previsione normativa assume rilievo, in quanto in linea con il codice di procedura penale che ha conferito al Pubblico ministero le funzioni direttive delle indagini, - art. 327: il PM dirige le indagini e dispone direttamente della polizia giudiziaria – art 330: il P. M: e la polizia giudiziaria prendono notizia dei reati di loro iniziativa; art 347 e 348: il P. M., ricevuta la notizia di reato, impartisce le direttive per lo svolgimento delle indagini, ma soprattutto concorre a sancire il principio per cui anche le

attività di investigazioni vere e proprie, in presenza di collega-
menti attuali o potenziali, debbano essere coordinate dalla magi-
stratura inquirente. Il processo di ristrutturazione della polizia
non si fermò tuttavia a quel punto, in quanto il legislatore, (...)
con il D. L. 29 ottobre 1991, convertito nella legge 30 dicembre
1991, n, 410, istituiva la Direzione Nazionale Investigativa
Antimafia, congiuntamente al Consiglio generale per la lotta alla
criminalità organizzata che dovrebbe svolgere il ruolo, come
sommo vertice organizzativo di settore, di distribuire i vari com-
piti tra le forze di polizia.

L'organo è presieduto dal Ministro dell'Interno e composto
dai vertici delle tre Armi, nonché dai Direttori del S.I.S.M.I., del
S.I.S.D.e. che, dall'art. 2 della legge n. 410 del 1001 (istitutiva
della D.I.A.) hanno ricevuto competenze di ricerca informativa,
in materia di criminalità organizzata di tipo mafioso. (...)

La D.I.A. nasce con il compito di coordinamento preventivo
delle attività rivolte al contrasto della criminalità organizzata
nonché per effettuare indagini di polizia giudiziaria per i soli
reati di associazione mafiosa e per quelli consumati nell'ambito
delle attività ascrivibili alle cosche mafiose.

Da un lato, infatti, nell'art. 3. 3° comma della legge 410/
1991 si legge che (la DIA) deve operare "in stretto collegamen-
to" con gli uffici e le forze di polizia esistenti, centrali e perife-
riche, per realizzare l'obiettivo del coordinamento, dall'altro,
con il successivo 4 comma è previsto che "i servizi centrali ed
interprovinciali devono costantemente informare il personale
investigativo della D.I.A., incaricato di effettuare indagini colle-
gate, di tutti gli elementi informativi ed investigativi di cui siano
comunque venuti in possesso e sono tenuti a svolgere congiunta-
mente con il predetto personale, gli accertamenti investigativi
richiesti"

"Gli sforzi del legislatore diretti ad assicurare un coordi-
namento effettivo sin dalle prime fasi dell'accertamento dei reati

e dell'individuazione delle relative fonti di prova, non può dirsi certamente soddisfatto da una simile impostazione dell'impianto organizzativo e funzionale dei non pochi organismi speciali di polizia predisposti per la lotta alla mafia. (...)

Non a caso infatti, il legislatore, in un'unica soluzione, ha istituiti la Procura nazionale e le Procure distrettuali, dando vita nel contempo, come abbiamo innanzi ricordato nel settore delle polizie, alla Direzione Investigativa Antimafia.

Da tale premessa scaturisce la necessità che, nell'esaminare le funzioni e il ruolo della Procura nazionale, si deve tenere ben presente l'obiettivo fondamentale cui le sue attività sono dirette e della ratio della sua istituzione. (...)

Prescindendo dagli indubbi effetti positivi sul piano delle potenzialità e capacità investigative degli organismi speciali, non può dirsi risolto il delicato problema di un delicato coordinamento in un sistema che, lungi dall'avere risolto il negativo aspetto della "concorrenza", con la istituzione della D.I.A., come è attualmente strutturata, sembra avere addirittura acuito l'annoso clima di concorrenza scarsamente collaborativa tra le varie polizie."

E ancora " Il "collegamento investigativo" pertanto, nel settore dei reati comunque collegati alla criminalità organizzata, è una esigenza reale tutt'altro che marginale e necessita di un tempestivo coordinamento che non può che fare capo al Procuratore nazionale antimafia.

Ed è per tale funzione che va rispettato il dovere di informativa, sulle investigazioni più di rilievo cui la D.I.A. o i servizi centrali delle tre Armi abbiano avviato di propria iniziativa.

Solo in tal modo si potrà utilmente ottenere il collegamento ed il coordinamento investigativo da tempo e da ogni parte invocato ma praticamente disatteso, per via di una cultura fondata su un malinteso spirito di corpo o sull'esasperato individualismo degli inquirenti. (...)

La previsione di legge che mira senza dubbio a soddisfare una necessità di coordinamento rimasta per lungo tempo insoddisfatta, si è mostrata tuttavia ben presto inidonea a risolvere il problema, tanto è vero che ad essa ha fatto seguito il successivo art. 371-bis in cui al Procuratore nazionale viene conferito tra l'altro, il compito del coordinamento non solo delle indagini vere e proprie ma anche delle investigazioni.

E questo infatti il senso della previsione per cui il Procuratore nazionale – che dispone della Direzione investigativa antimafia e dei servizi centrali ed interprovinciali delle forze di polizia – esercita funzioni di impulso nei confronti dei Procuratori distrettuali "al fine di rendere effettivo il coordinamento delle attività di indagine e di garantire la funzionalità dell'impiego della polizia giudiziaria nelle sue diverse articolazioni e di assicurare la completezza e tempestività delle investigazioni". (...) Nelle rare ipotesi di persistente continuità sulle decisioni da adottare congiuntamente, toccherà al Procuratore nazionale impartire le necessarie direttive, e nelle ipotesi di perdurante ed ingiustificata inerzia nelle attività d'indagine, ovvero di ingiustificata e reiterata violazione dei doveri sanciti dall'art 371-bis c.c.p., ai fini del coordinamento delle indagini, come ultimo rimedio è previsto l'istituto dell'avocazione della indagini da parte del Procuratore Nazionale. (www.com.it/quaderni/ quad_99b/ qua_99_2.pdf), (www.csm.it/quaderni/quad_99b/ qua_99_2.pdf)

Il Dr Maritati, dopo aver elencato le nuove leggi antimafia, si soffermò sulle funzioni delle singole articolazioni (Consiglio generale per la lotta alla criminalità organizzata, DNA, DDA, DIA). Molto interessanti gli accenni alla banca dati informatica, cioè al progetto S.I.D.D.A/S.I.D.N.A. (Sistema informativo direzione distrettuale antimafia, Sistema informativo direzione nazionale antimafia), già allora (1996) in corso di realizzazione presso la Procura distrettuale di Reggio Calabria; e infine *alla mancata soluzione "del delicato problema" del coordinamento delle indagini di polizia.*

I QUESITI DEI COMPONENTI DELLA COMMISSIONE ANTIMAFIA

Leggendo i resoconti stenografici delle riunioni della Commissione parlamentare antimafia, in particolare i quesiti posti da taluni componenti, si ha l'impressione che essi avessero anche una componente retorica, cioè che i deputati implicitamente intendessero anche denunciare situazioni anomale. Ovvero segnalare discrepanze rispetto alla ripartizione delle funzioni assegnate ai diversi Organi istituzionali antimafia varati negli anni '90 del Secolo XX, e allo stesso tempo incoerenze e distonie rispetto alla configurazione gerarchica disposta dal Legislatore.

Per consentire al lettore di verificare dette sensazioni, trascriviamo parzialmente alcune domande poste da deputati e senatori nelle sedute della Commissione riservate alle audizioni del Ministro agli Interni Giuliano Amato, del Procuratore Nazionale Antimafia, Piero Grasso, e del vicecapo della Polizia Nicola Cavaliere:

ON. ANGELA NAPOLI: *Quali sono i rapporti tra la Direzione nazionale antimafia e le DDA calabresi? Le risulta che esista collaborazione tra le direzioni distrettuali antimafia calabresi e le procure ordinarie calabresi?* (Quesito al Proc. Piero Grasso)

ON. MARIO TASSONE. (...), *vorrei porre un quesito sul coordinamenti investigativo a livello centrale: lei vi ha fatto riferimento anche ieri. Vi sono la Direzione nazionale antimafia e la Direzione distrettuale: vorrei che lei spendesse qualche parola in più sull'attività investigativa. Secondo lei, tale sistema funziona - anche con riferimento alle forze dell'ordine, ognuna delle quali ha una sua particolare specializzazione per quanto riguarda l'attività contro alcune organizzazioni criminali - nel contesto dell'organizzazione criminale? Personalmente, nutro qualche perplessità in merito. Ho dato una mia valutazione e credo che qualche perplessità sia ovvia. Evidentemente, non posso porre domande senza esprimere le mie valutazioni e le mie perplessità. Vorrei sapere se esiste un coordinamento efficace ed efficiente all'interno delle forze dell'ordine, un coordinamento nell'attività investigativa, un'integrità dell'intelligence (...)* (Commissione parlamentare antimafia- Audizione Ministro all'interno Giuliano Amato (Seduta 11 ottobre 2007).

ON. CARLO VIZZINI.*Non intendo ripetere alcune questioni già poste dai colleghi, quale quella riguardante lo stato della collaborazione tra le forze dell'ordine nelle indagini antimafia (tema sempre complesso, controverso e difficile). Chiederò invece se vadano bene i rapporti fra la procura nazionale antimafia e tutte le procure circondariali, che sono investite più direttamente dalla lotta alla mafia, e se la funzione di coordinamento si possa svolgere con le notizie che arrivano, oppure se bisogna, anche in questo caso, affidarsi più ai rapporti personali che non a quelli istituzionali.* (Commissione parlamentare antimafia- Audizione Procuratore nazionale antimafia Piero Grasso - del 31 gennaio 2007)

ON. NITTO FRANCESCO PALMA. *Lei ha fatto riferimento alla banca dati, nonché alla necessità di una circolarità delle notizie all'interno del suo ufficio, e per certi versi tra il suo ufficio e le singole direzioni distrettuali. Non voglio entrare nel merito di questa sua scelta organizzativa, ma le pongo una semplice domanda. Le informazioni, i dati e le copie degli atti giungono dalle direzioni distrettuali in tempo quasi reale oppure no? Le informatizzazioni nelle singole direzioni distrettuali avvengono in un tempo ragionevolmente reale o no?* (Commissione parlamentare antimafia- Audizione Procuratore nazionale antimafia Piero Grasso - 31 gennaio 2007)

ON: MARIO TASSONE: *Qualche giornale ha definito la*

tragedia di Duisburg un grande errore della criminalità organiz-
zata, perché con tale eccidio si è attirata l'attenzione dello Stato
e di tutti i suoi apparati di contrasto. La cattura di latitanti è
però un fatto successivo alla fase di prevenzione, fase che sem-
bra o mancare o non essere perseguita con la stessa efficienza ed
efficacia. (Commissione Parlamentare antimafia-Audizione Piero
Grasso del 17 marzo 2009)

ON. ALBERTO MARITATI: *L'ultima domanda riguar-*
da il suo ufficio. Per motivi legati anche alla mia storia, vor-
rei sapere qual è l'attuale situazione del suo ufficio. Si muove
senza problemi o vi sono difficoltà circa le strutture e gli
organici necessari al sostegno di un ufficio come il suo che è
soprattutto dotato di una delle migliori, più complesse e im-
portanti banche dati che ci siano nel nostro Paese? Il sistema
SIDDA/SIDNA è stato adeguato e convenientemente
supportato? Viene utilizzato al massimo o continua a presen-
tare i vecchi problemi? Soprattutto, vi è stato un adegua-
mento dal punto di vista delle tecnologie? (...) (Commissione
Parlamentare antimafia-Audizione Procuratore nazionale
antimafia Piero Grasso. 17 marzo 2009)

ON. ANGELA NAPOLI. *Signor prefetto, come avviene*
l'attività di coordinamento tra le varie forze di polizia? Mi spie-
go meglio: vi sono settori ben precisi di intervento, di affidamen-
to investigativo? È per caso successo, qualche volta, che le
risultanze delle attività investigative non siano state coincidenti
fra le diverse forze dell'ordine? (Commissione parlamentare
antimafia – Audizione del vicecapo della Polizia , Dottor Nicola
Cavaliere, 5/12/2007)

SEN. ROSA MARIA VILLECCO CALIPARI:
Proprio in relazione alla vicenda di Duisburg, signor pre-
fetto: al di là della relazione informale, in merito all'efficacia
dell'azione (per esempio di repressione, ma anche di prevenzio-

ne, attuata anche dagli apparati di intelligence), il coordinamento tra forze di polizia, che dovrebbero fare azione di repressione, e chi è invece delegato ad azioni di prevenzione, ha funzionato o ci sono delle criticità che vanno superate per il futuro? (Commissione parlamentare antimafia – Audizione del vicecapo della Polizia, Dottor Nicola Cavaliere, 5/12/2007)

SEN. ROSA MARIA VILLECCO CALIPARI. *Mi scusi, signor prefetto: forse non ha risposto alla domanda che interessa di più alla Commissione parlamentare. Ritiene, anche in relazione a quanto ci ha raccontato (che mi sembra molto interessante), che gli strumenti normativi attuali siano idonei, anche sul fronte della collaborazione tra forze di polizia? Non ha nessuna proposta?* (Commissione parlamentare antimafia – Audizione del vicecapo della Polizia , Dottor Nicola Cavaliere, 5/12/2007)

Le domande dei parlamentari concernettero il coordinamento delle indagini, la prevenzione, la collaborazione tra le varie forze di polizia, la DIA, i rapporti tra la DNA e le DDA, i rapporti tra le DDA di Reggio Calabria e Catanzaro, la collaborazione tra i magistrati all'interno delle DDA, e con le Procure ordinarie. Due quesiti riguardarono il sistema informatico SIDDA-SIDNA, in merito al quale il medesimo Procuratore nazionale, il 30 gennaio 2007, disse:

"Il fiore all'occhiello dell'ufficio e` rappresentato dal sistema informativo SIDDA/SIDNA, che mediante l'informatizzazione delle DDA e dei procedimenti costituisce un indubbio strumento per la circolazione delle informazioni e per la concreta realizzazione delle attività` di coordinamento. E` l'unica banca dati giudiziaria che può` essere consultata sia durante la fase delle indagini che vengono dirette dalla magistratura, sia nelle fasi successive, in quanto contiene anche le evoluzioni dei procedimenti, le sentenze."

INTERCETTAZIONI E COLLABORAZIONE DEI PENTITI NELLE INIZIATIVE GIUDIZIARIE DI CONTRASTO ALLE MAFIE

Il Procuratore nazionale antimafia, nell'audizione del 26 giugno 2007, rispondendo ad un quesito dell'On. Mario Tassone, si soffermò anche su*gli strumenti indispensabili per contrastare efficacemente la criminalità organizzata, utilizzati dalla DNA.*

"Gli ultimi due argomenti prospettati dall'onorevole Tassone sono quelli relativi alle intercettazioni e ai collaboratori di giustizia. (...) Purtroppo, in un sistema accusatorio come il nostro, per contrastare efficacemente la criminalità organizzata gli strumenti indispensabili sono due, visto che nelle indagini di mafia mancano i testimoni, i documenti, tutti quegli elementi probatori che si possono trovare in un'indagine normale e mancano spesso le tracce su cui ricostruire gli eventi delittuosi: si può contare sui collaboratori di giustizia e sulle intercettazioni telefoniche. È questo l'unico modo per ottenere, dall'interno delle organizzazioni, delle informazioni utili che poi reggano, stante il nostro sistema accusatorio, che richiede il mantenimento e la formazione della prova fino al dibattimento dinanzi al giudice; (...)

Il collaboratore di giustizia - protetto, certamente - deve ripetere tutto quello che sa dinanzi al giudice (...) Allo stesso modo le intercettazioni, (...) non possono che rappresentare, soprattutto quando vengano meno, per varie ragioni, i contributi dei collaboratori di giustizia, quegli elementi che, uniti alle dichiarazioni, se ci sono, dei collaboratori, sono incontrovertibili, riguardo a quanto è stato riferito e si può riprodurre in un'aula di dibattimento. I due strumenti spesso sono intercambiabili come rapporto causa-effetto, perché spesso dalle intercettazioni si hanno gli spunti per avere chiarimenti dai collaboratori di giustizia su vicende che appaiono oscure all'ascolto, così come da dichiarazioni di un collaboratore di giustizia, che di per sé

non può costituire elemento di prova, si può iniziare un'intercet-
tazione nei confronti di soggetti sospettati che poi possono dare
conferma e riscontro alle varie indagini."(...)

Quindi i criteri adottati nelle iniziative giudiziarie di contrasto alle mafie, in mancanza di testimoni, si basavano su due elementi: intercettazioni e collaborazione dei pentiti. Cosicché in
bas a tale criteri, gli inquirenti disponevano:

a) **nella prima fase, inizialmente:**

- della intercettazione di cui alla "informativa ex SISDE"
relativa al colloquio De Stefano-Nirta;
- di varie informative di polizia che "fin dal 1991, (...) fino alla
strage del Primo maggio 1993, hanno interessato diversi soggetti che sarebbero stati legati ai fatti criminosi di San Luca.";
- dal 1997/1998, del contributo di Rocco Mammoliti;

b) **nella seconda fase, prima dell'eccidio di Duisburg:**

- delle stesse informative; e ovviamente, anche in quest'ultima fase, delle dichiarazioni del collaboratore di giustizia
Rocco Mammoliti;
- di varie intercettazioni ambientali (Colloquio tra Giuseppe
Pelle e il suocero Francesco Barbaro - febbraio 2007 -;
Captazione di dialoghi nei quali si parlava di armi);
- di diverse registrazioni telefoniche: il dialogo di un intermedia-
rio paciere al quale, *i Vottari avrebbero risposto "cu campa*
campa e cu mori mori", "chi vivrà vivrà e chi morirà morirà")[81]
- i tabulati del traffico di alcune utenze telefoniche, oggetto
della testimonianza del Maresciallo dei Carabinieri – Donato Lionetti - nel processo Fehida[82].

---

81 "Cu campa campa e cu mori mori" Quando i Vottari risposero agli emissari di pace
dei Nirta-Strangio, con la frase, "
82 Maresciallo Donato Lionetti , teste nel processo Fehida Processo "Feida" - Prima
dell'omicidio Strangio c'era fermento tra i Pelle Vottari di Aaron Pettinari - 12
marzo 2009) Archivio Antimafiaduemila.com/rassegna stampa).

I PRODROMI DELLA RIPRESA DELLA FAIDA DI SAN LUCA NELLE VALUTAZIONI DEL PROCURATORE NAZIONALE ANTIMAFIA E DEL PREFETTO DI REGGIO CALABRIA

Il Procuratore nazionale antimafia, nella stessa audizione del 26 giugno 2007, riguardo ai timori inerenti la ripresa della faida di San Luca manifestati dalla Commissione parlamentare, disse:

"È stato chiesto se siamo o meno in presenza di una nuova guerra di mafia in Calabria. In realtà, è avvenuto qualche omicidio importante, però non tale da determinare un allarme sotto questo profilo. Si è verificato un episodio che probabilmente genererà una vera e propria faida, come tante altre già registrate: è stata uccisa la moglie di Nirta Francesco, e questo ha già provocato un altro omicidio e, presumibilmente, ne provocherà altri, anche se si cerca di evitarli attraverso le indagini. Si tratta di una faida tra due cosche locali e quindi è da escludere l'allarme su una nuova guerra di mafia."

La risposta del Procuratore Nazionale Antimafia, errata relativamente al nome del marito della donna uccisa il 25 dicembre 2006, - Giovanni Luca Nirta -, fotografava la situazione a dicembre 2006 - gennaio 2007 (omicidi Maria Strangio e Bruno Pizzata). Evidentemente i particolari relativi alla faida di San Luca dal 1991 fino a Natale 2006; gli avvenimenti successivi, da gennaio a maggio 2007, (indagini di polizia, intercettazioni ambientali, registrazioni telefoniche, attentati, un omicidio - il 21 maggio -, non erano stati ancora inseriti nella Banca dati SIDDA-SIDNA, oppure il Procuratore, in quella circostanza, non tenne conto dell'archivio informatico, ovvero preferì tacerne. Tali discrasie, in quel momento, erano secondarie, poco importanti. Destano sconcerto, però:

- Il fatto che l'uccisione di Maria Strangio fosse stata menzionata come un avvenimento a sé, senza riferimenti alla concomitante tentata strage, un «*omicidio importante, però non tale da determinare un allarme (...) un episodio che probabilmente genererà una vera e propria faida, come tante altre già registrate.*»
- La circostanza che nell'ambito della faida fossero già stati commessi dieci omicidi , di cui quattro in un solo giorno (il Primo maggio 1993) e due in uno stesso istante, cioè nell'arco di qualche minuto-secondo.
- L'espressione riguardo a *due recenti omicidi ed a quegli altri che presumibilmente* sarebbero sopraggiunti.
- Il distacco notarile della locuzione (*si tratta di una faida tra due cosche locali*).

Ed è stupefacente la sottigliezza linguistico-semantica nel distinguere "una faida tra due cosche locali" da " una guerra di mafia". Distinzione indefinita che si presta a diverse interpretazioni: f*aida, scontro armato tra di loro;* mentre *una nuova guerra di mafia,* potrebbe significare:*un conflitto tra 'ndranghetisti, o tra mafiosi, che coinvolge e danneggia la società civile.*

Distinzione incauta considerati i seguenti chiarimenti tecnico-giuridici forniti alla Commissione antimafia dal medesimo Procuratore nazionale antimafia il 30 gennaio 2007: *La Direzione nazionale antimafia, tra gli uffici del pubblico ministero, oltre che per le sue competenze istituzionali, si caratterizza per il fatto che gran parte del lavoro viene svolto su iniziativa dell'ufficio. Ciò a differenza delle procure, dove le procedure trattate sono determinate da iniziative obbligatorie e di legge, o da iniziative della polizia giudiziaria, o ancora da privati, o da procedure previste dalla legge. Per questo motivo, il ruolo dell'ufficio e le linee strategiche sono importanti, perché condizionano grandemente l'efficacia della sua azione ed anche la visibilità dell'azione dell'ufficio stesso.*

Distinzione sofisticata, considerati i dieci omicidi perpetrati anteriormente.

Distinzione contraddittoria alla luce dei criteri enunciati dal Procuratore Nazionale davanti alla Commissione parlamentare antimafia, cioè considerati - a suo dire - gli *strumenti indispensabili per contrastare efficacemente la criminalità organizzata* normalmente adoperati dalla Direzione Nazionale Antimafia: *i collaboratori di giustizia; le registrazioni telefoniche ed ambientali.*

Distinzione indefinibile, alla luce della frase: «*in certi paesi come Africo, Platì e San Luca, è lo Stato che deve cercare di infiltrarsi.*»[83], affermazione in seguito suggellata dalla Commissione parlamentare antimafia nella relazione finale annuale.

I TIMORI DEL PREFETTO DI REGGIO CALABRIA

Il Prefetto Luigi De Sena, il 12 giugno 2007, sedici giorni prima dell'audizione del Procuratore nazionale, riferendosi verosimilmente al recente assassinio di Rocco Aloisi, (21 maggio) e ai prevedibili sviluppi della faida di San Luca manifestò grande inquietudine.

"In tale contesto sussistono fondati motivi di preoccupazione per i sintomi tipici che preludono all'avvio di una faida tra famiglie nella provincia di Reggio Calabria, a seguito di un omicidio maturato ed eseguito proprio in tale contesto. Il clima di apparente tranquillità al momento registrato nella regione e, in particolare nel reggino, infatti, non deve falsare la percezione del rischio".

IL TRASFERIMENTO DEL PREFETTO LUIGI DE SENA

Il Prefetto di Reggio Calabria fu audito dalla Commissione parlamentare antimafia il 12, il 20 giugno, e infine il 5 luglio. Trascorso un mese dall'ultima audizione, il 5 agosto, il Dr. Luigi

---

83 Commissione parlamentare antimafia, Audizione del 7 febbraio 2007.

De Sena fu trasferito a Roma. La notizia del trasferimento d'autorità suscitò dubbi riguardo alle motivazioni della decisione ministeriale. Quella decisione, adottata dopo un anno e mezzo dall'incarico, fu oggetto di quesiti al Ministro all'interno, Giuliano Amato, da parte dei deputati Angela Napoli, Mario Tassone, Maria Grazia Laganà Fortugno, e Antonio Gentile. Quest'ultimo disse testualmente: *" le ragioni del trasferimento, se anche passa* **per** *una promozione, non sono da tutti accettate"*

Il 3 ottobre successivo, al termine della seduta-audizione presso la Commissione parlamentare antimafia, Il Ministro agli Interni affermò che il trasferimento del Dr. De Sena era stato deciso su richiesta di Antonio Manganelli, nuovo capo della Polizia di Stato: *"Non dovete pensate che esso possa essere stato determinato dal voler liberare la Calabria dall'incombenza di un bravo prefetto; questo proprio no. In realtà è cambiato il capo della Polizia, ed il capo acquista una priorità nella selezione dello staff di vertice che è destinato ad affiancarlo"*

LE DICHIARAZIONI DEI MAGISTRATI DELLA PROCURA E DELLA D.D.A. DI REGGIO CALABRIA

Nei giorni successivi ai fatti di Duisburg, i giornali hanno riportato diverse dichiarazioni dei magistrati della procura di Reggio Calabria e della Direzione Distrettuale Antimafia del capoluogo reggino.

"Ci sono i presupposti - ha detto il procuratore Franco Scuderi - per giungere alla verità sui tragici fatti di Duisburg. Avevamo la netta impressione che la faida non si fosse conclusa, tant'è che due giorni prima del 15 agosto, in un rapporto di polizia era stato sollevato grande allarme, e così purtroppo è stato".

Per il coordinatore della DDA, Salvatore Boemi, "si tratta di un primo importante successo contro le più agguerrite cosche della Locride". Nicola Gratteri e Alessandra Fimiani hanno parlato "di un lavoro puramente investigativo, poiché nessuno dei parenti delle vittime della faida ha mai inteso fornire notizie utili per identificare gli autori di così gravi fatti di sangue".

Il commento del procuratore Franco Scuderi è sorprendente. Evidentemente, prima del 13 agosto, egli non tenne conto della cadenza degli omicidi recenti (25 dicembre 2005, 4 gennaio, 21 maggio, 12 luglio, 3 agosto 2007)[84], il più prossimo dodici giorni prima della strage consumata in terra alemanna; nè del clamore mediatico internazionale; nè dell'allarme del Prefetto De Sena, il quale, verosimilmente, dovrebbe avere esternato i propri timori sugli sviluppi della faida anche nelle riunioni del Comitato Provinciale per l'ordine e la sicurezza pubblica, Comitato di cui il Capo della Procura di Reggio Calabria fa parte. Salvo che il Procuratore non fosse stato assente proprio in quell'eventuale circostanza.

Sconcertante! A meno che la locuzione riportata sul quotidiano "La Repubblica" non fosse stata inventata dal giornale, oppure la Procura della Repubblica non avesse competenze in quanto *il coordinamento delle indagini gravasse esclusivamente sui PM della DDA, e sulla DNA,* e, quindi, avrebbe dovuto disinteressarsene.

Le parole del Dott. Nicola Gratteri - P. M. nel processo Fehida - e della Dott.ssa Fimiani:*"un lavoro puramente investigativo, poiché nessuno dei parenti delle vittime della faida ha mai inteso fornire notizie utili",* sono sorprendenti e contraddittorie con le analisi del medesimo Dr. Gratteri sulle "regole" della 'ndrangheta 'organizzazione mafiosa centrata sul nucleo familiare', caratteristica, questa, che, aprioristicamente, dobrebbe escludere la collaborazione dei familiari delle vittime.

---

84 www. La stampa.it, 20 aprile 2013.

L'OPERAZIONE "FEHIDA": IL COMMENTO DEL MINISTERO DELL'INTERNO

"E' una risposta forte e necessaria quella dispiegata dallo Stato a San Luca per spezzare la faida mafiosa tra cosche contrapposte della 'ndrangheta che già tanto terrore ha provocato"(...) hanno commentato il Ministro Giuliano Amato e il viceministro Marco Minniti, complimentandosi con le forze di polizia. *"Il fatto che le forze di polizia abbiano operato in stretta sinergia (polizia di Stato e carabinieri) dando seguito alla richiesta della procura distrettuale antimafia di Reggio Calabria che ha deciso oltre 40 fermi, ed abbiano bloccato oltre una trentina di persone accusate di associazione mafiosa ed altri gravissimi reati, testimonia un impegno corale per restituire alla stragrande maggioranza della Locride condizioni di vita normali. (...)* "Le accuse contestate sono di associazione mafiosa, omicidi, traffico di armi ed altro. I provvedimenti sono stati presi nell'ambito dell'inchiesta coordinata da tempo dai magistrati della Dda reggina sulla faida. L'operazione ancora in corso a San Luca e in altri comuni vicini, segna l'epilogo di complesse, parallele indagini nei confronti delle cosche della 'ndrangheta di San Luca, protagoniste della cruenta faida che da oltre un decennio sta insanguinando il paese della Locride, conflitto culminato il giorno di Ferragosto, con la Strage di Duisburg.* [85]

Il Ministro dell'Interno non ha fatto menzione né della Direzione nazionale Antimafia (DNA), né della Direzione Investigativa nazionale antimafia (DIA). Per quale ragione?

---

85 www.interno.gov.it/ministero/export/sites/default/it/sez, 10 settembre 2014, ore 23.05.

INCONGRUENZE E DISCRASIE EMERSE DOPO LA STRAGE

Dai verbali stenografici della Commissione Antimafia, e dalle dichiarazioni di magistrati e funzionari dello Stato, e indirettamente anche dalla dichiarazione inerente l'operazione "Fehida" rilasciata dal Ministro dell'Interno, emergono diverse incongruenze riguardo alle procedure antimafia stabilite dalla Legge, descritte analiticamente nella relazione del Dr. Alberto Maritati.

Tali discrasie riguardarono:
- i criteri e le norme relativi alla ripartizione delle funzioni e all'articolazione gerarchica dei nuovi Organi antimafia per come dettati dalle Leggi istitutive;
- il sostanziale accantonamento dell'Informativa ex-S.I.S.De. riguardo al colloquio del 16 maggio 1993 tra i fratelli De Stefano e Antonio Nirta, relativamente alla faida di San Luca;
- la sottovalutazione dei sintomi di ripresa della faida di San Luca, la facoltà - legittima - di decidere le questioni, i fascicoli, le pratiche, su cui impegnare la Direzione Nazionale Antimafia, principalmente *il fatto che gran parte del lavoro viene svolto su iniziativa dell'ufficio,* cioè della stessa DNA;
- la circostanza che il ministro Giuliano Amato, nell'encomio alle forze dell'ordine e alla Procura distrettuale antimafia di Reggio Calabria, non avesse citato la DNA;
- il fatto che l'audizione del vice Capo della Polizia italiana, dr. Nicola Cavaliere, fosse stata incentrata prevalentemente su Duisburg e sul "documento di 16 pagine" consegnato alla Polizia tedesca tra giugno e luglio 2007, senza neanche un accenno ai dodici morti ammazzati precedentemente, ovvero alla sostanziale 'impasse' investigativo-giudiziaria

che si trascinava da oltre sedici anni. E non per responsibilità dei Tedeschi;

- la circostanza che fossero rimaste inascoltate: la segnalazione preoccupata del prefetto De Sena circa il rischio del riaccendersi della faida, e l'esortazione del medesimo funzionario ad adoperare anche la 'prevenzione';

- infine, la non lieve distonia tra la decisione di lasciare Marco Marmo libero di trasmigrare in Germania, concordata tra Carabinieri e Magistrati (vedi "La Repubblica) la segnalazione della Questura di Reggio Calabria inviata il 1° agosto al Commissariato PS di Bovalino ed ai Carabinieri di Locri, e la classificazione del medesimo Marco Marmo quale elemento strategico nella fornitura di armi ai Pelle-Vottari, classificazione evidentemente antecedente il breve periodo dall'ultimo espatrio alla sua uccisione il 15 agosto.

Il DIRITTO-DOVERE DI CRITICA

Fare proprie alcune critiche e rilievi del Dr. Alberto Maritati; esprimere dubbi e timori; paventare o evidenziare ritardi ed errori; segnalare eventuali difformità riguardo all'osservanza dei regolamenti giudiziari; notare discrasie e incertezze gerarchiche nell'operato degli uomini ai quali è affidata la lotta contro le mafie, cui compete la salvaguardia dell'ordine pubblico e della pace sociale, significa: voler proteggere le Istituzioni dello Stato; tutelare la Costituzione della Repubblica Italiana, e difendere la Democrazia. Il fine più elevato e nobile dei compiti assegnati all'Ordinamento giudiziario e alle Forze dell'Ordine.

La legalità, le procedure, i regolamenti, le direttive non dovrebbero essere rispettati da tutti e per tutti, sopratutto da chi è preposto a farli rispettare?

CONSIDERAZIONI

La ricostruzione storica degli avvenimenti inerenti la faida di San Luca, sufficientamente esaustiva circa la possibilità che venisse stroncata sin dagli inizi, e che la strage di Duisburg potesse essere evitata, a nostro avviso, è articolata ed esauriente.

Un ulteriore sostegno alla suddetta ipotesi scaturisce da alcune domande del Prefetto Luigi De Sena al Procuratore nazionale antimafia e dal Senatore Rosa Maria Villecco Calipari al vice Capo della Polizia Nicola Cavaliere.

- PREFETTO DE SENA: *"Tutto ciò 'pero' non è sufficiente, in quanto manca ancora quella prevenzione generale su cui dovremmo effettivamente lavorare molto più intensamente. Sotto questo aspetto, quali sono le indicazioni che la Direzione nazionale antimafia può' darci, anche in riferimento alle esigenze di aggiornamento normativo? Come lei sa perfettamente in quanto fine conoscitore, molto spesso le norme comprendono una parte di repressione e una parte di prevenzione. Il mio personale convincimento e' che dovrebbe essere privilegiata l'attività di* **prevenzione."**

- SENATORE CALIPARI: *"Proprio in relazione alla vicenda di Duisburg, signor prefetto: al di là della relazione informale, in merito all'efficacia dell'azione (per esempio di repressione, ma anche di prevenzione, attuata anche dagli apparati di intelligence), il coordinamento tra forze di polizia, che dovrebbero fare azione di repressione, e chi è invece delegato ad azioni di prevenzione, ha funzionato o ci sono delle criticità che vanno superate per il futuro?"*

Non conosciamo le rispose del Procuratore Nazionale Antimafia e del Dr. Nicola Cavaliere, forse perché pronunciate durante le fasi di segretazione della seduta della Commissione parlamentare.

Tuttavia, in relazione alle attività di prevenzione, è significativa e perentoria la circolare-manifesto sulla salvaguardia dell'ordine pubblico pubblicata nel sito internet www.interno.gov.it.

"La salvaguardia dell'ordine pubblico va oltre un'attività di ordine repressivo per estendersi fino a ricomprendere ogni determinazione capace di evitare l'insorgere di conflitti ed il loro degenerare in episodi di turbativa.

In tal modo tutelare l'ordine pubblico significa soprattutto prevenire le cause che potrebbero incrinarlo (...)

Tutela dell'ordine pubblico, quindi, come prevenzione degli atti collettivi di violenza e di arbitrio. (...)

In estrema sintesi il compito fondamentale dell'autorità di pubblica sicurezza è di garantire le condizioni di pace sociale, impedendo il concretizzarsi dei fattori che potenzialmente la minacciano, prima ancora che eliminando gli stati di turbativa già in atto. "[86]

IL CLIMA MEDIATICO DOPO LA FAIDA E LA VICENDA DUISBURG.

I fatti criminosi connessi alla faida culminata nella strage di Duisburg, avvalorarono il quadro descritto da Marzio Breda nel 1991 e ingenerarono nell'opinione pubblica nazionale un misto di mitizzazione apologetica della 'ndrangheta, e odio irrazionale nei confronti della popolazione di San Luca. Inoltre diedero linfa a giudizi di colpevolezza sommaria nei confronti dei cittadini, tutti indistintamente condannati negli innumerevoli processi mediatici, dove non si tenne in conto che, oltre i morti ammazzati, ci fu un'altra vittima: la società civile, sconvolta dal dolore per i concittadini scomparsi; atterrita dal timore che la faida si protraesse ulteriormente, e dalla vergogna di essere additata quale corresponsabile. Cittadananza inebetita anche dal risentimento e

---

86 (da www.interno.gov.it)

dal disincanto verso le Istituzioni, incapaci di porvi rimedio, nonché angosciata per l'incertezza del futuro di San Luca, dei suoi bambini e giovani, ai quali per lungo tempo sarà rimproverata l'etnia, l'essere sanluchesi, cioè 'ndranghetisti criminali *a prescindere*. In buona sostanza, dopo la strage di Duisburg, i *sanlucoti*, furono ripudiati dalla comunità nazionale italiana. E ciò dopo essere stati: cacciati dalle loro montagne negli anni Cinquanta, in seguito alle alluvioni del 1951-1953; espulsi dalle proprie abitazioni nel 1973 a causa del catastrofico diluvio abbattutosi sul territorio di San Luca (dicembre 1972-gennaio 1973); e collocati in segregazione dopo il lungo periodo dei sequestri di persona a scopo di estorsione (1973-1990).

Si pensi che tutt'oggi nei copioni di sceneggiati TV (Gomorra e via discorrendo), imperniati su storie di criminalità, Polsi e San Luca sono citati in modo esplicito e indicati come centri criminali suggestivi, irredimibili e indomabili.

E' mai sorto negli autori, produttori e fruitori di tali films e fiction TV, il dubbio che ciò costituisca un subdolo incitamento all'emulazione dei protagonisti, o comunque rappresenti uno stimolo particolarmente diseducativo nei confronti dei giovani italiani, i quali si trovano davanti all'assioma " San Luca uguale 'ndrangheta"; "ndrangheta uguale denaro"; "denaro uguale potere", e quindi di conseguenza indotti a scegliere un modello di vita apparentemente vincente secondo gli standard propagandati da televisione e cinema ? Che siffatta rappresenazione della popolazione di San Luca comporti il reato di calunnia e diffamazione generalizzata?

Lago San Costantino, l'invaso naturale formatosi il 6 gennaio 1973

Manifestazione alluvionati di San Luca a Roma, marzo 1973

CAPITOLO XI

CONSIDERAZIONI FINALI

SAN LUCA IN ASPROMONTE, LESSÌA PER LAVARE LE COSCIENZE

Completata l'indagine 'inerente *San Luca in Aspromonte,* analizzato quanto emerso in merito:
- al "Piano Marshal", che nel dopoguerra comportò la tosatura delle montagne d'Aspromonte, e in concreto fu un modo surrettizio per risarcire gli eserciti anglo-americani, vincitori della Seconda guerra mondiale;
- alle leggi pro-Calabria emanate in seguito alle alluvioni 1951 e 1953, con le quali di fatto il Comune di San Luca fu espropriato dell'intero territorio comunale, e contemporaneamente i pastori estromessi dalle montagne;
- all'alluvione "dicembre 1972/gennaio 1973", quando oltre metà popolazione fu cacciata definitivamente dalle proprie abitazioni, senza alcun indennizzo statale;
- all'illegittima configurazione geografica della Comunità Montana "Aspromonte Orientale" e alla conseguente, trentennale distrazione a favore di altri municipi, delle enormi risorse finanziarie spettanti al Comune di San Luca in ragione delle notevoli dimensioni territoriali e demografiche;
- alla configurazione territoriale del Parco Nazionale dell'Aspromonte che ha tolto al Comune di San Luca la gestione di oltre 80 Kmq di terreni boschivi e agricoli, e, di fatto, negato l'uso civico dell'immenso patrimonio silvo-pastorale comunale pubblico, per effetto di "regolamenti"

contrari alle millenarie usanze locali e alle tradizionali esegenze di vita della popolazione;
- alla disastrosa, secolare situazione scolastica locale;
- alla sistematica esclusione del comune di San Luca dalla programmazione dell'Azienda Sanitaria territoriale;
- all'emarginazione psicologica, sociale e sovente anche fisica dei sanlucoti;
- alla blasfema, incessante dissacrazione mediatica del Santuario della Montagna di Polsi;
- all'incapacità dei sanluchesi di darsi una classe dirigente efficiente, moderna, libera;
- alla codardia, celata nell'adozione degli adagi *"mi fazzu i fatti mei"* (bado alle mie cose) e *"'ndaiu famigghija"* (ho famiglia) relativamente al rifiuto ad assumersi in prima persona responsabilità politico-amministrative, e alla rinuncia sistematica, pregiudiziale a partecipare personalmente alle attività di carattere sociale;
- a condannare la 'ndrangheta ad alta voce, non soltanto nel chiuso delle mura domestiche;
- a denunciare pubblicamente, laddove paventate, eventuali omissioni e prevaricazioni da parte delle Autorità;
- all'atavica arrendevolezza-acquiescenza alle campagne mediatiche, anche quando palesemente infondate e denigratorie;
- e, non ultima, alla rinuncia a intraprendere iniziative legali risarcitorie nei tribunali italiani, davanti alle Corti di Giustizia europee, e, qualora necessario, presso gli Organismi internazionali preposti alla tutela dei diritti dell'Uomo e delle Minoranze, nei confronti di chi – giornalisti, uomini delle Istituzioni o "professionisti dell'antimafia" - sommariamente, cumulativamente accusi i sanlucoti di correità mafiosa.
- alla scomparsa del senso civico e al subentro incontrastato

del disordine civile e dell'anarchia.

- alla situazione di reciproca "extraterritorialità bifronte", cioè da parte delle Istituzioni e, di converso, da parte dei sanluchesi, conseguenza incontrovertibile delle innumerevoli devianze di carattere penale registrate a San Luca nell'ultimo quarantennio e della non sempre tempestiva ed efficace azione messa in atto dalle Istituzioni;
- all'astio dell'opinione pubblica nazionale nei nostri confronti, concausa della "*conventio ad escludendum*" perpetrata contro San Luca dalle Istituzioni provinciali e regionali, e talvolta anche da parte dello Stato;
- al ripudio dei *sanlucoti,* da parte della comunità nazionale italiana dopo la strage di Duisburg;
- ai nostri connazionali che non vogliono lo "Stato che fa giustizia, ma lo Stato che fa la guerra";
- alla Scuola, alla Chiesa cattolica e in generale alla Famiglia incapaci di promuovere "*un cambiamento culturale da attuarsi all'interno della società civile e soprattutto a favore delle giovani generazioni, perché sia per loro chiara la* **convenienza della legalità.**"

INTERROGATIVI

Elencate le vicende storiche che hanno sconvolto il territorio e, dal punto di vista antropoligico, hanno disintegrato una civiltà e una società antiche, fino agli anni Cinquanta miracolosamente integra a causa del plurisecolare isolamento fisico e culturale, è necessario porre alcuni interrogativi:

Qual è la ragione della deriva culturale, etica, civile e sociale della gente di San Luca?

Quale il motivo per cui "*Questa gente*" è stata "*spinta ad arretrare per reazione negli angoli più torvi del proprio passato. A incarognirsi come un malato terminale che ormai esibisce con cinismo la sua stessa morte imminente perché tanto non ha nulla da perdere"?*[87]

"Quale il presupposto perché" *ora, sempre e soltanto San Luca d'Aspromonte è la meta ultima contro cui vengono indirizzati i maggiori risentimenti?*

Considerato quanto emerso dall'indagine storica testè conclusa, c'è una sola risposta: lavare le coscienze.

Quanto più i sanluchesi deviino dalla legge, e si trovino invischiati in vicende delinquenziali, tanto più il nostro essere s'imbianca.

San Luca in Aspromonte è *lessìa*.[88]

"Lessìa" (in dialetto calabrese *lissìa*), lemma scomparso dai dizionari, è un insieme limaccioso di acqua bollente e cenere di lentisco, arbusto tipico della macchia mediterranea, che possiede un elevato contenuto di sostanze detergenti e sbiancanti. La lessìa è un miscuglio grigiastro, fatto ribollire a lungo, e, quindi cosparso ancora bollente sui panni da lavare.

La lessìa si adoperava per detergere e sterilizzare la biancheria più soggetta a contaminazioni igieniche (batteri, acari, etc.).

Lenzuola, federe, asciugamani, indumenti intimi, dapprima lavati con sapone casereccio e collocati a strati in un cesto di vimini erano poi cosparsi d*lessìa*. E lasciati a riposo per 24-48 ore. Le massaie provvedevano a ripulirli e detergerli lungo il greto del Torrente Bonamico, in prossimità di piccole cascate naturali.

---

87   MARZIO BREDA, Corriere della Sera, del 16 luglio 1991.
88   Vescovo di Locri nel 2007, oggi Arcivescovo di Campobasso.

OBBLIGO MORALE DI SALVAGUARDARE LE FIGURE DI CORRADO ALVARO E P. STEFANO DE FIORES OR-GOGLIO E VANTO DI SAN LUCA IN ASPROMONTE

I Sanluchesi, considerati gli sconvolgimenti territoriali-ambientali, economici, sociali e culturali patiti dal 1951 ad oggi, hanno necessità d'intravedere un futuro meno angoscioso di quello attualmente immaginabile, nella certezza di essere cittadini normali. Devono essere anche consapevoli della grandezza etica, intellettuale e spirituale di Corrado Alvaro, e consci della dimensione intellettuale e religiosa di Padre Stefano De Fiores, entrambi 'sanluchesi'. Alvaro e P. De Fiores -due giganti che onorano l'Italia e la Chiesa cattolica - non sono due alieni, ovvero due entità extraterrestri, approdati a San Luca per errore o casualmente. Ambedue sono figli della nostra civiltà e della nostra antica cultura. Tutti e due sono fenomeni biologici scaturiti da intrecci genetici eccezionali, ma non irripetibili. I 'Sanluchesi' devono esserne orgogliosi e nel contempo avveduti dell'obbligo morale di non intaccare la tempra etica e l'immagine poetico-letteraria di Corrado Alvaro. Inoltre preoccupati e interessati a non offuscare lo splendore teologico e il carisma cristiano di Padre Stefano De Fiores, il cantore di Maria Vergine Santissima.

D'altra parte l'opinione pubblica nazionale dovrebbe essere: informata degli eventi naturali catastrofici avversi sopportati dai sanluchesi; edotta dei torti politico-amministrativi, economici e psicologici, storicamente subiti dalla deprecata e infelice comunità aspromontana.

L'Apparato statuale italiano, ciascun soggetto nell'intimità della propria coscienza. dovrebbe riflettere ed esaminare il proprio operato nei confronti dei sanluchesi con sincerità intellettuale, se del caso anche alla luce di quest'estemporaneo e sofferto libello.

Nell'eventualità, non saranno necessarie abiure o confessioni pubbliche, e neppure auto-flagellazioni tardive e sterili.

In tal caso, per l'avvenire, ne deriverà maggiore avvedutezza operativa e più fine sensibilità nei confronti delle poliedriche potenzialità positive dei Sanluchesi. Doti fisiche, qualità psicologiche e intellettuali, oggi purtroppo sprecate, oppure sovente adoperate negativamente.

LA CONVENIENZA DELLA LEGALITÀ

'A lissìa, 'a vucata, il lavaggio superficiale non ci purifica, può solo imbiancare a uso personale le nostre coscienze.

Per vincere gli scrupoli, il dolore, il tormento e l'angoscia effetto delle vicende che nel recente cinquantennio hanno sconvolto San Luca, tutti - Famiglia, Scuola, Istituzioni religiose, Mass-media, lo Stato nelle sue articolazioni istituzionali, la Società civile, - e ciascun cittadino di San Luca - devono acquisire *chiara la convenienza della legalità.*

L'osservanza della Legge è la premessa, *la condicio sine qua non,* delle Libertà. Libertà deve significare piena consapevolezza dei comuni doveri, e simultaneamente riconquista di tutti i diritti costituzionali e civili.

Consapevoli della *convenienza della legalità,* tutti dobbiamo metterci in condizione di riappropriarci del diritto alla libertà, rivendicare la dignità del nostro passato, e riscoprire i valori della nostra antica civiltà.

"Ho la deboleza di credere ai valori della civiltà in cui sono nato e di cui mi sono nutrito" (*Alvaro: I maestri del diluvio, viaggio nella Russia sovietica*)

"LA SPERANZA SUPERA OGNI COSA, VINCE OGNI DIFFICOLTÀ"

E, dunque, per alimentare la speranza in un futuro migliore, immaginiamo di assistere a un dibattito pubblico, partecipi:

Padre Giancarlo Maria Bregantini[89], Corrado Alvaro, Mario La Cava, Marzio Breda e Leon Panetta, l'oriundo sidernese i cui timori inerenti l'integrità dell'autorità morale dello Stato", sembrano dettati dal locrese Zaleuco, governatore della Città di Locri, (primo legislatore nella storia dell'umanità), suo antichissimo trisavolo, il quale, nel VII Secolo a.C., abolì la schiavitù. Anche la schiavitù delle donne; ingiustizia, dramma e tragedia che, nelle società cosiddette avanzate, *non primitive*, sembrerebbe non ancora abrogata quasi tremila anni dopo.

Padre Giancarlo M. Bregantini *: "Se a Duisburg eclatante è stato il taglio del male ancora più tenace deve essere la nostra voglia di bene. Una realtà povera di amore è infatti povera di vita. Eliminare qualcuno significa sempre alla fine seppellire se stessi"*[90].

Leon Panetta: Americans reject fear tactics
Leon Panetta
POSTED: 03/09/2008 01:52:15 AM PST0 **COMMENTS**
UPDATED: 6 YEARS AGO

In the depths of the Depression in 1933, with more than a third of the nation "ill-housed, ill-clad and ill-nourished," Franklin Roosevelt made clear to a desperate people that the greatest threat was from fear itself.

Seventy-five years later, in the midst of unprecedented foreign and domestic crises, will America surrender to fear or will the candidates for president appeal to the better angels of our nature?

Unfortunately, fear remains an appealing weapon in the

---

89 Il Quotidiano del Sud: Quel grido di Padre De Fiores, di Gianni Carteri, 10 luglio 2014
90 Posted: 03/09/2008 01:52:15 AM PST 0 Comments | Updated: 6 years ago.

modern political arsenal. In a tight battle, the temptation is to scare the hell out of the public in order to win an issue or beat an opponent (...).

(Fear exacts a terrible toll on our democracy. Five years ago, America went to war in Iraq over the false fear that Saddam Hussein had weapons of mass destruction.

(More recently, President Bush vetoed a law that would require the CIA and all the intelligence services to abide by the same rules on torture as contained in the U.S. Army Field Manual.

The president says the rules are too restrictive, implying that the use of some forms of torture just could help avoid another Sept. 11.

But all forms of torture have long been prohibited by American law and international treaties respected by Republican and Democratic presidents alike.

Our forefathers prohibited "cruel and unusual punishment" because that was how tyrants and despots ruled in the 1700s. They wanted an America that was better than that. Torture is illegal, immoral, dangerous and counterproductive. And yet, the president is using fear to trump the law.

The same rationale is used to justify eavesdropping on U.S. citizens without a warrant. The president has made clear that the failure of the Congress to pass this authority could jeopardize our security. Instead of trying to negotiate a compromise with Congress that would meet both our intelligence and privacy concerns, it is easier to threaten with fear.

(...) But if the candidates are to appeal to our hopes and not our fears, it begins with their campaigns. For too long, presidential races have been marked by the Karl Rove tactics of divide and conquer[91].

"Contrario alla tortura, Leon Panetta, dopo avere rotto con

---

91 Davide Frattini meridiano.corriere.it, Pagina 9, 14 maggio 2011- Corriere della Sera

Richard Nixon sui diritti civili, aderì al Partito Democratico. Panetta fu irremovibile sulla necessità di mantenere integra l'autorità morale dello Stato". "Gli americani, sono stati trasformati da paladini della dignità umana in un popolo di torturatori da salotto. Crediamo sì o no nello stato-diritto e nel divieto di trattamenti e punizioni crudeli? Non ci sono vie di mezzo[92]."

Marzio Breda: *"Se si segue la bussola che guida l'aggressività degli ultras delle leghe lombardo-venete e dei loro fiancheggiatori, si scopre che in un Sud considerato già in blocco come "nemico" da bersagliare, la meta ultima contro cui vengono indirizzati i maggiori risentimenti è ora sempre e soltanto San Luca d'Aspromonte. Cioè la comunità più difficile della difficile Calabria, una "fosca enclave" eletta a Inferno Nazionale da quando alcune inchieste della magistratura, e gli articoli di giornale che ne davano conto, la qualificarono capitale dell'industria dei sequestri" (...) Si può riflettere in due modi. Il primo porta dritto al giudizio sommario stilato dagli autori delle lettere. Gli uomini di San Luca (...) sono mafiosi per indole e scelta, incarnano un'eccezione antropologica negativa da isolare e «cancellare col napalm» come suggerisce la cartolina inviata da un bergamasco.*

Il secondo modo di avvicinarsi a questa realtà prevede invece che si coltivi un minimo di dubbio, prima di avventurarsi nelle sentenze, e la curiosità intellettuale di capire il perché delle cose. Ponendosi, ad esempio, qualche domanda. Il mondo dell'Aspromonte è stato sempre – scriveva Corrado Alvaro, nato proprio qui – «arcaico, chiuso, primitivo, elementare, dominato da rapporti sociali spietati e da ingiustizie profonde, eppure con i suoi saldi valori»: com'è che adesso sono tramontati quest'ultimi e si sono imbarbariti i rapporti sociali? Ancora, inchiodando

92 Marzio Breda, Corriere della Sera.

su questa gente il sigillo hic sunt barbari, ghettizzandola nel disprezzo e nella dipendenza economica, non l'abbiamo forse spinta ad arretrare per reazione negli angoli più torvi del proprio passato? A incarognirsi come un malato terminale che ormai esibisce con cinismo la sua stessa morte imminente perché tanto non ha nulla da perdere? [93]

Mario La Cava: *"Forse per questo è cambiato l'animo dei sanluchesi? Essi sono un miracolo di singolarità nella stessa Calabria e non c'è progresso esteriore che riesca a piegarli. Pastori, si adattano poco al lavoro faticoso delle industrie e dei campi: sono poeti e la vita del pastore e quella che più si confà al loro genio; ma sono pastori poveri che mai hanno avuto una vita amorevole e saggia in coloro tra i borghesi dirigenti che ne avrebbero dovuto curare gli interessi. Il loro ingegno è sottile, il loro sentimento è profondo, dispersi, accanto alle loro mandre, su per le balze dei monti, essi parlano di politica e di filosofia come meglio non saprebbero i frequentatori dei circoli di cultura* [94].*

Ardimentosi, come i primitivi, pronti all'intrigo e alla lotta, sono altrettanto timidi e goffi nell'adattamento ai congegni della vita moderna"[95].

Corrado Alvaro: *"La speranza supera ogni cosa, vince ogni difficoltà. Ognuno di noi ha dall'infanzia un Dio con cui parla, che lo conduce e lo guida, lo approva e lo riprova. (...). Ma so che la terribilità umana comincia quando questa voce non parla più e l'uomo vuole considerarsi unico, fornito di tutti i diritti in quanto sia lui, uomo. Allora egli è senza più strade e*

93 Marzio Breda, Corriere della Sera.
94 Mario La Cava,
95 Corrado Alvaro,

senza ragione, più terribile della natura nemica perché capace di un male senza speranza"[96].

Mario La Cava *"E se il male non può non insinuarsi nelle manifestazioni del bene, secondo le leggi della vita, nostro augurio forse non infondato, è che esso non predomini, ma sia l'ombra discreta che accompagna la luce."*
Ignoranti a volte delle cose semplici, ma conoscitori profondi delle più difficili, essi costituiscono una massa di uomini troppo avversati dal destino perché si possa pensare che non debbano avere un diverso avvenire[97].

96 Corrado Alvaro,
97 Mario La Cava, Il Ponte, ottobre-novembre 1950.

Corrado Alvaro e la casa natia

242

PERSONAGGI ILLUSTRI
NATI O ORIGINARI DI SAN LUCA

CHIGLI TALENTUSI DI' SANLUCOTI
(Quei talentuosi dei sanluchesi)

I ragazzi di San Luca notoriamente sono molto intelligenti. Nelle scuole del circondario locrideo, gli alunni più bravi ed estrosi, e anche i più indisciplinati, sovente provengono dal paese di Corrado Alvaro.

Il titolo dell'Appendice (Chigli talentusi di' sanlucoti) ricalca una frase del Professore Sac. don Giuseppe Signati, con la quale a suo dire, fino agli anni Cinquanta/Sessanta del Secolo XX, i vescovi, i sacerdoti e gli insegnanti laici del Seminario di Gerace indicavano gli studenti provenienti da San Luca, sovente i più poveri.

San Luca è Patria di talenti in diversi settori e discipline: letteratura, teologia, musica, sport, medicina, tecnica, etc., etc.. Elenchiamone i più noti e affermati, tralasciando taluni ancora in attività in Italia per non pregiudicarne il successo.Tra questi, un calciatore molto dotato dal punto di vista tecnico, che negli anni Ottanta fece parte dell'organico della Juventus, e uno sportivo attualmente in auge. I poeti dialettali sono innumerevoli.

LETTERATURA E GIORNALISMO

Corrado Alvaro, (1895-1956) scrittore tra i maggiori della letteratura italiana del '900, saggista, inviato speciale dei più prestigiosi quotidiani nazionali, fondatore del Sindacato e della Cassa Nazionale Scrittori Italiani, intellettuale, scrittore di grandissima levatura letteraria, morale ed etica.

Antonio Giampaolo, medico, scrittore talentuoso scomparso giovanissimo a trentuno anni, nel 1911. Giampaolo è autore del libro "Un viaggio al Santuario di Polsi in Aspromonte, Edito da Direzione di POPSIS, Roma 1913.

TEOLOGIA E MARIOLOGIA

Padre Stefano De Fiores (1933-2012), **Il Cantore della Vergine:** *Mariologo di fama mondiale,* come lo definì Radio Vaticana, della cui scomparsa, in data 22 aprile 2012, l'Osservatore Romano ha dato notizia sottolineandone la statura di studioso e teologo in modo categorico: *E' un fatto che non si possa affrontare alcun argomento mariologico senza imbattersi in lui e nelle sue puntuali osservazioni, riflessioni, scoperte d'archivio e interessanti rassegne sui temi più scottanti.*[98]

Padre Stefano De Fiores

Autore d'una vasta produzione bibliografica mariologica tradotta in molte lingue, critico d'arte innovativo, studioso poliedrico, Padre De Fiores fu anche instancabile promotore d'iniziative e convegni interreligiosi.

---

98 MIMMO PETULLA' : Padre Stefano De Fiores, Breve presentazione della straordinaria figura, Convegno Studi "La personalità poliedrica di Padre Stefano De Fiores", San Luca, 10 novembre 2013.

244

SACERDOTI

Can. Antonio Giampaolo Junior L'Arc. Antonio Giampaolo, nato a San Luca, studiò nel Seminario diocesano di Gerace, *"fu uno dei più dotti del clero diocesano"*.

Don Giuseppe Signati, figura messianica. Sacerdote, insegnante, intellettuale di grande prestigio, uomo politico innovatore, Don Giuseppe Signati è il personaggio più arcano della storia di San Luca del Secolo XX. Si narra che una vicina di casa (*'a Gròssina,* il sopranome), prima che la madre si accorgesse di essere incinta di Don Signati, le raccontò un sogno che la riguardava: San Giuseppe le aveva predetto che nel mese di maggio successivo sarebbe nato un bambino, al quale avrebbero dovuto dare il nome Giuseppe

Don Giuseppe Signati,

Alla nascita, effettivamente avvenuta nel mese di maggio 1910, la madre, provata dal dolore per la scomparsa di altri sette figli, tutti deceduti nei primi anni di vita (verosimilmente a causa di una malattia genetica), sgomenta alla prospettiva di perdere anche quest'ultima creatura, fece un voto: destinarlo alla vita sacerdotale. Così, all'età di undici anni Giuseppe Signati entrò nel Seminario diocesano di Gerace.

Personalità complessa, indefinibile, solare ed enigmatica

insieme: formazione scolastica cattolica-ecclesiale, cultura vasta accentuatamente laico-cristiana, spirito libertario, Giuseppe Signati, già da seminarista manifestò chiara una concezione pauperistica, evangelica del sacerdozio, contraria alla tradizione diocesana locale.

Consacrato sacerdote all'età di ventitré anni, gli fu assegnata la sede parrocchiale di Casalinovo di Africo, località montana isolata, priva di strade, inaccessibile in inverno. Un confinamento, un isolamento fisico e psicologico per annichilirne le energie fisiche e morali, e mortificare le passioni sociali che già allora lo caratterizzavano.

SERVITORI DELLO STATO

Antonio Giorgi Vice-Governatore *della Libia, Sostituto di Italo Balbo.*

Cesare Giorgi, *Generale dell'Arma dei Carabinieri.*

246

MUSICISTI

Joseph (Joe) Porcaro (1930, vivente), musicista autodidatta, jazzista, co-fondatore della Music Accademy of Los Angeles (LAMA), vive a Pasadena in California. Celebre percussionista e batterista, Joe Porcaro è padre di Jeff, Steve e Mike Porcaro, strumentisti della famosissima band musicale "Toto". Nelle sale di registrazione i più rinomati cantanti, compreso Frank Sinatra - the *voice* -, utilizzarono l'estro artistico del figlio d'un appassionato, instancabile percussionista calabrese ambulante.

'U tamburinaru 'i Santu Luca, il suonatore di tamburo di San Luca, come era nominato nei paesi d'Aspromonte prima di emigrare nel 1913.

Jeff Porcaro, (1954-1992) cofondatore e leader del Gruppo musicale **"Toto",** è considerato il più grande batterista di tutti i tempi, è stato il percussionista più richiesto dai cantanti Pop americani e inglesi di maggior successo negli anni '70 e'80, (Madonna, Paul Machartny, Elton John, Paul Jang, Paul Simon, etc., etc.) ha composto i brani di maggior successo del gruppo musicale 'Toto' (*Africa, Rosanna, etc.*). Definito *Mister suffley* per l'eccezionale capacità di fondere e amalgamare i più svariati stili musicali, Jeffy Porcaro ha contribuito più di ogni altro musicista *"allo sviluppo del linguaggio batteristico nella storia della musica moderna"*.

Steve Porcaro, tastierista, cofondatore del gruppo musicale "Toto", compositore di molti brani di successo internazionale, tra cui Humane Nature inserito nella raccolta "Thriller" di Michael Jackson (110milioni di copie). Autore delle colonne sonore del film Montana Sky, ha collaborato con molte "Star"della musica anglo-statunitense.

Mike Porcaro, componente dei Toto, ha influenzato molti bassisti americani ed europei. Colpito dalla S.L.A., Mike Porcaro è deceduto nel mese di marzo 2015.

Francesco Stranges, alias "Strano", voce del complesso musicale " I gemelli diversi", in auge anni fa.

SPORT:

Frank Sebastian Giorgi, campione mondiale di Thai Boxe in due diverse categorie (Pesi Medi e Welter), più volte campione d'Australia, vincitore delle più prestigiose competizioni mondiali, tra cui il torneo Shell di Bangkok. Frank Giorgi dichiara senza infingimenti di essere originario di San Luca, ed è orgoglioso dell'Italia. Autorizzato dalla Federazione Sportiva Australiana, l'atleta pluricampione indossa calzoncini con la bandiera dell'Italia, e sfoggia un vistoso tatuaggio con scritto "SAN LUCA".

Anthony Murdaca, nato il 3 luglio 1995. Giocatore di Golf della Nazionale Australiana, nel 2010 è il più giovane vincitore del torneo per dilettanti - The Amateur Golf Australian-, riconquistato nel 2013. Nel 2011 ha vinto due importanti tornei: il "Grey Norman Junior Masters" e il "South Australian Junior Masters Champion". Nelle graduatorie internazionali migliora con continuità.

MEDICINA:

- **Dott. Francesco Stranges:** *"Di lui non abbiamo opere scritte, ma certa cosa egli è, che ei visse alla Corte di Palermo, quando la terra ferma era dominata dall'occupazione francese, e fu distinto medico e non cortigiano, e ritirossi in questa sua patria carico di onore, e col suo lavoro professio-*

nale accumulò dovizie che a tanto non potrebbe giungere la fortuna del più eminente Sanitario della Sorbona". [99]

Prof. Giuseppe Squadriti, medico internista, epatologo di fama internazionale, Direttore della Facoltà di Medicina, nonché vice-Rettore dell'Università di Messina.

AVVENTURIERI BENEFATTORI

Antonio Giorgi nacque a S. Luca tra il 1865 e il 1870. Completati gli studi liceali, prossimo alla consacrazione sacerdotale, lasciò il seminario e s'iscrisse alla Facoltà di Medicina dell'Università di Roma.

Innamoratosi d'una giovane ostetrica statunitense, abbandonò gli studi dopo breve tempo. Emigrò negli Stati Uniti dove, agevolato dall'attività professionale della moglie, avviò un ambulatorio ostetrico ginecologico ed esercitò abusivamente la professione medica.

Arricchitosi con i proventi dell'attività di ostetrico-ginecologo abusivo, il geniale mistificatore costruì un grande policlinico, dove fece valere l'esperienza pratica con le nozioni medico-scientifiche nel frattempo acquisite con la lettura di libri e manuali scolastici in uso nelle Università degli Stati Uniti. Competenza scientifica e abilità professionale peraltro ratificate dalla Commissione medica governativa, cui allora era demandato esaminare i medici immigrati, e rilasciare l'autorizzazione all'esercizio della professione medica negli USA.

Il nosocomio creato da Antonio Giorgi, alias *"u suppera"* corrisponde all'odierno St. Antony Medical Center di Gary, Indiana, Città nota per aver dato i natali a Michael Jackson.

---

99 Domenico Giampaolo: 'Un viaggio al Santuario di Polsi in Aspromonte' da ?In morte di Domenico Giampaolo, di Giuseppe Portaro ,8 giugno 1911, pag. 99, Edito dalla Direzione di POPSIS, Roma 1913.

SARTORIA E MODA:

Franco Giorgi, nato a San Luca nel 1943, emigrò a Trieste giovanissimo, diciassettenne. Sarto di fama internazionale, veste tuttora noti personaggi del Cinema, della Televisione, della Politica, Ambasciatori e Diplomatici di molti Paesi.

INVENTORI

Giuseppe Ventre, ingegnere Ufficiale dell'Esercito italiano, ideatore della 'spoletta', un dispositivo di sicurezza della 'bomba a mano'. Antifascista accusato di contatti segreti con agenti francesi, dovette rifugiarsi in Svizzera e, in seguito, in Romania, dove, prima di cadere di nuovo in disgrazia politica, fu impegnato nella realizzazione delle ferrovie nazionali rumene.

Giuseppe Bonaparte, fabbro geniale, inventore di sistemi di sicurezza domestica, vincitore di premi internazionali prestigiosi, probabile ideatore della bottiglia con la pallina per la chiusura automatica delle bibite gasate.

Uomo irrequieto, incapace di resistere al richiamo del paese dove nacque, trascorse l'esistenza facendo la spola tra New York e l'Aspromonte, tra il monumento alla Libertà e la statua di Maria SS. Madonna di Polsi, emblemi di due distinte e distanti civiltà.

POETI

Paolo Strangio, (Secolo XVI), autore di *Si parti e si partiu di Santu Luca, intensa e maestosa "razioni"* dedicata alla devozione della Madonna della Montagna *di Polsi.*

Bianca Nirta Notaro, San Luca 1912 - Reggio Calabria 1994.

Antonio Alvaro Senior, 1827-1919, zio di Corrado Alvaro

Antonio Marando, (Secolo XX), Brigadiere dell'Arma carabinieri, cugino di Corrado Alvaro.

Annunziato Strangio, (1926, vivente), Medico.

Giuseppe D'Agostino, (Secolo XX), alias *'u sergenti,* poeta dialettale satirico.

Settilia Palma Mammoliti, settima di dieci figli, è nata a San Luca il 9 dicembre 1920, vivente.

Settilia Palma Mammoliti è' analfabeta per colpa, lei sostiene, del maestro Antonio Alvaro, padre di Corrado, il quale, il primo giorno di scuola, nell'assegnare i banchi alla numerosa scolaresca di prima classe, la collocò tra due alunni maschi procurandole disagio, costringendola, di fatto, ad abbandonare definitivamente la scuola.

Ha composto centinaia di poesie, in prevalenza religiose, e migliaia di sonetti satirici, augurali, gossip, ecc. ecc., che non ha mai fatto trascrivere a nessuno. Ammalata di Alzheimer da diversi anni, Settilia Palma Mammoliti, se ascolta l'inizio di una sua poesia, o di un brano della tradizione popolare, lo ripete dall'inizio alla fine senza tentennamenti o interruzioni. E' emozionante osservarla ripetere *"U rilogiu"(L'*orologio), un antichissimo cantico di migliaia di versi che ripercorre la 'Passione' di Gesù Cristo.

Si conservano un centinaio di poesie, tra cui la raccolta 'Poesie e canti religiosi' pubblicata nel 2009 (Arti Grafiche Edizioni).

In omaggio all'anziana poetessa, pubblichiamo il cantico *Pe' undi guardu, me' Diu* ,... (Ovunque io guardi, mio Dio ...), che esprime visivamente, tangibilmente la spiritualità dell'antica San Luca in Aspromonte.

Pe' undi guardu, me' Diu.....

Pe' undi guardu e 'mmiru meu Diu Ti viju,
ma se eu non Ti viju, me' Diu, a mia Tu vidi.
Lungu 'a strata du' meu longu caminu,
ogni cosa chi viju a facisti Tu.

       Tu criasti, me' Diu, i celesti cieli,
       Tu criasti, me' Diu, 'u sprendenti suli,
       Tu criasti, me' Diu, i frischi surgivi.

Tu facisti, me' Diu l'azzurru mari,
riccu d'ogni essiri viventi
Tu facisti, me' Diu, i soi forti senteri,

       Tu facisti, me' Diu, i virdi campi,
       Tu facisti, me' Diu, li arti munti,
       cu' l'arburi jiuruti, i frutti pendenti.

Tu criasti, me' Diu, 'a santa notti,
'a luna piena, chjina di sprenduri,
li stigli luccicanti e risprendenti.

       Pe' undi guardu, me' Diu,
       pe' undi caminu, me' Diu,
       pe' undi sugnu, me' Diu,

Tu si' prisenti.

Palma Settilia Mammoliti, San Luca (RC)

Ovunque io guardi, mio Dio ....

Ovunque io guardi e contempli, mio Dio, vedo Te.
Ma quand'anche io non Ti veda, mio Dio, Tu vedi me.
Lungo la strada del mio periglioso cammino,
ogni cosa io incontri e ammiri, l'hai creata Tu.

    Tu hai creato, mio Dio, i cieli azzurri.
    Tu hai creato, mio Dio, il sole splendente.
    Tu hai creato, mio Dio, le fresche sorgenti.

Tu hai creato, mio Dio, l'azzurro mare,
ricco d'infinite creature.
Tu, possenti, mio Dio, hai eretto i suoi argini.

    Tu hai creato, mio Dio, i verdi prati.
    Tu hai creato, mio Dio, le vette dei monti,
    con gli alberi fioriti, i frutti donanti.

Tu hai creato, mio Dio, la notte santa,
la luna piena, colma di splendore,
le stelle luminose e illuminanti.

    Ovunque io guardi, mio Dio,
    ovunque io cammini, mio Dio,
    ovunque io mi trovi, mio Dio,

Tu sei presente.

(Traduzione di Aurelio Pelle, San Luca)

P. Stefano de Fiores e Settilia Palma Mammoliti, poetessa analfabeta

254

Chiesa San Nicola di Butramo

La chiesa del Santuario di Polsi

Monastero San Giorgio di Pietracappa. Colonna e ruderi Basilica

San Giorgio di Pietracappa. Castagno plurisecolare

Pietra Castello. Fortezza medievale teatro de "La chançon de Roland"

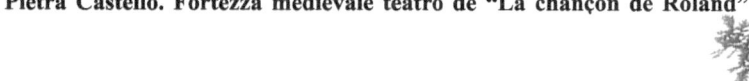

Pietra Cappa. Monolite più grande di Europa, emblema dell'Aspromonte

257

Alluvione ottobre 1951

Lago S. Costantino, formatosi nell'alluvione nel mese di gennaio 1973

San Luca, Centro storico alluvionato

ELENCO DOCUMENTI UFFICIALI

Comunicazione del Secondo Circolo Didattico inviata al Distretto Scolastico di Locri in occasione dell'Ispezione Ministeriale relativa alla sede dello stesso Circolo Didattico.

Pagella scolastica anno scolastico 1915/1916 firmata dal maestro Antonio Alvaro, padre di Corrado. (Prima e ultima pagina)

Pagella scolastica anno 1915/1916. Alunna Luppino Nunziata (madre dell'autore del libro).

Prospetto statistico ufficiale relativo alla popolazione nel 1975, distinta per zone urbane, composizione dei nuclei familiari, sesso ed età.

Comunicazione Assessorato Regionale Lavori Pubblici relativa assegnazione somma Lire 1500milioni per trasferimento abitato San Luca.

Ordinanza di sgombero generale e immediato del Centro storico di S. Luca.

Prospetto ufficiale popolazione distinta per età per sesso e per area alluvionata.

Modello domanda concessione contributi finanziari per ricostruzione o riparazione dei fabbricati alluvionati nel 1972/1973.

Documento ufficiale inerente la Comunità Montana Aspromonte Orientale, con l'indicazione del territorio montano e relativi abitanti.

Mappa geografica del Parco Nazionale dell'Aspromonte.

Certificato esito esame batteriologico acqua delle sorgenti di alimentazione degli acquedotti comunali.

Certificato catastale dei terreni proprietà di: iazzo della Madonna di Polsi in San Luca.

ELENCO ELABORATI STATISTICI

Tav nr 1 Comune San Luca: Distribuzione dei terreni agro-forestali.

SCUOLA E ISTRUZIONE

Tav nr 2 Comune San Luca: Popolazione residente di 6 anni e più per sesso e grado di istruzione (Cens 1971).

Tav nr 3 Comune San Luca: Popolazione analfabeta distinta per classi di età particolari e per sesso.

260

Tav nr 4 Riepilogativo delle nascite dal 1951 al 1971, suddivise per classi di età corrispondenti ai singoli cicli scolastici.

Tav. nr 5 Popolazione residente di 6 anni e più per sesso e grado di istruzione (Cens 1971).

Tav. Nr 6 Comuni Comprensorio Ionico-Aspromontano: Grado di istruzione della popolazione residente di ità da sei anni e più, distinta per sesso e per titolo di studio. (Cens 2001).

Tav. nr 7 Popolazione residente di 6 anni e più per sesso e grado di istruzione (Cens 2011).

Tav. nr 8 Comuni: Ardore, Benestare, Bianco, Bovalino, Casignana e San Luca.

Popolazione residente distinta per grado di istruzione (Cens 2011).

Tav nr 9 Popolazione residente di età Zero-13 anni nei Comuni di San Luca e Bovalino (Anno 1982).

Tav. nr 10 Prospetto relativo alla Direzione Didattica intercomunale – II° Circolo- di Bovalino, nell'anno scolastico 1983/1984.

Tav nr 11 Popolazione residente sposata, distinta per sesso (classi di età: 19-25 / 26-30 anni) - 1° gennaio 2011.

ALLUVIONI

Tav. nr 12 Abitanti residenti nelle aree dichiarate inagibili, distinti per classi di età e per zona di residenza.

Tav. nr 13 Riepilogo delle ordinanze di sgombero delle abitazioni, distinte per Area urbana e per composizione numerica dei nuclei familiari sgomberati.

Tav. nr 14 Abitazioni in complesso (occupate e non) per epoca di costruzione. (Cens 1971).

Tav. nr 15 Riepilogo degli emigrati da San Luca nei Comuni limitrofi dal 1971 al 2011.

Tav. nr 16 Comune Bovalino: Variazioni demografiche dal 1951 al 2013.

Tav. nr 17 Comune San Luca: Popolazione residente suddivisa per classi di età.(Cens 1971).

COMUNITA' MONTANA
Tav. nr 18 Dimensioni territoriali e popolazione dei Comuni effettivamente montani.

PARCO NAZIONALE

Tav. nr 19 Ente Parco Nazionale: Suddivisione del territorio in zone omogenee.

Tav. nr 20 Comuni inclusi nell'Ente Parco Superficie territoriale e popolazione

Tav. nr 21. Andamento demografico dal 1982 al 2011.

Tav. nr 22 Variazioni della popolazione dal 1971 al 2011, per zona geografica e per classi di età.

Tav. nr 23 Variazioni demografiche dal 1971 al 2011, distinte per classi di età particolari.

SANITA'

Tav. nr 24 Comune San Luca: Abitazioni suddivise per stanze e occupanti.

Tav. nr 25 Nascite domiciliari e ospedaliere dal 1951 al 1980, suddivise per quinquennio.

Tav. nr 26 Comune San Luca: Abitazioni occupate per servizio installato. (Cens '71).

Tav. nr 27 Popolazione residente il Primo gennaio 1913 suddivisa per classi di età.

ELEZIONI

Tav. nr 28 Comune San Luca: Amministrazioni Comunali dal 1951 al 2013.

Tav. nr 29 Elezioni. Risultati del P.C.I. e delle Coalizioni ex PCI dal 1958 al 2013.

BIBLIOGRAFIA

LIBRI CITATI:

CORRADO ALVARO,– *Ultimo diario* – Bompiani, 1961.

CORRADO ALVARO, - *Cara Laura-,* Sellerio Editore Palermo, 1995.

CORRADO ALVARO, - *Il Viaggio -,* a cura di Anne-Christine Faitrop-Porta; *(Memoria e vita).* Falzea Editore, ottobre 1999.

CORRADO ALVARO: *L'età breve,* Bompiani, 1973

CORRADO ALVARO, *L'uomo è forte* , ILISSO-Rubbettino, 2006.

CORRADO ALVARO: *Gente in Aspromonte* Garzanti Editore, 1978.

CORRADO ALVARO: *Terra Nuova,* Edizioni Otto/Novecento, 2008

EMILIO BARILLARO: *I fiumi navigabili nella Locride antica,* pag 18 e 19, Editrice Nossis

DOMENICO GIAMPAOLO: *Un viaggio al santuario di Polsi in Aspromonte,* Edizioni POPSIS, Roma 1913.

GERARD ROHLFS: *Nuovo Dizionario Dialettale della Calabria,* 376, Ed. Longo, Faenza 2002.

COSIMO SFRAMELI E FRANCESCA PARISI: *Un Carabiniere nella lotta alla 'ndrangheta,* Falzea Editore, marzo 2011.

DOMENICO MARIA, *"Mastromicantoni",* AGE, Ardore, 2013.

COMUNE DI SAN LUCA - *San Luca: Storia, Tradizioni, Società a 400 anni dalla fondazione,* AGE, Ardore Marina 1994.

EDIZIONI DELL'ENTE PARCO D'ASPROMONTE: *Monaci e monasteri italo-greci nel territorio di San Luca,* Laruffa Editore, 2011.

CENTRO STUDI P. STEFANO DE FIORES: *Omaggio a Padre Stefano De Fiores,* Grafiche Spataro Ardore, 2013.

AUTORI VARI: Il Ponte, ottobre-novembre 1950, Ed. La nuova Italia, Firenze, 1950.

CASSA PER IL MEZZOGIORNO:*Attuazione della Legge Speciale per la Calabria nel periodo 1955-1967,* Roma 1968.

PARCO NAZIONALE DELLASPROMONTE: *Il Parco Nazionale dell'Aspromonte,* Ed. Jason, Reggio Cal., febbraio 1999.

ATTI PARLAMENTARI CONSULTATI VIA WEB

ON. ANTONINO TRIPODI: Intervento alla Camera dei Deputati del 21 marzo1973.

ON. GUIDO MANTELLA: intervento alla Camera dei deputati del 21 marzo 1973.

COMMISSIONE PARLAMENTARE ANTIMAFIA: Audizione del Procuratore Nazionale Antimafia Piero Grasso, del 31 gennaio, del 6, del 7 e del 13 febbraio 2007, del 6 marzo 2007, del 26 giugno 2007 e del 17 marzo 2009.

COMMISSIONE PARLAMENTARE ANTIMAFIA: Audizione Prefetto di Reggio Calabria, Luigi De Sena del 12 giugno 2007.

COMMISSIONE PARLAMENTARE ANTIMAFIA:Audizione del Ministro agli Interni, del 11 ottobre 2007.

COMMISSIONE PARLAMENTARE ANTIMAFIA: Audizione del vicecapo della Polizia e direttore centrale della Polizia criminale, prefetto Nicola Cavaliere, 5 dicembre 2007.

COMMISSIONE PARLAMENTARE ANTIMAFIA: Audizione del Sostituto procuratore nazionale antimafia dr Vincenzo Macrì, del 4 dicembre 2007.

COMMISSIONE PARLAMENTARE ANTIMAFIA: Audizione del Sostituto Procuratore Nazionale antimafia, consigliere Carlo Caponcello, delegato al servizio di cooperazione internazionale con la Germania (martel1' 31 luglio 2012).

COMMISSIONE PARLAMENTARE ANTIMAFIA: Relazione annuale sulla 'ndrangheta approvata nella seduta del 19 febbraio 2008 (Relatore: on. Francesco FORGIONE).

PREFETTURA DI REGGIO CALABRIA: Proposta scioglimento Consiglio Comunale San Luca. Nota prot. N. 812/2013/ Segr. Sicur. – Allegato nr 1 del 20 marzo 2013. Prefettura di Reggio Calabria, prot 812/2013/Segr./Sic., 20 marzo 2013.

SITI WEB GOVERNATIVI

www.interno.gov.it

www.interno.gov.it/ministero/export/sites/default/it/sez, 10 settembre 2014, ore 23.05.

www.archivio telematico ISTAT.

www.csm.it/quaderni/quad_99b/ qua_99_2.pdf

RIVISTE E GIORNALI

SITO WEB: Radicali Italiani.it, www.giorrnalettismo.com del 16/7/2013, Articolo di Maghdi Abo Abia.

www.archivio Antimafiaduemila.com/rassegna stampa).

www.cinquantamila, corriere.it/storyTellerThread.php?, Giorgio Dell'Arte - Massimo.

www.meridiano.corriere.it: Parrini, Catalogo dei viventi 2009 - Scheda aggiornata al 5 ottobre 2008-.

www.meridiano.corriere.it: 14 maggio 2011.

www.la stampa.it: 24 marzo, 20 aprile 2013.

Corriere della Sera del 16 luglio 1991.

La Repubblica 17 agosto 2007.

La Gazzetta del Sud: 10 febbraio 2010, 3 giugno 2011.

Il Quotidiano del Sud: 10 luglio 2014.

Il Fatto Quotidiano: 6 maggio 2013.

L'Unità: 18 agosto 2007, 21 agosto 2007.

Il Giornale, 30 agosto 2007.

Il Quotidiano della Basilicata: 7 maggio 2014.

SAM PANETTA - Posted: 03/09/2008 01:52:15 AM PST 0 Comments | Updated: 6 years ago.

Indice

271